NomosPraxis

Prof. Dr. Bernhard Weiner
Rechtsanwalt und Mediator, Meppen

Dr. Sabine Ferber
Richterin am OLG, Celle

Handbuch des Adhäsionsverfahrens

2. Auflage

Kirsten Böök, Oberstaatsanwältin, Braunschweig | **Dr. Sabine Ferber,** Richterin am Oberlandesgericht, Celle | **Barbara Havliza,** Vorsitzende Richterin am Oberlandesgericht, Düsseldorf | **Hans Holtermann,** Rechtsanwalt und Fachanwalt für Strafrecht, Hannover | **Anette Schneckenberger,** Direktorin am Amtsgericht, Meppen | **Prof. Dr. Bernhard Weiner,** Rechtsanwalt und Mediator sowie Professor an der Polizeiakademie Niedersachsen a. D., Meppen | **Norbert Wolf,** Generalstaatsanwalt, Braunschweig

Zitiervorschlag:
Bearbeiter, in: Weiner/Ferber, Handbuch des Adhäsionsverfahrens, Rn.

Die Deutsche Nationalbibliothek verzeichnet diese Publikation in
der Deutschen Nationalbibliografie; detaillierte bibliografische Daten
sind im Internet über http://www.d-nb.de abrufbar.

ISBN 978-3-8487-3129-9

2. Auflage 2016
© Nomos Verlagsgesellschaft, Baden-Baden 2016. Gedruckt in Deutschland. Alle
Rechte, auch die des Nachdrucks von Auszügen, der fotomechanischen Wiedergabe
und der Übersetzung, vorbehalten.

Geleitwort

Seit dem letzten Drittel des vergangenen Jahrhunderts hat sich erfreulicherweise die Einsicht durchgesetzt, dass die verfassungsmäßige Ordnung des Grundgesetzes nicht nur die Aufklärung von Straftaten und die Feststellung von Schuld und Unschuld von Beschuldigten in fairen und rechtsstaatlich geführten Verfahren gebietet, sondern zugleich auch die staatlichen Organe zum Schutz der Opfer von Straftaten und ihrer Belange verpflichtet.

Auf europäischer Ebene ist im Rahmen dieser Entwicklung mit der EU-Opferschutzrichtlinie 2012/29/EU vom 25. Oktober 2012 ein neuer Impuls gesetzt worden. Durch die Richtlinie werden im Hinblick auf Information und Unterstützung, Teilnahme am Strafverfahren und Schutz des Verletzten nunmehr weitgehende Rechte des Opfers gewährleistet.

Auch die Niedersächsische Landesregierung hat es sich zur Aufgabe gemacht, die Rechte der Opfer weiter zu stärken. Zu diesem Zweck wurde bereits 2012 ressortübergreifend die Opferschutzkonzeption der Niedersächsischen Landesregierung erarbeitet und für deren Umsetzung seit 1. Januar 2013 die Fachstelle Opferschutz Landespräventionsrat eingerichtet, das zum Niedersächsischen Justizministerium gehört. Den Besuch der Website der Fachstelle (www.opferschutz-niedersachsen.de), die Opfern von Straftaten den Zugang zu schneller und unbürokratischer Hilfe ermöglicht, kann ich Ihnen als Einstieg in die Materie nur empfehlen!

In Art. 16 der EU-Opferschutzrichtlinie ist das Recht des Verletzten auf Entschädigung im Rahmen des Strafverfahrens vorgesehen. Diesem wird im deutschen Recht bereits durch das in §§ 403 ff. StPO geregelte Adhäsionsverfahren Genüge getan. Das Adhäsionsverfahren ermöglicht es Opfern von Straftaten, ihre aus der Straftat erwachsenen zivilrechtlichen Ansprüche unmittelbar im Strafprozess geltend zu machen und damit ein weiteres gerichtliches Verfahren zu ersparen. Es dient auf diese Weise in besonderer Weise dem Schutz von Opfern und ihrer Belange.

Bedauerlicherweise ist das Adhäsionsverfahren nach wie vor längst nicht so verbreitet und akzeptiert, wie es der Gesetzgeber in der Regelung der Strafprozessordnung vorgesehen hat. Hier scheint die in unserer Rechtsordnung vorgesehene grundsätzliche Trennung von Zivil- und Strafverfahren mit ihren verschiedenen Verfahrensordnungen und -maximen immer noch durchzuschlagen und möglicherweise „Berührungsängste" bei den Praktikerinnen und Praktikern mit der jeweils anderen Rechtsmaterie auszulösen. Einen umso wichtigeren Beitrag leistet das vorliegende Handbuch zum Adhäsionsverfahren. Es hat bereits in seiner ersten Auflage 2008 durch die für die Praxis ansprechende Darstellung die Handhabung dieser besonderen Verfahrensart erleichtert und damit den Gedanken des Opferschutzes gestärkt. Die praktischen Arbeitshilfen, Hinweise und Muster sowohl aus staatsanwaltlicher, strafrichterlicher und anwaltlicher Sicht sind dabei von besonderem Nutzen.

Geleitwort

Es freut mich daher außerordentlich, dass es den Autorinnen und Autoren und den beiden Herausgebern gelungen ist, nunmehr eine Aktualisierung des Werkes zu realisieren!

Ich bin mir sicher, dass auch die Neuauflage von den Praktikerinnen und Praktikern in Justiz und Anwaltschaft mit großem Dank aufgenommen werden wird.

Antje Niewisch-Lennartz
Niedersächsische Justizministerin

Vorwort

Der Gesetzgeber fördert das Adhäsionsverfahren. Er will es im Strafprozess etablieren. Das „Zivilverfahren im Strafprozess" soll nicht mehr die Ausnahme, sondern der Regelfall sein. Zahlreiche Gesetzesänderungen durch das Opferschutzgesetz, das (erste) Opferrechtsreformgesetz und zuletzt durch das 2. Justizmodernisierungsgesetz vom 22.11.2006 belegen den unmissverständlichen Willen des Gesetzgebers und forcieren diese Entwicklung seit Jahren. Dennoch hat das Adhäsionsverfahren seit jeher und immer noch Akzeptanzprobleme bei den Praktikern. Es gibt teilweise große Berührungsängste. Woran liegt das?

Zahlreiche Gesetzesänderungen, ungeklärte Auslegungsfragen zu einem Verfahren mit zwei Prozessordnungen, die ihrerseits wiederum auf unterschiedlichen Prozessmaximen basieren, kommen als Gründe in Betracht. Daneben gibt es so gut wie keine spezialisierte Literatur zu diesem Rechtsinstitut, selbst in Großkommentaren vermisst man eine umfassende Kommentierung der Vorschriften. Wesentlich dürfte auch sein, dass Arbeitshilfen für die Praktiker in Anwaltschaft, Staatsanwaltschaft und den Gerichten kaum feststellbar sind.

Das Handbuch des Adhäsionsverfahrens versucht daher nicht nur einen roten Faden zu geben. Es gibt in erster Linie Antworten auf die Fragen der Praktiker in der jeweiligen Funktion, ohne dabei jedoch den Anspruch der Rechtswissenschaft zu vernachlässigen. Der Verfahrensablauf wird genau beschrieben, es gibt Hinweise aus der Sicht des Richters, Staatsanwaltes, des Opferanwaltes und – neu in der 2. Auflage – des Strafverteidigers. Zahlreiche Musterentwürfe für jedes Verfahrensstadium sollen die Anwendung in der Praxis erleichtern. So finden sich in diesem Handbuch Fallbeispiele, Musteranträge, Argumentationshilfen für den Rechtsanwalt, Formuliervorschläge für die Staatsanwaltschaft sowie Beschlüsse und Urteile für den Richter. Aktuelle Rechtsprechung, vielfach nicht veröffentliche Entscheidungen und die wissenschaftliche fundierte Erörterung bislang ungeklärter Auslegungsfragen schließen die Lücken in der Kommentarliteratur. Der Rechtsanwalt erhält wichtige Hinweise für die Berechnung seiner Gebühren, auch im Zusammenhang mit Verfahren der Nebenklage.

Die Autoren wollen mit diesem Handbuch den Praktikern sowohl den Zugang zu dieser Verfahrensart als auch die praktische Arbeit erleichtern. Die Herausgeber bedanken sich für die spontane Bereitschaft aller Autoren, an diesem Werk mitzuarbeiten.

Die Autoren mussten bei der behandelten Thematik aus der jeweiligen Sicht eine Auswahl treffen. Ein Anspruch auf Vollständigkeit wird nicht erhoben. Die Herausgeber glauben, dass die behandelten Bereiche für den forensischen Praktiker ausreichend und von Bedeutung sind. Sie wurden durch zahlreiche positive Rückmeldungen nach Erscheinen der ersten Auflage dazu ermuntert, die vorliegende zweite Auflage in Angriff zu nehmen. Kritik und Anregungen zur ersten Auflage sind in die zweite Auflage eingeflossen und sind weiterhin sehr willkommen.

Dr. Sabine Ferber   Prof. Dr. Bernhard Weiner

Inhaltsverzeichnis

Geleitwort	5
Vorwort	7
Musterverzeichnis	17
Abkürzungsverzeichnis	19
Literaturverzeichnis	25
A. Grundlagen und Verfahrensgrundsätze	**27**
I. Rechtspolitischer Hintergrund und Entwicklung	27
II. Praktische Bedeutung des Adhäsionsverfahrens	28
III. Vor- und Nachteile des Adhäsionsverfahrens	29
1. Für den Verletzten	30
2. Für den Angeklagten	30
3. Für die Allgemeinheit	30
4. Für den Rechtsanwalt	31
IV. Die Entscheidung des Rechtsanwaltes über die Durchführung des Adhäsionsverfahrens	31
1. Nicht geeignete Verfahren	31
a) Fehlende Erfolgsaussicht	31
b) Verfahrensverzögerung und sonstige Nichteignung	32
c) Verkehrsunfallsachen: Verfahren wegen Ordnungswidrigkeiten	32
2. Geeignete Verfahren	32
a) Vermeidung zusätzlicher Viktimisierung	33
b) Steigerung der Akzeptanz des strafgerichtlichen Verfahrens	33
c) Aufenthalt des Beschuldigten ist unbekannt	34
d) Drohende Verjährung	34
e) Zinsen	35
f) Schwierige Beweislage	35
3. Chancen und Risiken des Adhäsionsverfahrens	35
a) Risiken	35
b) Risikoreduzierung	36
V. Verfahrensgrundsätze	37
1. Grundsätzlicher Vorrang der Strafprozessordnung	37
2. Vermeidung von überraschenden Entscheidungen	37
a) Anwendung von § 139 ZPO	37
aa) Meinungsstand	37
bb) Reichweite	38
b) Anspruch auf ein faires Verfahren nach Art. 6 I MRK	39
c) Taktische Möglichkeiten und Rechtsmittel	40

3. Verurteilung im Adhäsionsverfahren trotz Freispruch im Strafverfahren 40

B. Das Adhäsionsverfahren in der strafrichterlichen und anwaltlichen Praxis 42
   I. Zulässigkeit des Adhäsionsverfahrens 42
     1. Antragsberechtigte 42
       a) Verletzter 42
       b) Erben 42
       c) Andere Rechtsnachfolger 43
       d) Insolvenzverwalter 43
       e) Prozessfähigkeit des Antragstellers 44
       f) Stellung im Verfahren 44
     2. Antragsgegner 45
       a) Beschuldigter 45
       b) Jugendliche und Heranwachsende 45
       c) Prozessfähigkeit 46
       d) Umfang der Beiordnung des Pflichtverteidigers 46
     3. Vermögensrechtlicher Anspruch 48
     4. Zuständigkeit der ordentlichen Gerichte 48
     5. Postulationsfähigkeit und anwaltliche Vertretung 49
     6. Strafverfahren 49
     7. Ordnungsmäßigkeit des Antrages 50
       a) Gegenstand des Anspruchs 50
         aa) Bezifferung des Antrages 51
         bb) Benennung des Schädigers 51
         cc) Benennung des Verletzten 51
         dd) Feststellungsanträge 52
         ee) Antrag unter Vorbehalt 52
       b) Angabe des Anspruchsgrundes 53
       c) Beweismittel 53
     8. Form des Antrags 53
     9. Zeitpunkt der Antragstellung 53
     10. Antragsrücknahme 55
   II. Das Adhäsionsverfahren bis zum Hauptverhandlungstermin 55
     1. Zustellung des Adhäsionsantrags 55
       a) Antragstellung 55
       b) Zustellung des Antrages 56
       c) Muster für die Zustellung 57
       d) Der Adhäsionsantrag im Strafbefehlsverfahren 59
     2. Die Hinweispflicht nach § 139 ZPO 61
   III. Die Behandlung des Adhäsionsantrages im Zwischenverfahren und die Vorbereitung der Hauptverhandlung 63
     1. Beteiligung des Adhäsionsklägers im Zwischenverfahren 63

2.	Absehensentscheidung im Zwischenverfahren	64
3.	Vorbereitung der Hauptverhandlung	64
	a) Terminierung	64
	b) Herbeischaffung von Beweisgegenständen (§ 221 StPO)	65
	c) Einstellungen im Zwischenverfahren	66
IV.	Das Adhäsionsverfahren in der Hauptverhandlung	66
1.	Anhörung statt Antragstellung	66
2.	Stellung des Adhäsionsklägers	67
	a) Teilnahmerecht	67
	b) Weitere Rechte während der Hauptverhandlung	68
	c) Befangenheitsanträge	68
	d) Problem: „Der unfreiwillig abwesende Adhäsionskläger"	69
3.	Einstellung des Strafverfahrens	69
V.	Aufgaben und taktische Erwägungen des Rechtsanwaltes	70
1.	Zusammenspiel von Nebenklage und Adhäsionsverfahren	70
2.	Verfahrenstaktische Überlegungen des Rechtsanwaltes	72
	a) Verfahrensangepasste Anträge und Schriftsätze	72
	b) Der Beweislage angepasste Vorgehensweise	72
	c) Kooperation statt Konfrontation	73
	d) Vermeidung von Kostenrisiken	74
	e) Optimierung der Nebenklage	74
	f) Einstellung des Verfahrens	74
3.	Beispiele und Muster	74
VI.	Der Vergleich im Adhäsionsverfahren	85
1.	Der gerichtliche Vergleichsvorschlag	87
2.	Die grundlegenden Förmlichkeiten eines gerichtlichen Vergleichs	90
3.	Der Inhalt des Vergleichs	90
	a) Vergleichsgegenstand	90
	b) Ratenzahlungsklauseln	92
	c) Der Erlassvergleich	93
	d) Abgeltungsklauseln	93
4.	Kostenentscheidung und Vollstreckbarkeit	95
5.	Der Widerrufsvergleich	96
6.	Einwendungen gegen die Wirksamkeit des Vergleichs	97
VII.	Das Absehen von der Entscheidung	98
1.	Fehlende Erfolgsaussicht	98
	a) Unzulässigkeit des Antrags	98
	b) Unbegründetheit des Antrags	98
	aa) Unbegründetheit aus strafrechtlichen Gesichtspunkten	98
	bb) Unbegründetheit aus zivilrechtlichen Gesichtspunkten	100
2.	Fehlende Eignung	101
	a) Höhe und Umfang der Klageforderung	102

   b) Haftungsgefahr für Pflichtverteidiger 102
   c) Schwierige Rechtsfragen 102
   d) Strafgericht als Gericht der Hauptsache gem. § 927 II ZPO ... 103
   e) Friktionen mit dem Schweigerecht des Angeklagten 103
   f) Verfahrensverzögerung 103
   g) Schmerzensgeldansprüche 104
   h) Hinweispflicht und Beschluss 105
  3. Sofortige Beschwerde gem. § 406 a I StPO 105
  4. Kostenentscheidungen 105
  5. Muster 106
   a) Absehensentscheidung bei zivilprozessualer Unzulässigkeit 106
   b) Absehensentscheidung bei Einstellung des Verfahrens 107
   c) Absehensentscheidung bei Ungeeignetheit wegen Verfahrensverzögerung 108
VIII. Die Adhäsionsentscheidung im Urteil 108
  1. Rubrum bei Geheimhaltungsinteresse 108
  2. Zahlungsurteil 110
  3. Feststellungsurteil 111
  4. Grund- und Teilurteil 111
   a) Grundurteil 112
    aa) Voraussetzungen 112
    bb) Wirkung des Grundurteils 114
   b) Teilurteil 114
   c) Problem: Grundurteil und unbezifferter Feststellungsantrag für die Zukunft (Schmerzensgeldansprüche) 114
   d) Problem: Mitverschulden und Grundurteil/Feststellungsurteil 116
  5. Anerkenntnisurteil 117
   a) Voraussetzungen für den Erlass eines Anerkenntnisurteils und Tenorierung 117
   b) Probleme, welche im Zusammenhang mit dem Erlass eines Anerkenntnisurteils im Adhäsionsverfahren entstehen können 118
    aa) Anerkenntnis als Geständnis des Angeklagten? 119
    bb) Verhältnis § 406 I 1 und 3 StPO zu § 406 II StPO – isoliertes Anerkenntnisurteil – 119
    cc) Strafrahmenverschiebung aufgrund eines Anerkenntnisses 120
    dd) Das Anerkenntnis in der Rechtsmittelinstanz 120
  6. Tatbestand und Entscheidungsgründe 122
  7. Kosten 127
   a) § 472 a I StPO 127
   b) § 472 a II StPO 127

		c) Auferlegung der gerichtlichen Auslagen auf die Staatskasse....	129
		d) Kostenentscheidung beim Grundurteil	129
		e) Rechtsmittel	130
	8.	Festsetzung von Streit- und Gegenstandswert	130
	9.	Rechtskraft und vorläufige Vollstreckbarkeit.........................	131
		a) Rechtskraft..	131
		b) Vorläufige Vollstreckbarkeit	132
	10.	Vollstreckung, § 406 b StPO	133
	11.	Absehen von einer Entscheidung im Übrigen	134
	12.	Besonderheit: Mehrere Täter	134
		a) Verantwortlichkeit mehrerer nebeneinander	135
		b) Die Höhe der gesamtschuldnerischen Haftung	135
		c) Rechtsfolge im Innenverhältnis......................................	138
IX.	Rechtsmittel und Wiederaufnahme gegen das Adhäsionsurteil.........		138
	1.	Rechtsmittel des Antragstellers	138
		a) Unanfechtbarkeit gem. § 406 a I 2 StPO	138
		b) Fehlerhafte Gerichtsentscheidung	139
		c) Überlegungen aus rechtsanwaltlicher Sicht	139
	2.	Rechtsmittel des Angeklagten	140
		a) Einlegung...	140
		b) Anfechtung des gesamten Urteils	140
		aa) Berufung	140
		bb) Revision	141
		c) Anfechtung nur des strafrechtlichen Teils des Urteils	142
		d) Anfechtung nur des zivilrechtlichen Teils des Urteils	143
	3.	Wiederaufnahme des Verfahrens	144
	4.	Rechtsmittel gegen Kostenentscheidung	145
X.	Die Bewilligung von Prozesskostenhilfe		145
	1.	Das Verfahren..	145
		a) Die Antragstellung	145
		b) Die Entscheidung...	146
	2.	Die Voraussetzungen für die Bewilligung von Prozesskostenhilfe...	147
		a) Die tatsächlichen und wirtschaftlichen Verhältnisse des Antragstellers..	147
		b) Die beabsichtigte Rechtsverfolgung oder Rechtsverteidigung muss hinreichende Aussicht auf Erfolg bieten und darf nicht mutwillig erscheinen, § 114 S. 1 ZPO	149
	3.	Die Beiordnung eines Rechtsanwaltes, § 404 V 2 StPO	152
	4.	Die Wirkung der Bewilligung	154
	5.	Problem: Prozesskostenhilfe für Zivilverfahren bei Möglichkeit des Adhäsionsverfahrens	154

Inhaltsverzeichnis

XI. Gebührenrecht	158
1. Allgemeines	158
2. Systematik und Anwendungsbereich	158
a) Anwendungsbereich	158
b) Unterscheidung nach Verfahrensabschnitten	159
c) Weitere Gebührentatbestände	160
3. Gebühren des Rechtsanwaltes im Adhäsionsverfahren	160
a) Allgemeiner Überblick	160
aa) Besondere Verfahrensgebühr des Adhäsionsverfahrens	160
bb) Wertgebühr nach dem Gegenstandswert	160
cc) Entstehen der Gebühr	161
(1) Entgegennahme des Auftrags	161
(2) Vorbereitendes Verfahren	161
(3) Berufungsverfahren	161
dd) Erhöhung der Gebühr bei mehreren Auftraggebern	161
ee) Zusätzliche Einigungsgebühr	161
ff) Verhältnis der Gebührentatbestände zur Nebenklage	162
(1) Allgemeines	162
(2) Rahmen- u. Festgebühren	162
(a) Grundgebühr Nr. 4100 VV	162
(b) Gebühr für Termine außerhalb der Hauptverhandlung	163
(c) Verfahrensgebühr im vorbereitenden Verfahren	163
(d) Verfahrensgebühr im gerichtlichen Verfahren	163
(e) Terminsgebühr	163
(f) Rechtsmittel	164
(g) Keine Pauschgebühren im Adhäsionsverfahren	164
(3) Keine Anrechnung von Gebühren als Vertreter des Nebenklägers	164
b) Keine Terminsgebühr	164
c) Anrechnung im sich anschließenden Zivilverfahren	164
4. Bedeutung für Verteidiger und Nebenklägeranwälte/Berechnungsbeispiele	165
C. Das Adhäsionsverfahren in der staatsanwaltschaftlichen Praxis	**170**
I. Aufgaben, Befugnisse und Praxis der Staatsanwaltschaft im Adhäsionsverfahren	170
II. Die Information von Verletzten über ihre Rechte	172
III. Die Bedeutung von Verletzteninteressen für die Staatsanwaltschaft	175
IV. Die Berücksichtigung von Verletzteninteressen im Ermittlungsverfahren	176
V. Die Berücksichtigung von Verletzteninteressen im Hauptverfahren	178

VI. Die Berücksichtigung von Verletzteninteressen im Vollstreckungsverfahren 179

D. **Verteidigung im Adhäsionsverfahren** 180
    I. Problematik des Adhäsionsverfahrens für die Verteidigung............. 180
    II. Das Mandat im Adhäsionsverfahren 181
       1. Der Auftrag... 181
       2. Die Vollmachtsurkunde 182
       3. Der Pflichtverteidiger 183
       4. Prozesskostenhilfe 183
       5. Die Rechtsanwaltsgebühren im Adhäsionsverfahren 185
       6. Die Haftung des Rechtsanwalts 185
    III. Mögliche Verteidigungsstrategien 186
       1. Außergerichtliche Einigung 186
       2. Absehen von einer Entscheidung 186
       3. Anerkenntnis der Forderung 187
       4. Strafbefehlsverfahren 187
    IV. Prozessuale Besonderheiten 188
       1. Erweiterte Hinweispflichten des Gerichts 188
       2. Akteneinsichtsrecht des Adhäsionsklägers 188
       3. Rechtsmittel 189

Stichwortverzeichnis 191

Musterverzeichnis

Die Zahlen beziehen sich auf die Randnummern im Buch.

Muster für Rechtsanwälte
1. Grundfall Adhäsionsverfahren (Adhäsionsantrag) 103
2. Grundfall mit Abwandlung (Dauerfolgen, mehrere Täter) 104
3. Adhäsions- und Prozesskostenhilfeantrag 105
4. Geltendmachung eines Schockschadens nach Tötungsdelikt 105a
5. Geltendmachung zu Lebzeiten erworbener Schmerzensgeldansprüche nach Tötungsdelikt 105b
6. Sofortige Beschwerde nach Absehensbeschluss 105c

Muster für Staatsanwälte
1. Hinweis auf Möglichkeit zur Adhäsionsantragstellung 273
2. Adhäsionsantragsformular zur Übersendung an Verletzte 274

Muster für Richter
1. Zustellung
   Zustellung des Adhäsionsantrags (vor und nach Anklageerhebung) 71
   Zustellung des Adhäsionsantrags (bei Strafbefehlsantrag) 74
2. Strafbefehlsverfahren
   Hinweis auf Strafbefehlsverfahren an Adhäsionskläger 75
   Absehensentscheidung (nach rechtskräftigem Strafbefehl) 76
3. Gerichtliche Hinweise
   Gerichtlicher Hinweis (fehlerhafter Antrag) 78
   Gerichtlicher Hinweis zum Absehen von der Entscheidung 148
   Absehensbeschluss gemäß § 406 I 3 StPO 149
   Absehensbeschluss gemäß § 406 I 3 StPO bei Einstellung des Strafverfahrens 149a
   Absehensbeschluss gemäß § 406 I 4 StPO bei Ungeeignetheit wegen Verfahrensverzögerung 149b

Musterverzeichnis

4. Der Vergleich

   Antrag auf gerichtlichen Vergleichsvorschlag 111

   Ablehnung des Antrags auf gerichtlichen Vergleichsvorschlag 113

   Vergleichsmuster – Widerruf einer Ehrverletzung 115

   Vergleichsmuster – Unterlassung 116

   Vergleichsmuster – Übertragung von Grundeigentum 117

   Vergleichsmuster – Ratenzahlung 120

   Vergleichsmuster – Erlassvergleich 121

   Vergleichsmuster – Abgeltungsklauseln .... 122 f.

   Vergleichsmuster – Kostenvergleich 124

5. Das Urteil

   Rubrum 150

   Zahlungsurteil 152

   Grundurteil 157

   Feststellungsurteil 153

   Grund- und Teilurteil 162

   Anerkenntnisurteil 169

   Verurteilung von 2 Angeklagten als Gesamtschuldner 199

6. Die Kostenentscheidung

   Kostenentscheidung nach § 472 a I StPO 181

   Kostenentscheidung nach § 472 a II StPO 184

7. Die vorläufige Vollstreckbarkeit

   Ausspruch zur vorläufigen Vollstreckbarkeit 190

8. Prozesskostenhilfe

   Berechnung Prozesskostenhilfe 225

   Prozesskostenhilfebeschlüsse 237

9. Revision

   Aufrechterhaltung dem Grunde nach 210

Abkürzungsverzeichnis

aA	anderer Ansicht
aaO	am angegebenen Ort
abl.	ablehnend
Abschn.	Abschnitt
Abs.	Absatz
abw.	abweichend
aE	am Ende
aF	alte Fassung
AG	Amtsgericht
AGS	Anwaltsgebühren spezial (Zeitschrift)
allg.	allgemein
allgA	allgemeine Ansicht
allgM	allgemeine Meinung
aM	anderer Meinung
Aufl.	Auflage
Anh.	Anhang
Anm.	Anmerkung
ausdr.	ausdrücklich
ausf.	ausführlich
Az	Aktenzeichen
Bd.	Band
Bek.	Bekanntmachung
ber.	berichtigt
Begr.	Begründung
BGB	Bürgerliches Gesetzbuch
BGBl.	Bundesgesetzblatt
BGH	Bundesgerichtshof
BGHSt	Entscheidungen des BGH in Strafsachen
BGHZ	Entscheidungen des BGH in Zivilsachen
Bl.	Blatt
Beschl.	Beschluss
bestr.	bestritten
ber.	berichtigt
bes.	besonders
bespr.	besprochen
bez.	bezüglich
BRAGO	Bundesrechtsanwaltsgebührenordnung
BR-Drs.	Bundesratsdrucksache
bspw	beispielsweise
BT-Drs.	Bundestagsdrucksache
BVerfG	Bundesverfassungsgericht

Abkürzungsverzeichnis

BVerfGE	Entscheidungen des Bundesverfassungsgerichts
bzgl	bezüglich
bzw.	beziehungsweise
DAR	Deutsches Autorecht (Zeitschrift)
ders.	derselbe
dh	das heißt
dies.	dieselbe
DJT	Deutscher Juristentag
dnp	die neue polizei (Zeitschrift)
Dok.	Dokument
ebd	ebenda
Einf.	Einführung
Einl.	Einleitung
einschl.	einschließlich
einschr.	einschränkend
eingetr.	eingetragen
E	Entwurf
Entsch.	Entscheidung
Erkl.	Erklärung
Erl.	Erlass; Erläuterung
evtl	eventuell
entspr.	entsprechend
etc.	et cetera
e.V.	eingetragener Verein
Einl.	Einleitung
f., ff.	folgende, fortfolgende
Fn.	Fußnote
GA	Goltdammer's Archiv für Strafrecht (Zeitschrift)
geänd.	geändert
gem.	gemäß
GG	Grundgesetz
ggf.	gegebenenfalls
GKG	Gerichtskostengesetz
grds.	grundsätzlich
GVG	Gerichtsverfassungsgesetz
HK	Heidelberger Kommentar zur StPO
Hs	Halbsatz
hA	herrschende Auffassung
hL	herrschende Lehre
hM	herrschende Meinung
HdB	Handbuch
Hrsg.	Herausgeber
hrsg.	herausgegeben

iA	im Auftrag
idF	in der Fassung
idR	in der Regel
idS	in diesem Sinne
iE	im Ergebnis
iHv	in Höhe von
ieS	im engeren Sinne
insb.	insbesondere
insg.	insgesamt
InsO	Insolvenzordnung
InVO	Insolvenz und Vollstreckung (Zeitschrift)
iS	im Sinne
iÜ	im Übrigen
iVm	in Verbindung mit
iwS	im weiteren Sinne
inkl.	inklusive
JGG	Jugendgerichtsgesetz
JMBl NW	Justizministerialblatt Nordrhein-Westfalen
JR	Juristische Rundschau (Zeitschrift)
JurBüro	Das juristische Büro (Zeitschrift)
JuS	Juristische Schulung (Zeitschrift)
JZ	Juristen-Zeitung (Zeitschrift)
Kap.	Kapitel
krit.	kritisch
KV	Kostenverzeichnis
LG	Landgericht
lit.	littera
Lit.	Literatur
MAH	Münchener Anwaltshandbuch
m.Anm.	mit Anmerkung
MDR	Monatsschrift für Deutsches Recht (Zeitschrift)
mE	meines Erachtens
mN	mit Nachweisen
mWv	mit Wirkung von
mind.	mindestens
MRK	Menschenrechtskonvention
MschrKrim	Monatsschrift für Kriminologie und Strafrechtsreform (Zeitschrift)
MüKo	Münchener Kommentar, Bürgerliches Gesetzbuch, Bd. 5, 4. Aufl. 2004
mwN	mit weiteren Nachweisen
Nachw.	Nachweise
NdsRpfl	Niedersächsische Rechtspflege (Zeitschrift)

Nov.	Novelle
Nr.	Nummer
nF	neue Fassung
NJ	Neue Justiz (Zeitschrift)
NJOZ	Neue juristische Online-Zeitschrift (Zeitschrift)
NJW	Neue Juristische Wochenschrift (Zeitschrift)
NJW-RR	NJW-Rechtsprechungsreport (Zeitschrift)
nrkr	nicht rechtskräftig
NStZ	Neue Zeitschrift für Strafrecht (Zeitschrift)
NStZ-RR	NStZ-Rechtsprechungsreport Strafrecht (Zeitschrift)
nv	nicht veröffentlicht
NZV	Neue Zeitschrift für Verkehrsrecht (Zeitschrift)
oa	oben angegeben, angeführt
oä	oder ähnliches
og	oben genannt
OLG	Oberlandesgericht
OLG-NL	OLG-Rechtsprechung Neue Länder (Zeitschrift)
OpferRRG	Opferrechtsreformgesetz
PfVG	Pflichtversicherungsgesetz
PKH	Prozesskostenhilfe
PWW	BGB-Kommentar, hrsg. v. Hanns Prütting, Gerhard Wegen und Gerd Weinreich, 2. Aufl. 2007
resp.	respektive
RGBl.	Reichsgesetzblatt
RiStBV	Richtlinien für das Strafverfahren und das Bußgeldverfahren
Rspr.	Rechtsprechung
Rn	Randnummer
RVG	Rechtsanwaltsvergütungsgesetz
S.	Satz/Seite
s.	siehe
sog.	sogenannt
sa	siehe auch
s. o.	siehe oben
SGB	Sozialgesetzbuch
StPO	Strafprozessordnung
str.	streitig/strittig
StraFo	Strafverteidiger Forum (Zeitschrift)
StV	Strafverteidiger (Zeitschrift)
s. u.	siehe unten
SVR	Straßenverkehrsrecht (Zeitschrift)
ua	unter anderem
uÄ	und Ähnliches
uam	und anderes mehr

uU	unter Umständen
umstr.	umstritten
unstr.	unstreitig
Urt.	Urteil
usw	und so weiter
v.	von
VersR	Versicherungsrecht (Zeitschrift)
vgl.	vergleiche
vorl.	vorläufig
wN	weitere Nachweise
VO	Verordnung
VV	Vergütungsverzeichnis
ZAP	Zeitschrift für Anwaltspraxis (Zeitschrift)
zB	zum Beispiel
zT	zum Teil
zit.	zitiert
ZPO	Zivilprozessordnung
zust.	zustimmend
zutr.	zutreffend
ZVG	Zwangsversteigerungsgesetz
zzgl.	zuzüglich

Literaturverzeichnis

AK/Bearbeiter, Kommentar zur Strafprozessordnung, Reihe Alternativkommentare, Bd. 3, hrsg. v. Rudolf Wassermann, Neuwied, Kriftel, Berlin 1996

Beck'scher Online-Kommentar StPO, hrsg. v. Jürgen Graf, 23. Edition, München 2015

Beck'scher Online-Kommentar ZPO, hrsg. v. Volker Vorwerk, Christian Wolf, 18. Edition, München 2015

Bockemühl, Handbuch des Fachanwalts Strafrecht, 5. Aufl., 2012

Breyer, Strafrecht: Erläuterungen und Muster; hrsg. v. Steffen Breyer, Maximilian Endler und Bernhard Thurn, Bonn 2006

Dahs, Handbuch des Strafverteidigers, 8. Aufl., München 2014

Dölling/Duttge/Rössner, Gesamtes Strafrecht, 3. Aufl. Baden-Baden 2013

Gerold, Rechtsanwaltsvergütungsgesetz, Kommentar, begr. von Wilhelm Gerold, fortgeführt von Herbert Schmidt, Kurt von Eicken, Wolfgang Madert, Steffen Müller-Rabe, 21. Aufl., München 2013

Hansens, Praxis des Vergütungsrechts, von Heinz Hansens, Anton Braun, Norbert Schneider, 2. Aufl., Münster 2007

Hassemer, Verbrechensopfer: Gesetz und Gerechtigkeit, Winfried Hassemer und Jan Phillipp Reemtsma, München 2002

Haupt/Weber, Handbuch Opferschutz und Opferhilfe, v. Holger Haupt und Ulrich Weber, 2. Aufl., Baden-Baden 2003

Björn Gercke, Karl-Peter Julius, Dieter Temming, Mark A. Zöller, Strafprozessordnung, 5. Auflage, Heidelberg 2012

KK/Bearbeiter, Karlsruher Kommentar zur Strafprozessordnung, hrsg. v. Gerd Pfeiffer, 7. Aufl., München 2013

KMR/Bearbeiter, KMR-Kommentar zur StPO, hrsg. v. Bernd Heintschel-Heinegg und Heinz Stöckel, Loseblattsammlung, Neuwied

Löwe-Rosenberg/Bearbeiter, Die Strafprozessordnung und das Gerichtsverfassungsgesetz, Großkommentar, 6. Band, hrsg. v. Peter Rieß, 26. Aufl., Berlin, New York 2009

Meyer-Goßner/Schmitt, Strafprozessordnung, erl. von Lutz Meyer-Goßner und Bertram Schmitt, 58. Aufl., München 2015

Münchener Anwaltshandbuch Strafverteidigung, hrsg. v. Eckhart Müller und Reinhold Schlothauer, 2. Aufl., München 2014

MüKo, Münchener Kommentar, Bürgerliches Gesetzbuch, Bd. 5, Redakteur: Peter Ulmer, 6. Aufl., München 2013

Palandt/Bearbeiter, Bürgerliches Gesetzbuch, 75. Aufl., München 2016

Plüür/Herbst, Skript „Das Adhäsionsverfahren", abrufbar unter www.berlin.de, Stand: Januar 2015

PWW, BGB-Kommentar, hrsg. v. Hanns Prütting, Gerhard Wegen und Gerd Weinreich, 8. Aufl., Neuwied 2013

Schneider, Rechtsanwaltsvergütungsgesetz, Anwaltkommentar, hrsg. von Norbert Schneider, 3. Aufl., Bonn 2006

Schroth, Die Rechte des Opfers im Strafprozess, 2. Aufl, Heidelberg 2011

SK-StPO/Bearbeiter, Systematischer Kommentar zur Strafprozessordnung und zum Gerichtsverfassungsgesetz, Loseblattsammlung, von Hans-Joachim Rudolphi u.a

Stang/Sachsse, Trauma und Justiz, 2. Aufl., Stuttgart 2014.

Literaturverzeichnis

Thomas/Putzo/Bearbeiter, Zivilprozessordnung, begr. von. Heinz Thomas und Hans Putzo, 36. Aufl., München 2015

Vorwerk/Bearbeiter, Das Prozessformularbuch, hrsg. v. Volker Vorwerk, 7. Aufl., Köln 2002

Zöller/Bearbeiter, Zivilprozessordnung, begr. von Richard Zöller, 30. Aufl., Köln 2014

A. Grundlagen und Verfahrensgrundsätze

I. Rechtspolitischer Hintergrund und Entwicklung

Das Adhäsions- oder Anhangsverfahren der §§ 403–406 c StPO bietet dem Verletzten 1
die Möglichkeit, seine zivilrechtlichen Ansprüche auf Schadensersatz und Schmerzensgeld, die normalerweise vor den Zivilgerichten zu verfolgen wären, bereits im Strafverfahren geltend zu machen. Ein gesonderter Zivilprozess ist nicht notwendig.

Das Adhäsionsverfahren wurde 1943 in die Strafprozessordnung aufgenommen.[1] Die damalige Einführung ist nicht unter dem Einfluss nationalsozialistischer Ideologie entstanden.[2] Sie gilt in erster Linie als Versuch, eine Rechtstradition wiederzubeleben.[3] Historisch betrachtet wurde nämlich kein Neuland betreten, vielmehr handelte es sich um die Einführung einer Verfahrensart, die schon im gemeinen Recht bekannt war und bis 1877 in den Partikulargesetzbüchern des 19. Jahrhunderts eine Rolle spielte.[4] So erklärt sich auch, dass das Adhäsionsverfahren in der Neufassung der Strafprozessordnung durch das Vereinheitlichungsgesetz von 1950 nach dem Ende des 2. Weltkriegs erhalten blieb.[5] Ein rechtsvergleichender Blick auf andere europäische Rechtsordnungen zeigt, dass nicht nur in den Nachbarländern Deutschlands, sondern auch in dem romanischen Rechtsraum, sowie auch im angloamerikanischen und skandinavischen Bereich, eine Kompensation von Schaden im Strafverfahren vorgesehen ist.[6] Das Verfahren ist heute, neben dem Rechtsinstitut der Nebenklage, ein weiteres und in der Kombination beider ein bedeutendes Opferschutzinstrument.[7] Es ist wesentlicher Bestandteil einer „opferbezogenen Strafrechtspflege".[8] Das Gesetz spricht zwar vom „Antrag", rechtstatsächlich ist ein solcher Antrag allerdings eine „vollwertige" Klageschrift, da der Antrag aufgrund seiner rechtlichen Anforderungen und Wirkungen weitgehend einer Klage im zivilprozessualen Sinne entspricht. Der Verletzte „hängt" sich an das Offizialverfahren und wird dabei Kläger in eigener Sache. Der Adhäsionskläger[9] hat einen eigenen Lebenssachverhalt als Prozessstoff, wobei er allein entscheidet, welche Ansprüche er wann geltend macht. Der Verletzte ist dabei von der Staatsanwaltschaft unabhängig und mit dem Antrag verfügt er über ein eigenes Angriffsmittel gegen den Angeklagten. Mit den im Wege des Adhäsionsverfahrens durchsetzbaren Ansprüchen nach den §§ 823 ff., §§ 249 ff., 253 BGB kann der Verletzte den Verursacher notfalls zwingen, wirtschaftliche Verantwortung für

---

1 3. VO zur Vereinfachung der Strafrechtspflege vom 29.5.1943, RGBl. I, 341.
2 Köckerbauer, Die Geltendmachung zivilrechtlicher Ansprüche im Strafverfahren – der Adhäsionsprozeß, NStZ 1994, 305; Rieß, Gutachten zum 55. DJT, Bd. I Teil C, Rn. 41, Fn. 150.
3 Schroth, Rn. 340 mwN.
4 Vgl. Meier/Dürre, Das Adhäsionsverfahren, NJ 2006, 18, 19 mwN.
5 Rössner/Klaus, Für eine opferbezogene Anwendung des Adhäsionsverfahrens, NJ 1996, 288.
6 Neidhart, DAR 2006, 415; Höynck/Jesionek, Die Rolle des Opfers im Strafverfahren in Deutschland und Österreich nach den jüngsten opferbezogenen Reformen des Strafverfahrensrechts: Österreich als Modell, MschrKrim 2006, Heft 2, S. 88 ff.; Rössner/Klaus, NJ 1996, 288.
7 Vgl. BeckOK StPO/Weiner § 395 Rn. 4.
8 Vgl. Rössner/Klaus, NJ 1996, 288 ff. mwN.
9 Die Begriffe „Adhäsionsantragsteller" und „Adhäsionskläger" sind daher auch synonym zu verstehen, ebenso wie „Adhäsionsantrag" bzw. „Adhäsionsklage".

sein Tun zu übernehmen.[10] Das ist für die nebenklageberechtigten Verletzten oftmals ein großes Bedürfnis.

II. Praktische Bedeutung des Adhäsionsverfahrens

2 Das Adhäsionsverfahren hatte bis vor einigen Jahren nur wenig praktische Bedeutung.[11] Die Strafgerichte hatten von den weitreichenden Möglichkeiten wegen Nichteignung von einer Entscheidung abzusehen, häufigen Gebrauch gemacht. Deswegen dürften viele Verletzte keine Anträge gestellt haben; auch Rechtsanwälte hielten sich in der Beratung zurück. Außerdem hatte die zivilgerichtliche Streitwertgrenze die Durchführung der Adhäsionsverfahren vor den Amtsgerichten begrenzt. Insbesondere durch die Änderungen durch das Opferschutzgesetz vom 18.12.1986,[12] maßgeblich durch das 1. Opferrechtsreformgesetz (OpferRRG) vom 26.4.2004[13] wurde versucht, dem Adhäsionsverfahren in der Gerichtspraxis mehr Bedeutung zu geben. Das 1. OpferRRG strebt an, dass das Verfahren die Regel und nicht mehr die Ausnahme ist. Die Möglichkeit der Gerichte, das Verfahren wegen vermuteter Verzögerung abzulehnen, wurde eingeschränkt. Über Ansprüche auf Schmerzensgeld ist im Regelfall zu entscheiden. Grund-, Anerkenntnis-, und Teilurteile sind ebenso wie ein Vergleichsabschluss vorgesehen. Auch in Verfahren gegen Heranwachsende ist nunmehr das Adhäsionsverfahren uneingeschränkt zulässig. Dies wurde für das Recht des Adhäsionsverfahrens zuletzt durch das 2. Justizmodernisierungsgesetz vom 22.12.2006[14] eingeführt.

Langsam steigende Zahlen belegen eine vermehrte Akzeptanz.[15] 1997 gab es vor den Amtsgerichten 2840 Endurteile und 111 Grundurteile; vor den Landgerichten 119 End- und 23 Grundurteile.[16] 2010: vor den Amtsgerichten 2561 End-, 405 Grundurteile sowie 1222 Vergleiche; vor den Landgerichten: 343 End-, 52 Grundurteile sowie 168 Vergleiche. 2014: vor den Amtsgerichten 3295 End-, 363 Grundurteile sowie 1261 Vergleiche; vor den Landgerichten 447 End-, 74 Grundurteile sowie 175 Vergleiche[17]

In der Praxis sind es zumeist die nebenklageberechtigten Verletzten,[18] die einen Adhäsionsantrag stellen.[19] Dies dürfte einerseits aus der Erkenntnis und Erfahrung der vielen Vorteile für nebenklageberechtigte Verletzte folgen, um die viele Nebenklagevertreter bzw. Opferanwälte wissen.[20] Strukturell und konzeptionell beschränkt sich

---

10 Gerade diese Beteiligungsrechte stehen in der Kritik, vgl. Schroth, NJW 2009, 2916: „Das Strafverfahren auf dem Weg zum Parteiprozess".
11 Vgl. Meier/Dürre, NJ 2006, 18, 19 mwN.
12 BGBl. I, 2496.
13 BGBl. I, 1354.
14 BGBl. I, 3416.
15 Vgl. bereits Opferschutzbericht des Niedersächsischen Justizministeriums 2007, S. 21.
16 Löwe-Rosenberg/Hilger, Vor § 403 Rn. 9.
17 Statistisches Bundesamt, Fachserie 10, Reihe 2.3. für 2010 v. 15.8.2011, für 2014 v. 3.12.2015, jeweils bezogen auf erledigte Verfahren.
18 Gemeint sich Berechtigte nach § 395 I Nr. 1-5, II und III StPO.
19 S. auch Schroth, Rn. 350.
20 So bietet die Opferhilfeeinrichtung Weisser Ring für Rechtsanwälte, die Verletzte bzw. Opfer vertreten, seit Jahren spezielle Seminare an, in jüngerer Zeit vermehrt auch der Deutsche Anwaltsverein (DAV). Zudem gibt es Bestrebungen einen „Fachanwalt für Opferrecht" einzuführen.

die Eignung der Verfahrensart aber nicht nur auf die Delikte, die zu einer Nebenklageberechtigung nach § 395 I Nr. 1 -5, II und III StPO führen, grundsätzlich geeignet ist jede Rechtsverletzung die zu der Verletzteneigenschaft im Sinne der StPO führt. Geschmacksmuster- und Urheberrechtsverletzungen, die sogar (allerdings systemwidrig) zu einer Nebenklageberechtigung nach § 395 I Nr. 6 StPO führen, spielen aber derzeit in der Praxis ebenso wenig eine nennenswerte Rolle wie Straftaten nach §§ 242, 243, 263, 266 StGB.[21]

III. Vor- und Nachteile des Adhäsionsverfahrens

Es bestehen, abgesehen von dem Unwillen einzelner Verfahrensbeteiligter in der Anwendung des Verfahrens,[22] der in der Rechtspraxis gelegentlich mit Äußerungen wie „mit *zivilistischen Ansprüchen befassen wir uns nicht*" oder „*das Opfer will doch nicht den Eindruck erwecken, es gehe ihm nur um Geld*" anzutreffen ist, seit jeher diskussionswürdige Bedenken. Diese sind auch noch nach den jüngsten Gesetzesänderungen festzustellen. Sie basieren vor allem auf der forensischen Verschiedenheit von Straf- und Zivilgerichten.[23] Die Doppelstellung des Verletzten als Anspruchssteller und Zeuge wird ebenso wie eine mögliche Behinderung der Verteidigung durch evtl. auftretenden Druck auf den Angeklagten kritisiert. Des Weiteren wird behauptet, die Strafgerichte seien mit der Behandlung von Schadensersatzansprüchen und der Beachtung zivilprozessualer Vorschriften überfordert. 3

Insbesondere die Kritikpunkte mit dogmatischem Ansatz sind ernst zu nehmen. Allerdings greifen sie letztlich nicht durch. Im Adhäsionsverfahren ist der Verletzte gleichzeitig Partei und Zeuge. Dies ist unstreitig ein Vorteil des Adhäsions- gegenüber dem Zivilverfahren. Ein Ausgleich ist dadurch herzustellen, dass dem zivilrechtliche Ansprüche verfolgenden Verletzten in seiner Verfahrensposition als Zeugen vor Augen geführt wird, dass die Glaubhaftigkeit seiner Aussage im Strafverfahren besonders gründlich beleuchtet wird und Belastungseifer zu eigenen Gunsten vom Gericht oder von hinzugezogenen Sachverständigen bemerkt werden wird. Die eigene Zeugenaussage kann bis zur Wertlosigkeit entwertet werden, was in der Konsequenz nicht nur zu einem Prozessverlust, sondern auch mit der Belastung von Verfahrenskosten führen kann. Der beratende Rechtsanwalt hat daher sicherzustellen, dass im Rahmen der prozessvorbereitenden Akteneinsicht der Verletzte und Zeuge vor Abschluss des Verfahrens grundsätzlich keine Akteneinsicht seitens des Rechtsanwaltes erhält. Nur so kann auch verhindert werden, dass dem Zeugen unterstellt wird, dass seine Aussage vor Gericht „präpariert" ist.[24] Im Übrigen ist es unter Glaubhaftigkeitsgesichtspunkten für das Gericht von Vorteil, wenn es bei der Beurteilung der Zeugenaussage eine vollständige Interessenlage erkennen kann. 4

---

21 Vgl. zu den Gründen: Haller, Das „kränkelnde" Adhäsionsverfahren – Indikator struktureller Probleme der Strafjustiz, NJW 2011, 970; Feigen, Adhäsionsverfahren in Wirtschaftsstrafsachen, Hamburg 2012; Grau/Blechschmidt/Frick, Stärken und Schwächen des reformierten Adhäsionsverfahrens, NStZ 2010, 662.
22 Vgl. Krumm, Das Adhäsionsverfahren in Verkehrsstrafsachen, SVR 2007, 41.
23 Loos, Probleme des neuen Adhäsionsverfahrens, GA 2006, 195 ff.; HK-StPO-Pollähne Vor § 403 Rn. 1ff.
24 Vgl. zu dieser Problematik BeckOK StPO/Weiner § 406 e Rn. 4–4 a.

A. Grundlagen und Verfahrensgrundsätze

Eine Gesamtschau zeigt, dass das Verfahren eine Vielzahl von Vorzügen bietet:

1. Für den Verletzten

5
- die Möglichkeit, seine besonderen tatbedingten Belastungen dem Gericht deutlich zu machen
- Vermeidung belastender Doppelvernehmungen
- die Möglichkeit, schnell einen Vollstreckungstitel zu erlangen
- die Ausnutzung des strafprozessualen Amtsermittlungsgrundsatzes
- bessere Beweismöglichkeiten in den sogenannten „Aussage gegen Aussage" Fällen
- Auslagenvorschüsse sind weder für Zeugen noch für Sachverständige erforderlich
- kein Gerichtskostenvorschuss
- keine Streitwertbeschränkungen vor dem Amtsgericht
- kein Erwachsen in Rechtskraft, soweit der Antrag ganz oder teilweise abgelehnt wird
- höhere Vergleichsbereitschaft des Angeklagten, da das Verfahren die Chance bietet, für ihn günstige Momente eines informellen Täter-Opfer-Ausgleichs als Strafmilderungsgrund zu berücksichtigen
- der Verletzte kann den Angeklagten notfalls zwingen, wirtschaftliche Verantwortung für sein Tun zu übernehmen[25]

2. Für den Angeklagten

6
- Schadenswiedergutmachung ist ein schuldmindernder Gesichtspunkt (§ 49 II StGB, § 46 a StGB)
- Minimierung von Belastungen, da auch dem Angeklagten nicht nur ein weiteres Verfahren, sondern auch eine Beschäftigung mit den damit einhergehenden Begleiterscheinungen erspart wird
- Kostenersparnis im Falle einer Verurteilung durch Vermeidung eines zusätzlichen oder mehrerer Rechtsmittelverfahren

3. Für die Allgemeinheit

7
- Wiederherstellung oder Förderung des Rechtsfriedens im Falle einer einvernehmlichen Lösung
- Entlastung der Gerichte
- Kosten- und Zeitersparnisse schonen sowohl staatliche Ressourcen als auch die öffentlichen Haushalte

---

25 Erfahrungsgemäß haben nebenklagebefugte Verletzte bei Verfahrensbeginn primär keine wirtschaftlichen Interessen „Ich will doch kein Geld..."; in der Beratung sollten sie aber darauf hingewiesen werden, dass die Durchsetzung vermögensrechtlicher Ansprüche seit jeher von der Rechtsordnung vorgesehen und diese bei Schmerzensgeldansprüchen von einer Genugtuungs- und Ausgleichsfunktion getragen sind.

4. Für den Rechtsanwalt

- lukrative Gebührentatbestände; entgegen landläufiger Meinung ist das Adhäsionsverfahren sowohl für den Vertreter des Verletzten als auch für den Verteidiger des Angeklagten finanziell lohnenswert. Allein für das Betreiben des Adhäsionsverfahrens erhält er in der 1. Instanz nach Nr. 4143 des Vergütungsverzeichnisses zum Rechtsanwaltsvergütungsgesetz den zweifachen Satz aus § 13 RVG vgl. im Rn. 238 ff.
- keine Gebührenanrechnung bei gleichzeitiger Nebenklagevertretung
- die Adhäsionsantragsschrift ist einfacher und schneller abzusetzen als eine Klageschrift

8

IV. Die Entscheidung des Rechtsanwaltes über die Durchführung des Adhäsionsverfahrens

Der Rechtsanwalt des Verletzten ist gehalten, genau zu überlegen, ob der ihm vorgetragene Lebenssachverhalt, unter besonderer Berücksichtigung der Person seines Mandanten, für die Durchführung eines Adhäsionsverfahrens in Betracht kommt.

9

Dabei empfiehlt es sich in drei Schritten vorzugehen: nach vollständiger Akteneinsicht[26] sollte zuerst nach einer Art Ausschlussprinzip – die Eignung des Verfahrens an sich geprüft werden. Im zweiten Schritt sind die Chancen und Risiken des Vorgehens abzuwägen. Der dritte Schritt ist dann die Abwägung der zuvor gewonnenen Erkenntnisse unter Beachtung verfahrenstaktischer Überlegungen.

1. Nicht geeignete Verfahren

Durch das 1. OpferRRG wurden die bisherigen §§ 405, 406 StPO in § 406 StPO zusammengefasst und völlig neu gestaltet. Die Regelungen bezweckten den bislang festzustellenden Regelfall, aus verfahrensökonomischen Gesichtspunkten von einer Entscheidung abzusehen, umzukehren. Die Hürden zur Ablehnung wurden erhöht. Dennoch können die Gerichte nach wie vor von einer Entscheidung absehen. Verfahren können sich gegen zur Tatzeit Erwachsene und Heranwachsende richten, die Führung eines Adhäsionsverfahrens gegen Jugendliche kommt gemäß § 81 JGG aber nicht in Betracht. Folgende Fallgestaltungen sind zu beachten:

10

a) Fehlende Erfolgsaussicht

Die Frage der Erfolgsaussichten ist genau zu prüfen. Der Antrag muss zulässig und begründet sein. Die erforderliche Prüfung ähnelt der üblichen Vorgehensweise im Zivilprozess. Zu beachten ist, dass keine zusprechende Entscheidung im Adhäsionsverfahren ergeht, wenn der Angeklagte weder verurteilt noch eine Maßregel der Besserung und Sicherung angeordnet wird. Der Rechtsanwalt ist gut beraten, gerade bei ungewisser und „wackliger" Beweislage, den Adhäsionsantrag entweder gar nicht, oder erst kurz vor dem Schluss der Beweisaufnahme zu stellen.

11

---

[26] Vgl. zur Problematik der Gewährung des Akteneinsicht und des Umgangs damit BeckOK StPO/Weiner § 406 e Rn. 4–4 a.

A. Grundlagen und Verfahrensgrundsätze

Bei der sogenannten Aussage gegen Aussage-Konstellation gilt dies umso mehr.[27] Einfacher ist die Entscheidung beispielsweise dann, wenn im Falle einer gleichzeitigen Nebenklage ein erstes vorläufiges positives Glaubhaftigkeitsgutachten der Aussage des Verletzten vorliegt.

b) Verfahrensverzögerung und sonstige Nichteignung

12 Es ist anerkannt, dass nur ein außergewöhnlicher Fall zur Bejahung der Verfahrensverzögerung führen kann.[28] Dabei gilt, dass auch von einem Strafrichter grundsätzlich zu verlangen ist, dass er sich auch mit Zivilrecht befasst.[29] Zu beachten sind vielmehr insbesondere die nachfolgenden Konstellationen:

13 Bei Haftsachen dürfte eine erhebliche Verzögerung eher anzunehmen sein als bei anderen Verfahren.[30] Jedoch dürfte bei länger dauernden Hauptverhandlungen die Annahme einer erheblichen Verzögerung schwierig sein, insbesondere dann, wenn das Gericht durch einen Einschub weiterer Verhandlungstage, zwischen den bereits terminierten, Verzögerungen verhindern könnte; oder wenn der eigentliche Verzögerungsgrund eine mangelhafte Terminsvorbereitung bzw. ein sonstiger Umstand aus dem Verantwortungsbereich des Gerichts ist.[31]

Unter Hinweis auf die ausführliche Darstellung ab Rn. 128 ff. sind folgende Konstellationen für ein Adhäsionsverfahren grundsätzlich nicht geeignet:

- außergewöhnliche Schwierigkeit der zivilrechtlichen Materie
- komplexe Fragen des Internationalen Privatrechts
- komplexe Fragen des Handels- oder Gesellschaftsrechts
- exorbitante Höhe eines Schmerzensgeldanspruchs (zB über 25 EUR)
- Kumulation von Höhe der Klageforderung, Haftungsgefahren etc.
- komplexe Berechnungen von Renten oder Verdienstausfallschaden

c) Verkehrsunfallsachen: Verfahren wegen Ordnungswidrigkeiten

14 In Verkehrsunfallsachen kommt ein Adhäsionsverfahren selten in Betracht. Es bestehen keine Möglichkeiten den Haftpflichtversicherer im Adhäsionsverfahren in Anspruch zu nehmen. Es verbleiben die Fälle, in denen der Fahrer ohne Haftpflichtversicherungsschutz gefahren ist. Ungeeignet ist das Adhäsionsverfahren außerdem dann, wenn Ansprüche aus Gefährdungshaftung zu klären sind. Gemäß § 46 III 4 OWiG ist ein Adhäsionsantrag in Verfahren wegen Ordnungswidrigkeiten unzulässig.

2. Geeignete Verfahren

15 Der Frage, welche Verfahren als geeignet für das Adhäsionsverfahren anzusehen sind, kann auf verschiedenen Wegen beantwortet werden. Dabei gilt zunächst, dass ein Adhäsionsverfahren vor allem dann in Betracht kommt, wenn es um die **Geltendma-**

---

27 Vgl. BeckOK StPO/Weiner § 406 e Rn. 4–4 a.
28 Löwe-Rosenberg/Hilger, § 406 Rn 22 mwN.
29 Vgl. Löwe-Rosenberg/Hilger, § 406 Rn. 21.
30 Löwe-Rosenberg/Hilger, § 406 Rn. 22 mwN.
31 Löwe-Rosenberg/Hilger, § 406 Rn. 22 mwN.

chung einer Schmerzensgeldforderung geht. Die Erfolgsaussicht ist in diesem Bereich am größten (§ 406 I 6 StPO). Bei der Überlegung ein derartiges Verfahren durchzuführen und ob zusätzlich oder gesondert weitere **Schadensersatz-, Unterlassung-, oder Beseitigungsansprüche** geltend gemacht werden, sind die nachfolgenden Gesichtspunkte einzubeziehen:

a) Vermeidung zusätzlicher Viktimisierung

Die Durchführung eines Adhäsionsverfahrens ist auf jeden Fall immer dann zu erwägen, wenn der Verletzte Opfer einer schweren Straftat, insbesondere eines Gewalt- oder Sexualverbrechens geworden ist. Die Opfer solcher Straftaten sind regelmäßig besonders psychisch belastet. Die Durchsetzung der berechtigten Ansprüche in einem gesonderten, sich dem Strafverfahren anschließenden Verfahren vermeidet Doppelbelastungen. Belastende Mehrfachvernehmungen und Verhandlungstermine können durch das Adhäsionsverfahren vermieden werden. Zudem ist das Adhäsionsverfahren im Vergleich zum Zivilverfahren deutlich zügiger und risikoärmer als ein Zivilprozess.

Es ist gesicherte wissenschaftliche Erkenntnis, dass gerade auch Gerichtsverfahren zu erneuten Viktimisierungen der Verletzten (sog sekundäre oder tertiäre Viktimisierung) führen können. Diese gesundheitlichen Risikofaktoren können durch ein sachgerecht geführtes Adhäsionsverfahren reduziert werden.

b) Steigerung der Akzeptanz des strafgerichtlichen Verfahrens

Bestehende systemimmanente „strafprozessuale Defizite" können bei der Durchführung des Adhäsionsverfahrens kompensiert werden. Gerade Verletzten, die Opfer schwerster Straftaten geworden sind, fällt es immer wieder schwer die Besonderheiten des Strafprozesses zu verstehen. Ihnen ist nur schwer zu vermitteln, dass eine Straftat im Rechtssinne nicht primär die Verletzung eines Menschen, sondern die eines Gesetzes ist. Sie können nur sehr schwer verstehen, dass im Strafprozess nur über die Verletzung eines für sie abstrakten Rechtssatzes verhandelt wird. Denn im Strafprozess rankt sich das Prozessrecht im Wesentlichen um die Verletzung eines Gesetzes und den Beweis von Schuld oder Nichtschuld des Angeklagten.

Auch durch die Nebenklage werden im Strafverfahren nicht primär das persönliche Leid und damit die Interessen der Opfer auf gerichtliche Feststellung, dass ihnen persönlich Unrecht zugefügt worden ist, Verfahrensgegenstand. Diese persönliche Betroffenheit wird erst verfahrensrechtlich gesichert durch das Adhäsionsverfahren, als einem eigenen Verfahren im Verfahren mit teilweise anderem nicht generell zum Strafprozessrecht gehörendem Recht. Dem Angeklagten (und auch allen anderen Verfahrensbeteiligten) wird vor Augen geführt, welche Tatfolgen und vor allem welches persönliches Leid entstanden sind.

Letztlich wird dann im Urteil des Strafgerichts deutlich, dass nicht nur eine Strafe wegen einer Straftat verhängt wird, denn die Zuerkennung von Schmerzensgeld und

A. Grundlagen und Verfahrensgrundsätze

materiellem Schadensersatz ist die staatliche Anerkennung, dass dem Verletzten auch Schmerzen, Leid und sonstige Schäden vom Angeklagten zugefügt wurden.[32]

Der verletzte Mensch rückt im wohlverstandenen Sinne einer „opferbezogenen Strafrechtspflege"[33] in das juristische Blickfeld.[34] Das Adhäsionsverfahren bietet dem Verletzten die Möglichkeit, seine besonderen tatbedingten Belastungen dem Gericht deutlich zu machen und durch die richterliche Entscheidung staatlicherseits bestätigt zu bekommen.

c) Aufenthalt des Beschuldigten ist unbekannt

18   Wenn der Aufenthalt des Beschuldigten unbekannt ist, ist ein Adhäsionsverfahren, möglicherweise auch zur Vermeidung von Haftungsrisiken im Innenverhältnis zum Mandanten, dringend anzuraten. Der Adhäsionsantrag hat gem. § 404 II StPO dieselbe Wirkung wie die Erhebung der Klage im bürgerlichen Rechtsstreit. Maßgeblicher Zeitpunkt der „Rechtshängigkeits"-Wirkungen ist allerdings, im Gegensatz zum Zivilprozess, nicht die Zustellung, sondern bereits der Eingang der Antragsschrift bei Gericht.

Wichtigste Folge der Rechtshängigkeit ist bekanntlich Hemmung der Verjährung.

d) Drohende Verjährung

19   Da erfahrungsgemäß viele Rechtsanwälte oftmals „in Ruhe abwarten" wie das Strafverfahren ausgeht, um dann die Erfolgsaussichten eines zivilgerichtlichen Vorgehens zu prüfen, droht die Verjährung der zivilrechtlichen Ansprüche. Die regelmäßige zivilrechtliche Verjährungsfrist von drei Jahren „verrinnt" sehr schnell, insbesondere wenn dem Strafverfahren Rechtsmittelverfahren folgen. Dies kann aus den unter c) Rn. 18 aufgeführten Gründen vermieden werden. Zu beachten ist eine Gesetzesänderung zum Stichtag 30.6.2013. Gem. § 197 I Nr. 1 BGB verjähren Schadensersatzansprüche, die auf der vorsätzlichen Verletzung des Lebens, des Körpers, der Gesundheit, der Freiheit oder der sexuellen Selbstbestimmung beruhen, erst in 30 Jahren. Gemäß Art. 229 § 31 EGBGB[35] sind die Vorschriften des BGB sind in der seit 30.6.2013 gelten Fassung über die Verjährung auf die an diesem Tag bestehenden und noch nicht verjährten Ansprüche anzuwenden. Es ist daher genau zu prüfen, auf welchem genauen Lebenssachverhalt sich Ansprüche gründen, und ob vorsätzliches oder fahrlässiges Verhalten vorliegt. Die Verjährungsvorschriften sind unterschiedlich ausgestaltet. Bei der Berechnung sind die Bestimmungen zur Hemmung gem. §§ 207 BGB besonders zu beachten. Diese führen faktisch zu einem längeren Verjährungszeitraum.

---

32 BeckOK StPO/Weiner § 395 Rn. 1 ff.
33 Rössner/Klaus, NJ 1996, 288 ff. mwN.
34 Weiner, dnp 2006, 6, 8.
35 Art. 229 § 31 EGBGB ist Überleitungsvorschrift zur Änderung der Verjährungsvorschriften des Bürgerlichen Gesetzbuchs durch das Gesetz zur Stärkung der Rechte von Opfern sexuellen Missbrauchs vom 26.6.2013, BGBl. I 1805.

IV. Entscheidung d. Rechtsanwaltes über d. Durchführung d. Adhäsionsverfahrens

e) Zinsen

In der anwaltlichen Praxis werden Zinsansprüche oftmals in ihrer Bedeutung und Wirkung unterschätzt. Dies gilt vor allem dann, wenn der Schuldner während des Verfahrens einkommens- oder vermögenslos ist. Ein titulierter Zinsanspruch hilft, dass auch in 15 oder 20 Jahren, dann bei geänderten wirtschaftlichen Verhältnissen, ein Vollstreckungsversuch zusätzlich Sinn macht. Bekanntlich können sich über Jahre auflaufende Zinsen zu stattlichen Beträgen entwickeln.

Dabei ist zu beachten, dass zivilrechtlich betrachtet oftmals keine Möglichkeit besteht, den Schädiger als Schuldner in Verzug zu setzen, da sein Wohnsitz unbekannt ist. Gerade zu diesem Zweck ist das Vorziehen der Rechtshängigkeit durch den Adhäsionsantrag von Relevanz. Vom angeklagten Schädiger können dann nämlich die Zinsen nach § 291 BGB wegen § 404 Abs. II StPO bereits ab Eingang des Antrags bei Gericht verlangt werden. Sogar im Falle eines Grundurteils kann das Gericht eine Verzinsung mittenorieren.[36]

f) Schwierige Beweislage

Sofern keine weiteren Zeugen oder Beweismittel den Angeklagten überführen können, bestehen bei den sog Aussage gegen Aussage-Konstellationen bessere Beweismöglichkeiten im Adhäsionsverfahren. Ansonsten gibt es oftmals erhebliche Beweisschwierigkeit auf der Seite der Verletzten. Neben der Ausnutzung des strafprozessualen Amtsermittlungsgrundsatzes kann der Antragsteller nicht nur Zeuge im Strafverfahren, sondern auch „Beweismittel in eigener Sache" sein. Der zivilprozessuale Beibringungsgrundsatz gilt nicht. Der Antragsteller hat keine dem Zivilprozess entsprechende Darlegungs- u. Beweislast.

Der Antragsteller hat zudem keinen Auslagenvorschuss wie im Zivilprozess gem. §§ 379, 402 ZPO zu leisten. Die Beweiserhebung darf nicht von der Erhebung eines Kostenvorschusses abhängig gemacht werden.

3. Chancen und Risiken des Adhäsionsverfahrens

a) Risiken

Der Rechtsanwalt ist verpflichtet, seinen Mandanten über die Chancen und Risiken des Adhäsionsverfahrens aufzuklären. Erhöhter Klärungs- und Beratungsbedarf ergibt sich auch deshalb, weil das Verfahren in weiten Teilen bis zum Jahre 2004 keine große praktische Bedeutung hatte, neue gesetzliche Regelungen dazu kamen und neben Akzeptanzproblemen einige ungeklärte Rechtsfragen zu beachten sind. Obwohl das Verfahren in der Literatur immer wieder als „weitgehend risikoarm"[37] bezeichnet wird, hält dies einer näheren Betrachtung nicht stand. Neben den einhergehenden Belastungen für den Verletzten bei negativem Verfahrensverlauf, können ihm auferlegte Verfahrenskosten neben der materiellen auch zu einer viktimisierenden Belastung führen. Daher sind mit dem Mandanten die Kostenrisiken gründlich zu erörtern. Diese verbleiben ihm immer.

---

36 BGHSt 47, 378 = NJW 2002, 3560.
37 Vgl. Krumm, SVR 2007, 41.

A. Grundlagen und Verfahrensgrundsätze

23 Außerdem ist es ein Risiko des Adhäsionsverfahrens, dass nach wie vor einige Gerichte versuchen werden, über einen Adhäsionsantrag wegen dessen Nichteignung, insbesondere der Gefahr der erheblichen Verfahrensverzögerung, nicht oder nicht positiv zu entscheiden. Die Einschränkung der Eignungsklausel durch das OpferRRG in den Regelungen § 406 I 4, 5 StPO wird im Einzelfall möglicherweise nicht verhindern, von einer Entscheidung abzusehen, wenn die Zuerkennung eines Anspruchs nicht für begründet betrachtet wird. Es besteht zwar die Beschwerdemöglichkeit nach § 406 a I StPO, wenn der Antrag vor Beginn der Hauptverhandlung eingereicht worden ist. Ob diese Vorschrift dann noch greifen kann, wenn das Gericht zunächst von der Eignung ausgeht, dann aber erst in der Hauptverhandlung oder nach der Beweisaufnahme feststellt, dass die Eignung fehlt, ist fraglich. Die Absehensentscheidung ist mit einem erhöhten Kostenrisiko verbunden. Das Gericht entscheidet in solchen Fällen gem. § 472 a II 1 StPO nach billigem Ermessen, wer die entstandenen Auslagen des Gerichts und der Verfahrensbeteiligten trägt. Schließlich ist bei Anträgen auf Schmerzensgeld zu beachten, dass diese bei einem nicht vollständigen Zusprechen zu einer negativen Kostenfolge führen können. In der forensischen Praxis ist immer wieder festzustellen, dass einige Gerichte bei der Kostenentscheidung nach § 472 a II 1 StPO im Rahmen der Billigkeitsentscheidung das Verursacherprinzip nicht beachten. Es wird ausschließlich nach herkömmlichen zivilprozessualen Grundsätzen des Obsiegens bzw. Unterliegens entschieden.

24 Daneben besteht auch immer die Möglichkeit für das Gericht, das Verfahren nach § 153 a ff. StPO einzustellen oder es durch Strafbefehl zu beenden. Ein zu früh gestellter Adhäsionsantrag läuft dann nicht nur ins Leere, sondern dem Verletzten droht eine Belastung mit den Verfahrenskosten.

b) Risikoreduzierung

25 Allerdings können die Verfahrensrisiken in mehreren Schritten minimiert werden:
1. Ein Adhäsionsverfahren kann nur dann mit Aussicht auf Erfolg geführt werden, wenn die Voraussetzungen der Zulässigkeit und Begründetheit des Antrages gem. §§ 403 ff. StPO vorliegen. Dies ist, wie eingangs ausgeführt, nach dem Ausschlussprinzip genau zu prüfen.
2. Die ergangene Rechtsprechung zu Fällen der Nichteignung ist als Prüfungskriterium heranzuziehen.
3. Adhäsionsanträge können unter dem Vorbehalt vorheriger Bewilligung von Prozesskostenhilfe gestellt werden.
4. Ein Antrag kann zunächst noch nicht formal, sondern nur zur Information der Verfahrensbeteiligten gestellt werden. Dies bietet die Möglichkeit, die Einschätzung der Verfahrensbeteiligten und insbesondere des Gerichts auszuloten.
5. Nicht nur im Falle der Bewilligung von Prozesskostenhilfe für den eigenen Mandanten kann es angezeigt sein, darauf zu dringen, dass auch der Angeklagte PKH bewilligt bekommt. Dies mindert das eigene Kostenrisiko.
6. Verwendung speziell abgestimmter Anträge und Schriftsätze.

Neben der Beachtung dieser Punkte sind insbesondere taktische Überlegungen anzustellen. Diese werden in Ergänzung zu vorstehenden Ausführungen, Rn. 91 ff., näher dargestellt.

V. Verfahrensgrundsätze
1. Grundsätzlicher Vorrang der Strafprozessordnung

Soweit nicht ausdrücklich auf zivilprozessuale Vorschriften verwiesen wird (zB § 404 V iVm §§ 114 ZPO) oder es wegen einer strafprozessualen Regelungslücke oder Unklarheit angezeigt ist (zB § 406 iVm §§ 313 b I ZPO), sind für den Adhäsionsantrag und die Entscheidung darüber die Verfahrensgrundsätze der Strafprozessordnung maßgeblich. 26

Die Verantwortung für die Richtigkeit und Vollständigkeit der Tatsachenermittlung obliegt nach § 244 II StPO dem Strafrichter im Strengbeweisverfahren, was auch für den zivilrechtlichen Anspruch gilt.[38] Der zivilprozessuale Beibringungsgrundsatz gilt daher nicht.

Für den Antragsteller kann das von Vorteil sein, wenn ihm keine Zeugen zur Verfügung stehen. Er hat keine dem Zivilprozess entsprechende Darlegungs- u. Beweislast. Der Antragsteller hat zudem keinen Auslagenvorschuss wie im Zivilprozess gem. §§ 379, 402 ZPO zu leisten. Die Beweiserhebung darf nicht von der Erhebung eines Kostenvorschusses abhängig gemacht werden. Für die Schadensermittlung gilt im Adhäsionsverfahren ebenso wie im Zivilprozess die Beweiserleichterung des § 287 ZPO. Dies bedeutet, dass das Gericht hierüber unter Würdigung aller Umstände nach seiner freien Überzeugung entscheidet.[39] Dies umfasst auch die Kausalität zwischen haftungsbegründendem und haftungsausfüllendem Tatbestand sowie Feststellungen zur Schadenshöhe.[40] Soweit eine Schätzung zulässig ist, kann das Gericht auch Beweisanträge ablehnen.[41]

2. Vermeidung von überraschenden Entscheidungen
a) Anwendung von § 139 ZPO
aa) Meinungsstand

Es wird kontrovers diskutiert, ob die zivilprozessuale Vorschrift des § 139 ZPO im Adhäsionsverfahren Anwendung findet. Die Pflicht zum Hinweis auf entscheidungserhebliche Gesichtspunkte dient vor allem der Vermeidung von Überraschungsentscheidungen und konkretisiert damit den Anspruch auf rechtliches Gehör. 27

Im Rahmen der Diskussion geht es darum, ob die Vorschrift überhaupt oder beschränkt auf die Hinweispflicht sachdienliche Anträge[42] zu stellen angewendet wird, oder in § 244 II StPO aufgeht.[43]

---

38 Meyer-Goßner, § 404 Rn. 11.
39 Meier/Dürre, JZ 2006, 18, 22 mwN.
40 Meyer-Goßner, § 404 Rn. 11 mwN.
41 Meyer-Goßner, § 404 Rn. 11 mwN.
42 Vgl. Loos, GA 2006, 195, 200 mwN.
43 Vgl. Loos, GA 2006, 195, 200 mwN.

Vorzugswürdig ist die Ansicht, die davon ausgeht, dass § 139 ZPO insgesamt auch im Adhäsionsverfahren entsprechend gilt.[44] Im Ergebnis ist die für das Zivilverfahren selbstverständliche Bestimmung auch bei den an sich zivilrechtlichen Ansprüchen im Adhäsionsverfahren anzuwenden. Letztlich haben sowohl der Antragsteller als auch der Angeklagte ein Recht auf die Vermeidung von für sie überraschenden Entscheidungen. Dass die Hinweispflichten quasi „für beide Parteien" gelten, wird in den Diskussionen oft nicht deutlich. Die entsprechenden Hinweispflichten gelten sowohl für den Verletzten und Antragsteller als auch zugunsten des Angeklagten und Antragsgegners.[45]

Diese Reichweite ergibt sich nicht nur aus dem Wortlaut der Vorschrift sondern auch aus dem Grundsatz des fairen Verfahrens nach § 6 I der Konvention zum Schutz der Menschenrechte und Grundfreiheiten (MRK) vom 4.11.1950[46] idF v. 17.5.2002.[47] Dieser Rechtsgrundsatz gilt sowohl für die Straf- als auch für die Zivilgerichtsbarkeit,[48] mithin auch für das Adhäsionsverfahren. Die Meinung, die zu einem „Aufgehen" in § 244 II StPO tendiert, ist von der Wirkung her letztlich die Anwendung der sich aus § 139 ZPO ergebenden Pflichten. Im Ergebnis ist daher festzuhalten, dass die dem Gericht obliegenden Pflichten des § 139 I ZPO auch im Adhäsionsverfahren gelten.

bb) Reichweite

28 Nach § 139 ZPO obliegt dem Gericht die materielle Prozessleitung. Abs. I S. 1 schreibt vor, dass das Gericht das Sach- und Streitverhältnis, soweit dies erforderlich ist, mit den Parteien nach der tatsächlichen und rechtlichen Seite zu erörtern und Fragen zu stellen hat. Nach S. 2 hat es dahin zu wirken, dass die Parteien sich rechtzeitig und vollständig über alle erheblichen Tatsachen erklären, insbesondere ungenügende Angaben zu den geltend gemachten Tatsachen ergänzen, die Beweismittel bezeichnen und sachdienliche Anträge stellen. Gemäß § 139 II 1 ZPO darf das Gericht auf einen Gesichtspunkt, den eine Partei erkennbar übersehen oder für unerheblich gehalten hat seine Entscheidung nur stützen, wenn es darauf hingewiesen und Gelegenheit zur Äußerung gegeben hat. Nach § 139 II 2 ZPO gilt dasselbe für einen Gesichtspunkt, den das Gericht anders beurteilt als die Parteien. Sie erstreckt sich auf rechtliche und tatsächliche Gesichtspunkte und reicht weiter als § 278 III ZPO aF.[49] Gem. § 139 IV 1 Hs. 1 ZPO sind die Hinweise möglichst früh zu erteilen. Das ist dann der Fall, wenn die Voraussetzungen einer Hinweispflicht erkannt werden, idR also schon bei Stellung des Antrags oder der Terminsvorbereitung.[50]

Unabhängig davon gilt die Bestimmung des § 406 V StPO, wonach das Gericht die Verfahrensbeteiligten so früh wie möglich darauf hinzuweisen hat, wenn es von einer

---

44 Plüür/Herbst, Das Adhäsionsverfahren im Strafprozess, NJ 2005, 153, 154 mwN.
45 Darauf, dass dieser Umstand regelmäßig nicht erwähnt wird, weist zu Recht hin Loos, GA 2006, 195, 200 Fn. 26.
46 BGBl. 1952, II 685.
47 BGBl. II, 1054.
48 Meyer-Goßner, Anh. 4, Art. 6 Rn. 1 mwN.
49 Zöller-Greger, ZPO, § 139 Rn. 5.
50 Zöller-Greger, ZPO, § 139 Rn 11.

Entscheidung über den Antrag absehen will. Zur Reichweite der Hinweispflicht siehe Rn. 77.

b) Anspruch auf ein faires Verfahren nach Art. 6 I MRK

Das Recht auf ein faires, rechtsstaatliches Verfahren und der Verfassungsgrundsatz des rechtlichen Gehörs gelten auch im Adhäsionsverfahren und für alle dort am Verfahren Beteiligten. Auch der Grundsatz des fairen Verfahrens nach Art. 6 I MRK gilt für alle Beteiligten des Adhäsionsverfahrens. Bei nicht anwaltlich vertretenen Antragstellern folgt dies zudem aus der richterlichen Fürsorgepflicht. 29

Nicht nur dem Angeklagten, sondern auch dem Antragsteller ist in jedem Stadium des Verfahrens rechtliches Gehör zu gewähren. Dies gilt vor allem vor ihn belastenden oder nachteiligen Entscheidungen.

In der gerichtlichen Praxis sind allerdings immer wieder Fälle festzustellen, in denen Adhäsionsverfahren für den Antragsteller mit einem überraschenden Ergebnis abschließen. 30

So werden gelegentlich Adhäsionsanträge rechtsfehlerhaft „… abgewiesen …", obwohl eine Absehensentscheidung die richtige Entscheidungsform gewesen wäre. Damit und auch unabhängig davon, sind für den Antragsteller oftmals negative Kostenentscheidungen verbunden. Dem auf diese Entscheidung nicht vorbereiteten Antragsteller wird die Möglichkeit genommen, zB seinen Antrag zu ändern, einen Beweisantrag zu stellen, ein Grund- oder Teilurteil zu beantragen. Folgendes Beispiel mag die Problematik verdeutlichen:

So hat das OLG Oldenburg[51] eine Gehörsrüge entsprechend § 321a ZPO als zulässig, die Verletzung rechtlichen Gehörs für möglich erachtet, weil die „Entscheidung für die Antragstellerin völlig überraschend" war. Die Sache wurde an das Landgericht zur Entscheidung über die Gehörsrüge zurückverwiesen.

Im Ausgangsfall hatte die Antragstellerin nach einem sexuellen Missbrauch ein in das Ermessen des Gerichts gestelltes Schmerzensgeld nicht unter 3000 EUR unter dem Vorbehalt der Bewilligung von Prozesskostenhilfe in dieser Höhe beantragt. Das Gericht bewilligte Prozesskostenhilfe in der beantragten Höhe. Daraufhin wurde der entsprechende Antrag in dieser Höhe gestellt. Unmittelbar danach wurde die Beweisaufnahme geschlossen, ohne das sich an dem der PKH-Bewilligung zugrunde liegenden Sachverhaltes irgendetwas änderte oder etwas vorgetragen wurde.

Der Angeklagte wurde wegen sexuellen Missbrauchs verurteilt. Des Weiteren wurde er verurteilt, an die Antragstellerin ein Schmerzensgeld von 1500 EUR zu zahlen. Der Antragstellerin wurden die Kosten des Adhäsionsverfahrens zur Hälfte auferlegt.

Das OLG Oldenburg führte dazu aus, dass die Entscheidung des Landgerichts, teilweise von einer Entscheidung abzusehen, insoweit völlig überraschend war, als das Landgericht ihr zuvor für ihren Schmerzensgeldantrag uneingeschränkt Prozesskostenhilfe bewilligt hatte. Insoweit sei auch von Bedeutung, dass die Antragstellerin bei

---

51 OLG Oldenburg, Beschl. v. 2.4.2007, – 1 Ws 124/07 –, nv.

einem entsprechenden gerichtlichen Hinweis, teilweise von einer Zuerkennung des begehrten Schmerzensgeldes absehen zu wollen, auch lediglich ein Teilurteil mit der Kostenfolge aus § 472 a I StPO hätte beantragen können.[52]

c) Taktische Möglichkeiten und Rechtsmittel

31 In der Rechtspraxis sind diese oder ähnliche Fälle von Überraschungsentscheidungen nach wie vor festzustellen. Dabei ist auch zu konstatieren, dass dieses Risiko de lege lata- selbst bei Beachtung und Einhaltung der in diesem Buch vorgeschlagenen Vorgehensweise – nicht vollständig ausgeschlossen werden kann. Auch die Gehörsrüge analog § 321 a ZPO ist weitgehend ein „stumpfes Schwert". Hält das erkennende Gericht seine eigene Entscheidung für begründet, so kann es die Gehörsrüge nach § 321 a IV ZPO durch unanfechtbaren Beschluss zurückweisen. Als in der Praxis probate Möglichkeit hat sich erwiesen, dass Gericht noch vor Schluss der Beweisaufnahme aktiv zu einer Erklärung aufzufordern, ob mit einem Hinweis nach § 406 V 1 StPO zu rechnen ist. Somit erhält der Antragsteller einerseits zumindest eine gewisse Tendenz der zu erwartbaren Gerichtsentscheidung, andererseits bleibt ihm die Möglichkeit des Rechtsmittels nach § 406 a I StPO. Ergeht diesbezüglich ein Beschluss, besteht die Möglichkeit der sofortigen Beschwerde gem. § 311 StPO,[53] auch für den Fall, dass das Gericht von der Entscheidung über einen Teil der geltend gemachten Ansprüche absieht.[54] Zu beachten ist aber, dass dieses Rechtsmittel gegen den Absehensbeschluss keine aufschiebende Wirkung hat, §§ 311, 307 StPO. Dennoch ist dieses Rechtsmittel in Betracht zu ziehen. Prozessuales Ziel muss es dabei natürlich sein, dass das erkennende Gericht selbst abhilft, ansonsten droht die Gefahr einer zeitlichen Überholung (das Urteil ergeht, bevor das Rechtsmittelgericht entschieden hat).[55] Obwohl eine Begründung[56] des Rechtsmittels nicht erforderlich ist, empfiehlt sich diese. Der Rechtsanwalt sollte dem Gericht eine Entscheidung möglichst leicht machen. Erfahrungsgemäß konzentrieren sich die Gerichte oftmals nur auf das eigentliche Strafverfahren, so dass der Vortrag in der Adhäsionsklage (noch) nicht die notwendige Beachtung fand. Außerdem bestehen erfahrungsgemäß[57] nach wie vor bei vielen Gerichten erhebliche Unsicherheiten in der Handhabung des Adhäsionsverfahrens.

3. Verurteilung im Adhäsionsverfahren trotz Freispruch im Strafverfahren

32 Trotz eines Freispruchs des Angeklagten im Strafprozess kann es im Adhäsionsverfahren zu einer Verurteilung des Angeklagten kommen. Voraussetzung ist allerdings, dass eine Maßregel der Besserung und Sicherung nach den §§ 63 ff. StGB angeordnet wurde.

Der Täter steht im Adhäsionsverfahren nicht besser als im Zivilprozess. Ist der Angeklagte lediglich wegen nicht auszuschließender Schuldunfähigkeit (§ 20 StGB) vom

---

52 OLG Oldenburg, Beschl. v. 2.4.2007, – 1 Ws 124/07 –, nv.
53 Vgl. Musterantrag für Rechtsanwälte Rn. 105 c.
54 Löwe-Rosenberg/Hilger § 406 a Rn. 1.
55 Vgl. HK-GS/Weiner, § 406 a, Rn. 1.
56 Vgl. Muster Rn. 105 c.
57 Vgl. auch Haller, NJW 2011, 970.

Vorwurf einer Straftat „in dubio pro reo" freizusprechen, so steht dies einer Verurteilung im Adhäsionsverfahren nicht entgegen. Der Täter kann im Adhäsionsverfahren nicht besser stehen als im Zivilprozess, wo er zur Abwehr eines Schadensersatzanspruchs seine Unzurechnungsfähigkeit (§ 827 BGB) positiv zu beweisen hat.[58]

---

58 LG Berlin, NZV 2006, 389.

B. Das Adhäsionsverfahren in der strafrichterlichen und anwaltlichen Praxis

I. Zulässigkeit des Adhäsionsverfahrens

1. Antragsberechtigte

a) Verletzter

33 Antragsberechtigter im Adhäsionsverfahren ist gem. § 403 StPO der Verletzte. Verletzter im Sinne dieser Vorschrift ist jedenfalls derjenige, der aus der Straftat unmittelbar einen vermögensrechtlichen Anspruch erworben hat.[59]

Nach herrschender Meinung ist darüber hinaus auch derjenige antragsberechtigt, der durch die Straftat selbst nur mittelbar verletzt ist, zB der Ehegatte des Getöteten (vgl. § 844 II BGB) oder bei Sachbeschädigungen der dinglich oder schuldrechtlich zur Nutzung Berechtigte.[60] Nach der Gegenansicht sollen mittelbar Geschädigte nicht antragsberechtigt sein, weil sonst das Tatbestandsmerkmal „Verletzter" neben dem Tatbestandsmerkmal „aus der Straftat erwachsener vermögensrechtlicher Anspruch" keinen Sinn mehr hätte.[61] Diese Ansicht überzeugt nicht: dem Tatbestandsmerkmal „Verletzter" muss nicht notwendig eine einschränkende Wirkung zukommen. Die weite Auslegung des Begriffs des Verletzten durch die herrschende Meinung in der Literatur war dem Gesetzgeber vor Neufassung des § 403 StPO durch das (erste) Opferrechtsreformgesetz bekannt. Hätte der Gesetzgeber hier eine Einschränkung gewollt, hätte eine entsprechend andere Formulierung in der Neufassung nahegelegen. Dies ist jedoch nicht vorgenommen worden.

Voraussetzung für die Antragsberechtigung ist nach einhelliger Auffassung nicht, dass der Verletzte einen Strafantrag stellt.[62]

b) Erben

34 Antragsberechtigt ist neben dem Verletzten sein Erbe. Bei einer Mehrheit von Erben ist jeder Erbe antragsberechtigt. Er kann aber gem. § 2039 S. 1 BGB nur Leistung an alle Erben verlangen.[63] Über den Wortlaut der Vorschrift hinaus ist auch der Erbe des Erben antragsberechtigt.[64] Diese Auslegung entspricht dem Sinn und Zweck der Vorschrift, wonach der Begriff des Verletzten weit auszulegen ist. Entscheidend ist, dass der geltend gemachte Anspruch im Wege der gesetzlichen oder testamentarischen Erbfolge erworben wurde.

Es entsprach der bis zum Inkrafttreten des Opferrechtsreformgesetzes einhelligen Meinung, dass der antragstellende Erbe einen Erbschein vorlegen muss.[65] Hergeleitet

---

59 Löwe-Rosenberg/Hilger, § 403 Rn. 1; Pfeiffer, StPO, § 403 Rn. 1; Plüür/Herbst, Das Adhäsionsverfahren, S. 10; SK-StPO/Velten, § 403 Rn. 2, 3.
60 Löwe-Rosenberg/Hilger, § 403 Rn. 1; Pfeiffer, StPO, § 403 Rn. 1; Meyer-Goßner, § 403 Rn. 1; KMR/Stöckel, § 403 Rn. 1.
61 SK-StPO/Velten, § 403 Rn. 3.
62 Meyer-Goßner, § 403 Rn. 2.
63 SK-StPO/Velten, § 403 Rn. 4; Meyer-Goßner, § 403 Rn. 3.
64 KMR/Stöckel, § 403 Rn. 2; Meyer-Goßner, § 403 Rn. 3; Löwe-Rosenberg/Hilger, § 403 Rn. 2.
65 Löwe-Rosenberg/Hilger, § 403 Rn. 2; SK-StPO/Velten, § 403 Rn. 4; Meyer-Goßner, § 403 Rn. 3; Plüür/Herbst, Das Adhäsionsverfahren, S. 12.

wurde diese weitere Voraussetzung aus dem Gebot, dass der Adhäsionsantrag nicht zu einer Verfahrensverzögerung führen dürfe. Ob diese Voraussetzung nach der Neufassung des § 406 StPO aufrechterhalten werden kann, erscheint fraglich. Entscheidend dürfte sein, in wieweit die Frage des Nachweises der Erbenstellung tatsächlich zu einer Verfahrensverzögerung führt.

c) Andere Rechtsnachfolger

Andere Rechtsnachfolger, wie zB Abtretungs- oder Pfändungspfandgläubiger, sind nicht antragsberechtigt.[66] Eine andere Auslegung würde dem Wortlaut der Vorschrift widersprechen. Dementsprechend sind auch ein Sozialversicherungsträger, auf den der Schadensersatzanspruch übergegangen ist, oder ein privater Haftpflichtversicherer nicht antragsberechtigt. 35

d) Insolvenzverwalter

Unstreitig ist, dass der Insolvenzverwalter antragsberechtigt ist, wenn der Schuldner erst nach der Insolvenzeröffnung geschädigt wurde. Nach teilweise vertretener Auffassung soll dies nicht gelten, wenn die Schädigung vor Eröffnung des Insolvenzverfahrens eingetreten ist.[67] Diese Auffassung wird damit begründet, dass der Insolvenz- bzw. Konkursverwalter als Rechtsnachfolger im weiteren Sinne nach dem eindeutigen Wortlaut des § 403 in dem weiten Kreis der als Adhäsionsantragsberechtigten in Betracht kommenden Rechtsnachfolger nicht genannt sei. 36

Dieses Argument überzeugt nicht. Zwar ist der Insolvenzverwalter nicht Verletzter, er ist aber auch nicht Rechtsnachfolger. Sein Antragsrecht ergibt sich vielmehr daraus, dass er in eigener Parteistellung die Rechte des Schuldners und die der Insolvenzgläubiger an der Masse wahrt.[68] Als Partei kraft Amtes, so die herrschende Meinung, übt er die Befugnisse des Gemeinschuldners zugunsten der Masse aus (vgl. § 80 InsO: Übergang des Verwaltungs- und Verfügungsrechts, bzw. § 22 I InsO für den vorläufigen Insolvenzverwalter bei Anordnung eines allgemeinen Verfügungsverbotes).

Gegen die Einbeziehung des Insolvenzverwalters in den Kreis der Antragsberechtigten wird ferner angeführt, dass dies dem Sinn der Privilegierung des Verletzten in § 403 StPO widerspräche: Da dieser in der Durchsetzung von Genugtuungsinteressen des persönlich Geschädigten liege, könne ein Insolvenzverwalter nicht antragsberechtigt sein, dessen Aufgabe darin bestehe, Interessen von Gläubigern zu schützen, die nicht Geschädigte der dem Angeklagten zur Last gelegten Straftat seien.

Auch dieses auf den ersten Blick bestechende Argument kann letztlich nicht ausschlaggebend sein, da dann der Gemeinschuldner, der nach Insolvenzeröffnung geschädigt wird, sich ebenfalls nicht von einem Insolvenzverwalter vertreten lassen könnte. Es ist aber kein Grund ersichtlich, warum der nach Insolvenzeröffnung Ge-

---

66 KMR/Stöckel, § 403 Rn. 3; Meyer-Goßner, § 403 Rn. 4; Löwe-Rosenberg/Hilger, § 403 Rn. 3.
67 OLG Frankfurt, NStZ 2007, 168: jedenfalls dann, wenn die Erhaltung des in Insolvenz geratenen Unternehmens nach Abschluss des Insolvenzverfahrens ausscheidet; ebenso OLG Jena NJW 2012, 547; LG Stuttgart, NJW 1998, 322 für die Konkursordnung;; Meyer-Goßner, § 403 Rn. 5; a. A SK-StPO/Velten, § 403 Rn. 4; Pfeiffer, StPO, § 403 Rn. 1; Löwe-Rosenberg/Hilger, § 403 Rn. 4; KMR/Stöckel, § 403 Rn. 3; KK/Zabeck, § 403 Rn. 9.
68 Zöller/Vollkommer, ZPO, 26. Aufl., § 51 Rn. 7.

schädigte seine Genugtuungsinteressen nicht in einem Adhäsionsverfahren verfolgen können sollte, mit der Konsequenz, dass jedenfalls in diesen Fällen der Insolvenzverwalter antragsbefugt wäre, obwohl er auch hier in erster Linie Gläubigerinteressen vertritt. Dann ist es aber konsequent, dem Insolvenzverwalter auch eine Antragsbefugnis zuzusprechen, wenn der Gemeinschuldner vor der Insolvenzeröffnung geschädigt wird.

Auch das vom OLG Frankfurt angeführte historische Argument überzeugt letztlich nicht, da zum Zeitpunkt des Gesetzgebungsverfahrens zum Opferrechtsreformgesetz nach der herrschende Meinung der Insolvenzverwalter gerade antragsbefugt war, so dass aus dem Schweigen des Gesetzgebers zu dieser Problematik gerade keine Schlüsse gezogen werden können.

Demnach kommt es nicht darauf an, ob der Schaden nach Insolvenzeröffnung oder vorher entstanden ist. Auch im letztgenannten Fall führt der Insolvenzverwalter das Adhäsionsverfahren für den Verletzten und nimmt ggf. für diesen das Verfahren auf (vgl. §§ 85 I 1, 24 II InsO).[69]

Entsprechend sind auch der Zwangsverwalter gem. § 152 ZVG und der Testamentsvollstrecker gem. §§ 2197 ff. BGB antragsbefugt.

e) Prozessfähigkeit des Antragstellers

37 Der Antragsteller kann den Anspruch im Strafverfahren nur geltend machen, wenn er dazu auch im Zivilprozess berechtigt wäre. Der Antragsteller muss daher nach einhelliger Auffassung im Sinne des Zivilprozessrechtes (§§ 51 – 55 ZPO) prozessfähig oder gesetzlich vertreten sein.[70] Die Antragstellung für Minderjährige hat daher durch ihre gesetzlichen Vertreter als Ausfluss der elterlichen Sorge gemäß § 1626 I BGB zu erfolgen.[71] Zu beachten sind auch mögliche Verfügungsbeschränkungen, etwa durch eine Insolvenzeröffnung, Bestellung eines vorläufigen Insolvenzverwalters nebst allgemeinem Verfügungsverbot (§ 22 InsO) oder Einrichtung einer Zwangsverwaltung. In diesen Fällen kann nicht der Verletzte, sondern nur der Insolvenz- oder Zwangsverwalter den Anspruch geltend machen (s. o. Rn. 36).

f) Stellung im Verfahren

38 Die Antragberechtigung des Adhäsionsklägers ist unabhängig von seiner Stellung im Verfahren. Dies bedeutet, dass der Adhäsionsantragsteller auch zugleich Nebenkläger, Privatkläger oder auch Mitangeklagter sein kann, beispielsweise im Falle einer gegenseitigen Körperverletzung.[72]

---

69 Löwe-Rosenberg/Hilger, § 403 Rn. 4; KMR/Stöckel, § 403 Rn. 3; Pfeiffer, StPO, § 403 Rn. 1; KK/Zabeck, § 403 Rn. 9; Kuhn, Das neue Adhäsionsverfahren, JR 2004, 397, 399; so auch OLG Celle, NJW 2007, 3795.; aA OLG Jena, NJW 2012, 547.
70 Löwe-Rosenberg/Hilger, § 403 Rn. 5; KMR/Stöckel, § 403 Rn. 5; Meyer-Goßner, § 403 Rn. 6.
71 BGH NStZ 2009, 586 in Abgrenzung zum Aufgabenkreis eines Betreuers.
72 KMR/Stöckel, § 403 Rn. 1; Löwe-Rosenberg/Hilger, § 403 Rn. 1.

2. Antragsgegner

a) Beschuldigter

Der im Adhäsionsverfahren geltend gemachte Anspruch muss sich gegen den Beschuldigten richten. Beschuldiger ist die Person, gegen die sich das Strafverfahren richtet. Gegen andere Personen kann ein Antrag nicht gestellt werden, auch wenn sie in das Strafverfahren hätten einbezogen werden müssen oder zivilrechtlich haften. Dementsprechend ist ein Antrag gegen einen Haftpflichtversicherer (vgl. § 3 PfVG) nicht zulässig.[73]

39

b) Jugendliche und Heranwachsende

Gegen einen Jugendlichen darf gem. § 81 JGG kein Adhäsionsverfahren durchgeführt werden.

40

§ 81 JGG lautet:

> § 81 Entschädigung des Verletzten
> Die Vorschriften der Strafprozessordnung über die Entschädigung des Verletzten (§§ 403 bis 406 c der Strafprozessordnung) werden im Verfahren gegen einen Jugendlichen nicht angewendet.

Dabei schließt nicht die Verfahrensart, sondern das Alter des Beschuldigten zur Tatzeit das Adhäsionsverfahren aus, und zwar auch dann, wenn das Verfahren vor dem allgemeinen Strafgericht stattfindet (vgl. § 104 I Nr. 14 JGG).

§ 104 I Nr. 14 JGG lautet:

> § 104 Verfahren gegen Jugendliche
> In Verfahren gegen Jugendliche vor den für allgemeine Strafsachen zuständigen Gerichte gelten die Vorschriften dieses Gesetzes über
> ...
> 14. den Ausschluss von Vorschriften des allgemeinen Verfahrensrechts (§§ 79 bis 81).

Wenn also beispielsweise gegen einen Erwachsenen und gegen einen Jugendlichen als Mitangeklagten vor dem Strafrichter verhandelt wird, kann der Antrag nur gegen den Erwachsenen gestellt werden.[74]

Bei einem Heranwachsenden kam es für die Anwendbarkeit des Adhäsionsverfahrens bis zum Inkrafttreten des zweiten Justizmodernisierungsgesetzes darauf an, ob der Heranwachsende nach Jugendstrafrecht oder nach Erwachsenenstrafrecht verurteilt wurde (vgl. §§ 81, 109 II 1 JGG alte Fassung). Einer bereits seit längerem von Opferschutzverbänden erhobenen Forderung entsprechend ist diese Regelung durch das zweite Justizmodernisierungsgesetz geändert worden. Danach können Adhäsionsansprüche nunmehr auch dann gegen Heranwachsende verfolgt werden, wenn sie nach Jugendstrafrecht verurteilt werden. Dies folgt daraus, dass § 81 JGG aus der Liste der in Bezug genommenen Vorschriften in § 109 II 1 JGG gestrichen wurde. In § 109 II 1 JGG sind diejenigen Verfahrensvorschriften des JGG aufgelistet, die in einem Verfah-

41

---

73 KMR/Stöckel, § 403 Rn. 6; Löwe-Rosenberg/Hilger, § 403 Rn. 6; Meyer-Goßner, § 403 Rn. 7.
74 Löwe-Rosenberg/Hilger, § 403 Rn. 7.

ren gegen Heranwachsende entsprechend gelten, wenn der Richter Jugendstrafrecht anwendet.

Fraglich ist, ob ein Adhäsionsverfahren zulässig ist, wenn gegen einen Heranwachsenden (oder Erwachsenen) verhandelt wird, der Adhäsionsanspruch sich aber auf eine Straftat bezieht, die dieser als Jugendlicher begangen hat und die ebenfalls abgeurteilt wird. Nach dem Gesetzeswortlaut wäre in einem solchen Fall ein Adhäsionsantrag unzulässig. Dagegen könnten aber praktische Erwägungen sprechen: Nach dem im JGG bestimmenden Erziehungsgedanken könnte es für den Angeklagten durchaus sinnvoll sein, wenn in einem Verfahren alle Aspekte seiner Tat abgeurteilt werden.[75] Außerdem hält der Gesetzgeber nach der Neuregelung Heranwachsende grundsätzlich für ausreichend mündig, um Beklagte einer Adhäsionsklage zu sein.

c) Prozessfähigkeit

42 Der Antragsgegner muss nach einhelliger Auffassung verhandlungsfähig, nicht aber prozessfähig im Sinne der §§ 52 ff. ZPO sein. Zivilrechtliche Willenserklärungen über den Anspruch, vor allem ein Vergleichsabschluss, können aber nur von einem voll geschäftsfähigen Beschuldigten oder seinem gesetzlichen Vertreter abgegeben werden.[76]

d) Umfang der Beiordnung des Pflichtverteidigers

43 Ob die Bestellung eines Rechtsanwaltes zum Pflichtverteidiger gem. § 140 StPO auch die Befugnis zur Vertretung des Angeklagten im Adhäsionsverfahren umfasst, ohne dass es einer zusätzlichen Bestellung bedarf, ist umstritten. Nach einer in der Rechtsprechung teilweise und in der Literatur – wie auch hier in der Vorauflage – ganz überwiegend vertretenen Auffassung gilt die Beiordnung des Pflichtverteidigers nach § 140 StPO für das gesamte Strafverfahren und damit auch für das Adhäsionsverfahren.[77] Danach steht dem Pflichtverteidiger die Verfahrensgebühr gem. 4143 VV RVG zu, ohne dass es einer besonderen Beiordnung gem. § 404 V StPO bedarf. Diese Auffassung argumentiert ua mit dem Willen des Gesetzgebers. In der Begründung des Entwurfs des Kostenrechtsmodernisierungsgesetzes heißt es nämlich:

„Der Pflichtverteidiger soll die Gebühr nach Nr. 4143 VV RVG-E ebenfalls erhalten. Das entspricht dem geltenden Recht. Sie wird – wie derzeit nach § 97 I 4, §§ 89, 123 BRAGO – der Höhe nach durch § 49 RVG-E begrenzt." (BT-Drs. 15/1971, S. 228).

---

75 So auch Plüür/Herbst, Das Adhäsionsverfahren, S. 15.
76 KMR/Stöckel, § 403 Rn. 7; Löwe-Rosenberg/Hilger, § 403 Rn. 9; Meyer-Goßner, § 403 Rn. 9; SK-StPO/Velten, § 403 Rn. 6.
77 OLG Köln, StraFo 2005, 394; OLG Hamm, JurBüro 2001, 531; OLG Schleswig, NStZ 1998, 101; NJW-Spezial 2013, 507; OLG Rostock, StV 2011, 656; OLG Hamburg, 1. Senat, NStZ-RR 2006, 347; LG Görlitz, AGS 2006, 502; Meyer-Goßner, § 140 StPO Rn. 5; SK-StPO/Velten, § 404 Rn. 21; Madert, in: Gerold/Schmidt/von Eicken, RVG, 17. Aufl., 4143 VV RVG Rn. 3; andere Ansicht: OLG Dresden JurBüro 2014, 134; OLG Hamm, NJW 2013, 325; OLG Karlsruhe, StraFo 2013, 84; OLG Stuttgart, NStZ-RR 2009, 264; OLG Bamberg, NStZ-RR 2009, 114; OLG Hamburg, 2. Senat, NStZ 2010, 652; OLG Oldenburg, NdsRpfl. 2010, 256; OLG Celle, NStZ-RR 2008, 112; OLG Zweibrücken, JurBüro 2006, 643; OLG München, Strafverteidiger 2004, 38; OLG Saarbrücken, Strafverteidiger 2000, 433; OLG Celle, Strafverteidiger 2006, 33; LG Bückeburg, NStZ-RR 2002, 31.

I. Zulässigkeit des Adhäsionsverfahrens

Dieses Zitat belegt jedoch nur, dass einem Pflichtverteidiger, der zur Abwehr des Adhäsionsanspruchs tätig wird, die Gebühr zustehen soll, denn allein dies ist in Nr. 4143 VV RVG geregelt. Nicht geregelt ist dort, wer Schuldner dieses Gebührenanspruchs ist. Schuldner des Gebührenanspruchs ist nämlich zunächst einmal der Auftraggeber, § 10 RVG. Die systematische Stellung der Vergütungsvorschrift der Nr. 4143 VV RVG im Unterabschnitt „Zusätzliche Gebühren", die unabhängig davon entstehen, ob der Rechtsanwalt als Wahl- oder Pflichtverteidiger tätig wird, lassen vielmehr die Auslegung zu, der Gesetzgeber habe damit lediglich zum Ausdruck bringen wollen, dass eine Tätigkeit im Adhäsionsverfahren jedenfalls nicht durch die allgemeine Pflichtverteidigervergütung abgegolten sein soll.[78]

44

Für die jetzt auch hier und von der mittlerweile herrschenden Meinung in der obergerichtlichen Rechtsprechung vertretenen Auffassung, wonach sich die Pflichtverteidigerbeiordnung nicht auf das Adhäsionsverfahren bezieht, lassen sich demgegenüber systematische Erwägungen anführen. § 404 V 2 StPO stellt klar, dass einem Angeschuldigten, der bereits einen Verteidiger hat, dieser beigeordnet werden soll. Wenn sich § 404 V StPO nach der Gegenauffassung nur auf die Fälle bezöge, in denen der Angeschuldigte keinen Pflichtverteidiger hat, wäre diese Vorschrift weitgehend überflüssig.[79]

Schließlich ist es auch nicht zutreffend, dass der Pflichtverteidiger zwangsläufig auch gegenüber dem Adhäsionsantrag tätig werden muss. Es sind nämlich durchaus Konstellationen denkbar, in denen zwar ein Fall notwendiger Verteidigung vorliegt, es dem (geständigen) Täter im Strafverfahren jedoch nur um eine möglichst milde Strafe geht. In einem solchen Fall muss sich die Verteidigung nicht gegen den vermögensrechtlichen Anspruch zur Wehr setzen.[80] Auch lässt sich nicht für die Notwendigkeit der Erstreckung der Pflichtverteidigerbeiordnung auf das Adhäsionsverfahren damit argumentieren, dass der Angeklagte – anders als der Nebenkläger – keine Wahl habe, ob er Partei eines Adhäsionsverfahrens wird, so dass ein sachlicher Grund für die unterschiedliche Erstreckung der Beiordnung gegeben sei. Dies ist zwar im Ansatzpunkt zutreffend, jedoch hat auch der Beklagte im Zivilprozess keinen Einfluss darauf, ob er mit einer Zivilklage überzogen wird. Gleichwohl sind auch im Zivilverfahren die Voraussetzungen für die Beiordnung eines Rechtsanwalts und die Gewährung von Prozesskostenhilfe für Kläger und Beklagten gleich.[81]

Für die Praxis bedeutet dieser Meinungsstreit innerhalb der obergerichtlichen Rechtsprechung, dass stets überprüft werden muss, welcher der beiden vertretenen Meinungen sich das jeweilig zuständige (Ober-)Gericht angeschlossen hat. In der Entscheidung des BGH vom 25.9.2012, 4 StR 354/12,[82] dürfte wohl keine Positionierung des Bundesgerichtshofs zu dieser Frage zu sehen sein. Der 4. Strafsenat hat hier zwar entschieden, dass „die Wahrnehmung der Interessen des Angeklagten im Adhä-

45

---

78 OLG Celle, NStZ-RR 2008, 190.
79 So noch deutlicher OLG Oldenburg, NdsRpfl 2010, 256.
80 OLG Celle, NStZ-RR 2008, 190.
81 OLG Celle, NStZ-RR 2008, 190.
82 BGHR StPO § 406 Entscheidung 1 (Gründe).

sionsverfahren allein in den Händen des (notwendigen) Verteidigers" liege. Hier ging es aber allein um die Abgrenzung der Aufgaben zwischen Verteidiger und Betreuer. Der BGH hat dies zugunsten des Verteidigers entschieden, ist aber mit keinem Wort auf den Meinungsstreit zwischen den Oberlandesgerichten zum Umfang der Pflichtverteidigerbeiordnung eingegangen.

Ferner ist in den Bezirken, in denen die Auffassung vertreten wird, dass sich die Pflichtverteidigerbeiordnung auf das Adhäsionsverfahren erstreckt, zu berücksichtigen, dass diese Auffassung für den Adhäsionskläger ein nicht unerhebliches Kostenrisiko birgt:

Sofern der Adhäsionskläger mangels Bedürftigkeit nicht selbst PKH-berechtigt ist und daher seinen Antrag nicht an die Bedingungen der Bewilligung von Prozesskostenhilfe knüpfen konnte und mithin er den Antrag auch nicht im Hinblick auf seine Erfolgsaussichten einer vorherigen Prüfung durch das Gericht unterziehen konnte, geht er ein nicht unerhebliches Kostenrisiko ein, wenn er eine Forderung erhebt, die das Gericht nicht in voller Höhe zuspricht. Allerdings ist hier zu berücksichtigen, dass die Verfahrensgebühr sich gemäß § 49 RVG für den Pflichtverteidiger höchstens auf 447 EUR beläuft, also bei einem 2,0-fachen Satz gemäß Nr. 4143 VV RVG auf 894 EUR.

3. Vermögensrechtlicher Anspruch

46 Nur vermögensrechtliche Ansprüche, die aus der Straftat erwachsen, können im Adhäsionsverfahren geltend gemacht werden. Vermögensrechtlich sind alle Ansprüche, die aus Vermögensrechten abgeleitet oder auf vermögenswerte Leistungen gerichtet sind. In Betracht kommen hier hauptsächlich Schadensersatz- und Schmerzensgeldansprüche sowie Ansprüche auf Ersatz der Beerdigungskosten, aber auch Bereicherungs-, Herausgabe- oder Unterlassungsansprüche, etwa auf Unterlassung künftiger Verletzungen, wenn damit wirtschaftliche Interessen verfolgt werden. In Betracht kommen kann sogar der Widerruf einer Behauptung.[83] Auch Feststellungsansprüche können vermögensrechtlichen Charakter haben. In Strafverfahren wegen Straftaten nach §§ 106, 107 I 2, 108 – 108 b Urheberrechtsgesetz lässt § 110 I Urheberrechtsgesetz die Möglichkeit zu, Ansprüche auf Vernichtung oder Überlassung von Vervielfältigungsstücken oder der zu ihrer Herstellung benutzten oder bestimmten Vorrichtungen (§§ 98, 99 Urheberrechtsgesetz) im Adhäsionsverfahren geltend zu machen.

4. Zuständigkeit der ordentlichen Gerichte

47 Für den geltend gemachten Anspruch müssen die ordentlichen Gerichte sachlich zuständig sein, § 403 ZPO. Die Geltendmachung von Ansprüchen, für die ausschließlich die Arbeitsgerichte zuständig sind, ist daher ausgeschlossen. Dies ist von Amts wegen zu beachten, auch noch im Rechtsmittelverfahren. Eine rechtskräftige Entscheidung über einen Anspruch, der nicht in die Zuständigkeit der ordentlichen Gerichte fällt, ist aber trotzdem wirksam.[84] Beim Amtsgericht können, wie es in § 403

---

[83] Löwe-Rosenberg/Hilger, § 403 Rn. 8; Meyer-Goßner, § 403 Rn. 10; KMR/Stöckel, § 403 Rn. 8.
[84] BGHSt 3, 210, 213.

StPO ausdrücklich normiert ist, Ansprüche ohne Rücksicht auf den Wert des Streitgegenstandes geltend gemacht werden. Daraus folgt im Umkehrschluss, dass Ansprüche, die zur ausschließlichen Zuständigkeit des Landgerichts gehören, also beispielsweise Amtshaftungsansprüche gegen Beamte und Richter nach § 71 II GVG, nicht vor dem Amtsgericht geltend gemacht werden können.[85]

5. Postulationsfähigkeit und anwaltliche Vertretung

Aus dem Umstand, dass vor dem Amtsgericht Ansprüche ohne Rücksicht auf den Wert des Streitgegenstandes geltend gemacht werden können, wird allgemein gefolgert, dass im Adhäsionsverfahren kein Anwaltszwang gem. § 78 ZPO besteht.[86] Wird das Verfahren vor den Zivilgerichten fortgesetzt, etwa im Betragsverfahren nach einem Grundurteil im Adhäsionsverfahren, so gelten wieder die zivilprozessualen Regeln, ggf. also auch der Anwaltszwang. 48

Eine anwaltliche Vertretung des Adhäsionsklägers ist nicht bereits immer dann gegeben, wenn dem Adhäsionskläger als Nebenkläger gem. § 397a I StPO ein Rechtsanwalt als Beistand bestellt worden ist. Die Beistandsbestellung nach § 397a I StPO erstreckt sich nämlich nicht auch auf das Adhäsionsverfahren.[87] Der als Beistand gem. § 397a I StPO beigeordnete Rechtsanwalt ist daher nicht befugt, für den Nebenkläger vermögensrechtliche Ansprüche gegen den Angeklagten im Adhäsionsverfahren einzuklagen und seine diesbezüglichen Gebühren gegen die Staatskasse geltend zu machen, es sein denn, er wurde dem Nebenkläger im Rahmen der Gewährung von Prozesskostenhilfe gem. § 404 V StPO gesondert für das Adhäsionsverfahren beigeordnet. 49

6. Strafverfahren

Der vermögensrechtliche Anspruch kann gem. § 403 StPO „im Strafverfahren" geltend gemacht werden. Demnach kann der Anspruch vor jedem Strafgericht geltend gemacht werden, also auch etwa in einem erstinstanzlichen Verfahren beim Oberlandesgericht. Einigkeit besteht auch darüber, dass der Anspruch auch im Privatklageverfahren geltend gemacht werden kann, wobei aber allein im Adhäsionsantrag kein Beitritt gem. § 372 II StPO zu sehen ist.[88] 50

Nach ganz herrschender Meinung ist eine Entscheidung über den Adhäsionsantrag im Strafbefehlsverfahren nicht zulässig, solange es nicht zur Hauptverhandlung kommt.[89] Soweit vereinzelt vertreten wird, eine Entscheidung über den Adhäsionsantrag sei auch im Strafbefehlsverfahren zulässig,[90] ist diese Auffassung nicht überzeugend. Eine Entscheidung über einen Adhäsionsantrag im Strafbefehlsverfahren kommt zivilrechtlich dem Erlass eines Versäumnisurteils gleich. Mit dem Opfer-

---

85 Löwe-Rosenberg/Hilger, § 403 Rn. 16; Kuhn, JR 2004, 397, 399.
86 Löwe-Rosenberg/Hilger, § 403 Rn. 15; SK-StPO/Velten, § 403 Rn. 8.
87 BGH, NJW 2001, 2486.
88 KMR/Stöckel, § 404 Rn. 13; sa SK-StPO/Velten, § 403 Rn. 9; Meyer-Goßner, § 403 Rn. 12.
89 Meyer-Goßner, § 403 Rn. 12, § 406 Rn. 1; KMR/Stöckel, § 404 Rn. 13; SK-StPO/Velten, § 403 Rn. 9; BGH NJW 1982, 1047.
90 Kuhn, JR 2004, 397; Sommerfeld/Gohra, Zur „Entschädigung des Verletzten" im „Verfahren bei Strafbefehlen", NStZ 2004, 420.

rechtsreformgesetz ist jedoch zwar die Möglichkeit zum Erlass eines Annerkenntnisurteils ausdrücklich normiert worden, nicht aber die Möglichkeit zum Erlass eines Versäumnisurteils. Dies hätte nahegelegen, wenn der Gesetzgeber eine solche Möglichkeit gewollt hätte.

Zum praktischen Umgang mit dem Adhäsionsantrag im Strafbefehlsverfahren s. u. Rn. 72 ff.

Zur Ermessensentscheidung der Staatsanwaltschaft, ob ein Strafbefehlsverfahren betrieben werden soll, s. u. Rn. 281.

Fraglich ist, ob es sich um ein „Strafverfahren" handelt, wenn der Einspruch gegen den Strafbefehl auf die Rechtsfolgen beschränkt wird oder etwa nur auf die Höhe der Tagessätze (vgl. dazu auch Rn. 72). Nach der hier vertretenen Auffassung ist in diesen Fällen eine Entscheidung über den Adhäsionsantrag unzulässig, da das auf den Einspruch ergehende Urteil kein solches ist, mit dem der Angeklagte „wegen einer Straftat schuldig gesprochen oder gegen ihn eine Maßregel der Besserung und Sicherung angeordnet wird", § 406 I 1 StPO. Der Schuldspruch ist in diesen Fällen bereits durch den Strafbefehl erfolgt. Im nachfolgenden Urteil erfolgt kein Schuldspruch mehr, damit entfällt die Grundlage für eine Adhäsionsentscheidung, die immer auch zum Grunde ergeht.[91]

Fraglich ist ferner, ob ein Sicherungsverfahren nach §§ 413 ff. StPO ein „Strafverfahren" ist. Dies wird von der herrschenden Meinung in der Literatur abgelehnt, da der Zweck des Sicherungsverfahrens der Schutz der Allgemeinheit sei.[92] Warum dies jedoch die Durchführung eines Adhäsionsverfahrens ausschließen soll, ist nicht recht erkennbar.

7. Ordnungsmäßigkeit des Antrages

51 Der Adhäsionsantrag ist unzulässig, wenn er inhaltlich nicht den Anforderungen des § 404 I StPO entspricht. Nach § 404 I 2 StPO muss der Adhäsionsantrag den Gegenstand und Grund des Anspruchs bestimmt bezeichnen und soll er die Beweismittel enthalten, s. nachfolgend a), b) und c). Diese Vorschrift ist dem § 253 II 2 ZPO nachgebildet und entsprechend auszulegen.[93]

a) Gegenstand des Anspruchs

52 § 404 I 2 StPO verlangt zunächst eine bestimmte Bezeichnung des Gegenstands des Anspruchs. Dies bedeutet, dass der Geschädigte inhaltlich eindeutig festlegen muss, welche Entscheidung er begehrt. Daraus folgt, dass ein bestimmter Antrag erforderlich ist, auch wenn dies dem Wortlaut des § 404 I StPO nicht ausdrücklich zu entnehmen ist.[94] Die Notwendigkeit zur Stellung eines bestimmten Antrages folgt auch be-

---

91 A. A. Plüür/Herbst, Das Adhäsionsverfahren, S. 57, die allein darauf abstellen, dass nach Einspruch ein „Strafverfahren" durchgeführt wird.
92 Löwe-Rosenberg/Gössel, § 414 Rn. 9; KMR/Metzger, § 414 Rn. 40; KK/Fischer, § 414 Rn. 4a; aA HK-GS/Weiner, § 403 Rn. 6.
93 KMR/Stöckel, § 404 Rn. 1; Plüür/Herbst, Das Adhäsionsverfahren, S. 18.
94 BGHR § 404 I Antragstellung 1; KMR/Stöckel, § 404 Rn. 2; SK-StPO/Velten, § 404 Rn. 3; Meyer-Goßner, § 404 Rn. 3; Plüür/Herbst, Das Adhäsionsverfahren, S. 18.

reits daraus, dass das Adhäsionsurteil Grundlage für die Zwangsvollstreckung sein soll. Es muss daher einen vollstreckungsfähigen Inhalt haben, woraus sich auch die Anforderungen an die Bestimmtheit des Antrages ableiten lassen.

aa) Bezifferung des Antrages

Aus der Notwendigkeit zur Stellung eines bestimmten Antrages folgt zunächst, dass geforderte Geldbeträge in der Regel der Höhe nach zu beziffern sind. Entsprechend ist bei Nebenforderungen bzw. Zinsen der Zinsbeginn und die geltend gemachte Zinshöhe anzugeben, bei Herausgabeansprüchen ist der herauszugebende Gegenstand so genau zu bezeichnen, dass eine Verwechselung ausgeschlossen ist. Von diesem im Zivilverfahren geltenden Grundsatz soll jedoch im Adhäsionsverfahren eine Ausnahme dann zulässig sein, wenn dem Verletzten die Bezifferung seines Anspruches zunächst unzumutbar oder unmöglich ist, etwa, wenn die Schadenshöhe erst noch durch einen im Hauptverhandlungstermin zu hörenden Sachverständigen festgestellt werden muss.[95] Diese Ausnahme findet ihre Rechtfertigung darin, dass der Adhäsionsantrag bis zum Beginn der Schlussanträge gestellt werden kann. Daraus folgt dann allerdings auch, dass der Verletzte nach dem Ende der Beweisaufnahme erklären muss, in welcher Höhe er seinen Antrag stellen will.[96]

53

Gelegentlich anzutreffen ist die Formulierung, dass eine weitere Ausnahme von der Notwendigkeit zur Bezifferung des Anspruchs in den Fällen bestehe, in denen das Gesetz die Höhe der Entschädigung in das billige Ermessen des Gerichtes stellt, also hauptsächlich im Bereich der Schmerzensgeldansprüche.[97] Zwar ist hier das Gericht für die Entscheidung in der Hauptsache an derartige Angaben nicht nach oben gebunden,[98] die Angabe der ungefähren Größenordnung des vorgestellten Anspruchs ist aber weiterhin erforderlich für die Feststellung des Gegenstandswertes, des Beschwerdewertes und die Kostenentscheidung.[99]

bb) Benennung des Schädigers

Aus dem Umstand, dass der Adhäsionsantrag nach § 404 StPO seinem Inhalt nach den Erfordernissen einer Zivilklage entsprechen muss, folgt auch, dass die Benennung eines bestimmten Beschuldigten zu den Mindesterfordernissen eines wirksamen Antrages gehört.[100] Dazu gehört, dass der Schädiger mit Name und Adresse bezeichnet wird. Die Nennung des Geburtsdatums dürfte als zusätzliches oder alternatives Kriterium zur Nennung der Adresse dann heranzuziehen sein, wenn eine Identifizierung des Beschuldigten nur über die Adresse problematisch ist.

54

cc) Benennung des Verletzten

Im Hinblick auf die Notwendigkeit zur Stellung eines bestimmten Antrages, der Grundlage eines Vollstreckungstitels sein soll, ist grundsätzlich bei Antragstellung

55

---

95 OLG Stuttgart, NJW 1978, 2209; KMR/Stöckel, § 404 Rn. 2.
96 So wohl auch Plüür/Herbst, Das Adhäsionsverfahren, S19.
97 So zB bei KK/Zabeck, § 404 Rn. 5.
98 BGHZ 132, 341.
99 Vgl. dazu Zöller/Greger, ZPO, 26. Aufl., § 253 Rn. 14.
100 OLG Karlsruhe, NJW-RR 1997, 508.

auch der Antragsteller nicht nur namentlich zu bezeichnen, sondern auch seine Adresse anzugeben.[101] Die Angabe der Adresse des Verletzten kann jedoch ausnahmsweise entbehrlich sein, wenn dieser ein berechtigtes Geheimhaltungsinteresse hat. Dies dürfte gerade in Strafverfahren, die massive Straftaten aus dem Bereich der organisierten Kriminalität als Gegenstand haben, oder auch im Bereich der Stalking-Fälle, nicht selten sein. Nach der hier vertretenen Auffassung reicht es in diesen Fällen, also bei begründetem Geheimhaltungsinteresse des Verletzten an seiner aktuellen Adresse, seine Identität über sein Geburtsdatum und seinem Geburtsort zu konkretisieren. Das Geheimhaltungsinteresse ist glaubhaft zu machen, wobei jedoch ein Hinweis auf die Anklageschrift ausreichend sein kann, wenn ein solches Interesse nach dem Inhalt der Anklageschrift offenkundig ist.

dd) Feststellungsanträge

56 Nach einhelliger Auffassung ist im Adhäsionsverfahren auch ein Feststellungsantrag zulässig, wenn der Verletzte etwa seinen Schaden noch nicht beziffern kann, er aber – etwa wegen drohender Verjährung – ein rechtliches Interesse im Sinne von § 256 I ZPO an der Feststellung hat.[102] Die Zulässigkeit zur Stellung eines Feststellungs-Adhäsionsantrages wird daraus abgeleitet, dass der Erlass eines Grundurteils im Adhäsionsverfahren gesetzlich zugelassen wurde.

57 Der Adhäsionsantrag kann daher etwa wie folgt lauten:

„… festzustellen, dass der Angeklagte verpflichtet ist, der Antragstellerin alle weiteren schon entstandenen und künftig noch entstehenden materiellen Schäden aus dem Handtaschenraub vom 10.10.2012 im Stadtpark von Hamburg (zu x %) zu ersetzen, soweit sie nicht auf einen Träger der Sozialversicherung oder sonstigen Dritten übergegangen sind oder übergehen."

„… festzustellen, dass der Angeklagte verpflichtet ist, der Antragstellerin alle künftigen, zurzeit nicht hinreichend sicher voraussehbaren immateriellen Schäden aus dem Raub vom … zu ersetzen (unter Berücksichtigung eines Mitverschuldens von x %)."

Ein solcher Antrag soll zulässig sein, wenn der Verletzte die Schadenshöhe noch nicht beziffern kann, aber ein beachtliches rechtliches Interesse an einer baldigen Entscheidung zum Anspruchsgrund hat, und soll dann unbedenklich sein, weil eine stattgebende Entscheidung einem Grundurteil gleich käme.[103]

ee) Antrag unter Vorbehalt

58 Vor dem Hintergrund, dass Anträge erst zum Schluss der Beweisaufnahme gestellt werden müssen, ist es grundsätzlich zulässig, Anträge zunächst unter Vorbehalt zu stellen, bzw. Anträge entsprechend anzukündigen. Als entsprechender Vorbehalt kommt insbesondere die Bewilligung von Prozesskostenhilfe in Betracht.

---

101 S. d. Muster bei Plüür/Herbst, Das Adhäsionsverfahren, S. 24, KMR/Stöckel, § 403 Rn. 12.
102 Plüür/Herbst, Das Adhäsionsverfahren, S. 20; KMR/Stöckel, § 403 Rn. 9; Löwe-Rosenberg/Hilger, § 404 Rn. 1.
103 Löwe-Rosenberg/Hilger, § 404 Rn. 1; KMR/Stöckel, § 403 Rn. 9.

b) Angabe des Anspruchsgrundes

Gem. § 404 I 2 StPO muss der Adhäsionsantrag auch den Anspruchsgrund bestimmt bezeichnen. Damit ist der konkrete Lebenssachverhalt gemeint, aus dem der Antragsteller seinen Anspruch ableitet. Dazu gehört die Behauptung aller Tatsachen, die den Adhäsionsantrag als schlüssig erscheinen lassen.[104] Die Angaben zum Anspruchsgrund sind insbesondere auch deshalb erforderlich, um dem Strafrichter durch einen Vergleich mit der Anklage die Überprüfung zu ermöglichen, ob ein Anspruch geltend gemacht wird, der aus der Straftat erwächst, die Gegenstand der Anklage ist. Zum Begriff der „Straftat" im Sinne von § 403 StPO s. u. Rn. 131 ff.

59

In der Praxis finden sich häufig Formulierungen zum Anspruchsgrund wie: „Zur Darstellung des Anspruchsgrundes nehme ich Bezug auf die Anklageschrift/den Akteninhalt." Es ist fraglich, ob solche Bezugnahmen ausreichend sind, denn immerhin verlangt § 404 I 2 StPO eine bestimmte Bezeichnung des Anspruchsgrundes. Nach der hier vertretenen Auffassung reicht daher eine Bezugnahme auf den Akteninhalt jedenfalls nicht aus. Für eine Bezugnahme auf die Anklageschrift kommt es auf den Einzelfall an.[105] Ist der im konkreten Anklagesatz geschilderte Lebenssachverhalt „einfach und überschaubar" und enthält er alle anspruchsbegründenden Tatsachen, ist eine Bezugnahme auf die Anklageschrift ausreichend.

c) Beweismittel

Nach § 404 I 2 StPO soll der Antrag die Beweismittel enthalten. Da es sich bei dieser Vorschrift nur um eine „Soll"-Vorschrift handelt, ist die fehlende Angabe des Beweismittels unschädlich. Dies beruht auf dem auch für das Adhäsionsverfahren geltenden Aufklärungsgrundsatz aus dem Strafverfahren.[106]

60

8. Form des Antrags

Der Adhäsionsantrag ist gem. § 404 I 1 StPO schriftlich oder mündlich zur Niederschrift des Urkundsbeamten in der Hauptverhandlung zu stellen. Dort ist der Antrag zu protokollieren (§ 273 I StPO). Der Antrag kann auch außerhalb der Hauptverhandlung zur Niederschrift des Urkundsbeamten gestellt werden.

61

9. Zeitpunkt der Antragstellung

Zum Zeitpunkt der Antragstellung findet sich eine gesetzliche Regelung in § 404 I 1 StPO, wonach der Antrag bis zum Beginn der Schlussvorträge gestellt werden kann. Eine gesetzliche Regelung zum frühestmöglichen Zeitpunkt der Antragstellung gibt es nicht. Aus der Formulierung in § 403 StPO und in § 404 I 3 StPO, in denen jeweils ausdrücklich von „dem Beschuldigten" die Rede ist, lässt sich aber schließen, dass eine Antragstellung schon im Ermittlungsverfahren zulässig ist. Zum Beschuldigten wird ein Antragsgegner mit Beginn der Ermittlungen gegen ihn. Demnach ist es zulässig, bereits mit der Strafanzeige einen Adhäsionsantrag zu stellen. Davon zu unter-

62

---

[104] Löwe-Rosenberg/Hilger, § 404 Rn. 1; KMR/Stöckel, § 404 Rn. 3; SK-StPO/Velten, § 404 Rn. 3.
[105] BGH, NStZ-RR 2014, 90; Immer eine ergänzende eigene Darstellung verlangen Plüür/Herbst, Das Adhäsionsverfahren, S. 28.
[106] KMR/Stöckel, § 404 Rn. 3; Löwe-Rosenberg/Hilger, § 404 Rn. 1; Meyer-Goßner, § 404 Rn. 3.

scheiden ist die Frage seiner Wirksamkeit und der Notwendigkeit, eine Entscheidung über den Antrag zu treffen (s. o. Rn. 50).

Wirksam wird der Antrag gem. § 404 II StPO, sobald er bei Gericht eingeht. Dies bedeutet jedoch zunächst nur, dass der Antrag rechtshängig ist und die damit verbundenen prozessrechtlichen und materiellrechtlichen Wirkungen entfaltet. Das weitere Schicksal des Adhäsionsantrages ist dann ganz entscheidend davon abhängig, ob die Staatsanwaltschaft die Übersendung der Akten mit dem Antrag verbindet, das Hauptverfahren zu eröffnen. Eine Entscheidung über den Antrag muss aber auch dann getroffen werden, wenn das Strafbefehlsverfahren beschritten wird und der Strafbefehl rechtskräftig oder nur zur Rechtsfolge angegriffen wird. Dazu siehe oben Rn. 50 und unten unter Rn. 72 ff.

Als letztmöglichen Zeitpunkt der Antragstellung bestimmt § 404 I den Beginn der Schlussvorträge. Damit ist der Schlussvortrag der Staatsanwaltschaft gemeint, da diese Gelegenheit zur Stellungnahme zum Adhäsionsantrag haben muss.[107] Sofern es mehrmals zum Halten der Schlussvorträge kommt, ist die Stellung eines Adhäsionsantrages bis zum letztmaligen Plädoyer der Staatsanwaltschaft zulässig.[108]

63 Ein Adhäsionsantrag kann auch erstmals im Berufungsverfahren, auch hier bis zum Beginn der Schlussvorträge gestellt werden.[109] Zulässig ist auch eine erneute Antragstellung im Berufungsverfahren, nachdem in erster Instanz eine Absehensentscheidung getroffen wurde, da diese nicht in Rechtskraft erwächst.[110] Grundsätzlich ist jedoch in der Berufungsinstanz keine förmliche erneute Antragstellung erforderlich, wenn der Antrag in erster Instanz bereits gestellt und positiv beschieden wurde. Dies folgt daraus, dass ohnehin in der Hauptverhandlung keine Antragstellung erforderlich ist, wenn der Antrag bereits zuvor gestellt wurde, siehe dazu Rn. 84.

Dagegen ist in der Revisionsinstanz eine Antragstellung nicht mehr möglich. Nach Zurückverweisung lebt das Recht zur Antragstellung jedoch wieder auf.[111] Die Rechtzeitigkeit des Antrags ist als Verfahrensvoraussetzung von Amts wegen zu beachten.[112]

64 Für den Antragsteller ist zu beachten, dass die bloße Ankündigung eines Antrages, etwa in einem Prozesskostenhilfeantrag, die Voraussetzungen für eine Antragstellung nicht erfüllt.[113] Er kann jedoch ein Interesse daran haben, den Antrag möglichst spät, also nach Abschluss der Beweisaufnahme zu stellen, um die Anspruchshöhe dem Ergebnis der Beweisaufnahme anzupassen und damit sein Kostenrisiko zu minimieren. Bei einer derart späten Antragstellung riskiert er jedoch, dass das Gericht gem. § 406

---

107 BGH, StV 1998,515; BGH, Beschl. v. 23.7.2015, – 3 StR 194/15; SK-Velten, § 404 Rn. 4; die andere Auffassung von KMR/Stöckel, § 404 Rn. 5, wonach der Antrag bis zum Beginn des letzten Schlussvortrages gestellt sein muss, findet gerade keine Stütze in der zitierten BGH-Entscheidung.
108 BGH, NStZ-RR 2014, 90; Löwe-Rosenberg/Hilger, § 404 Rn. 4.
109 KMR/Stöckel, § 404 Rn. 5; Meyer-Goßner, § 404 Rn. 4; Löwe-Rosenberg/Hilger, § 404 Rn. 4.
110 KG, NStZ-RR 2007, 280.
111 BGH, NStZ-RR 2001, 266 Nr. 32.
112 BGH, NStZ 1998, 477.
113 BGH, Strafverteidiger 1988, 515; Löwe-Rosenberg/Hilger, § 404 Rn. 1.

I 4 StPO wegen einer damit möglicherweise verbundenen Verfahrensverzögerung den Antrag als ungeeignet ansieht und deshalb von einer Entscheidung absieht.

10. Antragsrücknahme

Eine Antragsrücknahme ist gem. § 404 IV StPO bis zur Verkündung des Urteils zulässig. Dies gilt entsprechend der Befugnis zur Antragstellung auch in der Berufungsinstanz, nicht aber vor dem Revisionsgericht.[114] Nach einhelliger Auffassung ist auch eine Zustimmung des Beschuldigten zur Rücknahme nicht erforderlich. Nach der in allen Kommentaren vertretenen Auffassung hat eine Antragsrücknahme keinerlei Sperrwirkung, sie steht also weder einer zivilprozessualen Klage noch einer erneuten Antragstellung im Adhäsionsverfahren entgegen.[115] Dies beruht darauf, dass es im Adhäsionsverfahren an einer dem § 392 StPO vergleichbaren Regelung fehlt. Nach § 392 StPO kann die zurückgenommene Privatklage nicht von neuem erhoben werden.

II. Das Adhäsionsverfahren bis zum Hauptverhandlungstermin

1. Zustellung des Adhäsionsantrags

a) Antragstellung

Der Adhäsionsantrag kann bereits mit der Anzeige bei der Staatsanwaltschaft gestellt werden, s.o. Rn. 62. Nach Ziff. 174 RiStBV ist der Staatsanwalt gehalten, den Antrag unverzüglich dem Gericht zuzuleiten (s. unter Rn. 264).

Seit Geltung des Gesetzes zur Verbesserung der Rechte von Verletzten im Strafverfahren (Opferrechtsreformgesetz-OpferRRG) ist die bis dahin umstrittene Frage des Zeitpunkts der Rechtshängigkeit geklärt.[116] Nach § 404 Abs. 2 StPO hat bereits die Antragstellung dieselben Wirkungen wie die Erhebung einer zivilrechtlichen Klage (BGH StraFo 2004, 144). Damit ist maßgeblicher Zeitpunkt der des Eingangs des Antrags bei Gericht, die Zustellung an den Antragsgegner[117] ist nicht erforderlich.[118] Dies gilt unabhängig davon, ob bereits eine Anklage der Staatsanwaltschaft vorliegt.[119] Ab diesem Zeitpunkt können Zinsansprüche nach den §§ 291, 288 BGB geltend gemacht werden, und der Adhäsionskläger kann seine Rechte nach § 42 ZPO wahrnehmen. Eine (neue) Klage über denselben Streitgegenstand ist dann unzulässig (§ 261 III Nr. 2 ZPO).[120]

Mit der Erweiterung der Verjährungsfristen nach § 199 Abs. 2 BGB für gewisse deliktische Ansprüche dürfte die bislang wesentlichste Bedeutung eines frühen Adhäsions-

---

114 Meyer-Goßner, § 404 Rn. 13; KMR/Stöckel, § 404 Rn. 19.
115 Andere Ansicht Köckerbauer, Die Geltendmachung zivilrechtlicher Ansprüche im Strafverfahren – der Adhäsionsprozeß, NStZ 1994, 305 (307).
116 BT-Drs. 15/1976, S. 15.
117 So noch zur alten Rechtslage BGH StraFo 2004, 386 f; BGH NStZ-RR 2005.
118 Löwe-Rosenberg/Hilger, StPO, § 404 Rn. 7 mwN.
119 ZB BGH, Beschluss vom 13. April 2011 – 4 StR 79/11 –, juris, BGH, Beschluss vom 15. April 2014 – 3 StR 69/14 –, juris.
120 SK-StPO/Velten, § 404 Rn. 6.

antrages, die Unterbrechung der Verjährungsfrist, an Bedeutung verloren haben.[121] Bei vermögensrechtlichen Ansprüchen aus Delikt, zB nach Betrugstaten ist das Opfer aber weiterhin gut beraten, auch schon bei unklarer Beweislage den Adhäsionsantrag im Strafverfahren zu stellen, um die kurze Verjährungsfrist von drei Jahren zu unterbrechen.

67 Wird ein Adhäsionsantrag vor Erhebung der Anklage unter Umgehung der Staatsanwaltschaft unmittelbar bei Gericht gestellt, so ist er vom Gericht zunächst der Staatsanwaltschaft zuzuleiten. Diese ist bis zur Anklageerhebung Herrin des Verfahrens. Nur sie kann in diesem Verfahrensstadium prognostizieren, welches Gericht für das Strafverfahren und damit auch für den Adhäsionsantrag zuständig sein wird.

68 Ein Antrag auf Prozesskostenhilfe für ein Adhäsionsverfahren oder gar die bloße Ankündigung eines solchen stellt keinen Antrag im Sinne des § 404 StPO dar und entfaltet daher auch nicht dessen Wirkung.[122] Die Reaktion des Gerichts auf einen solchen Antrag ist davon abhängig, was der Antragsteller mit diesem bezweckt. Sofern er nur der Information der übrigen Verfahrensbeteiligten dienen soll, sollte er ebenfalls der Staatsanwaltschaft übersandt werden.

b) Zustellung des Antrages

69 Nach § 404 I 3 StPO ist der ordnungsgemäß gestellte Antrag dem Beschuldigten zuzustellen. Wie das Gericht, bei dem der Antrag vor Erhebung der öffentlichen Klage eingeht, mit der Zustellung verfahren soll, scheint nach wie vor noch nicht geklärt.

Üblicherweise werden eingehende Anträge im Zivilverfahren sofort dem Antragsgegner zugeleitet. Ob das bei einer noch nicht erhobenen Anklage eine vernünftige Vorgehensweise wäre, mag bezweifelt werden.

Der Gesetzeswortlaut des § 404 I 3 StPO (... ist dem *Beschuldigten* zuzustellen ...) könnte auf **die** Notwendigkeit einer sofortigen Zustellung nach Eingang des Antrages hindeuten.

Jedoch erfolgt der mit der Strafanzeige oder kurz darauf gestellte Adhäsionsantrag zu einem Zeitpunkt, zu dem der Beschuldigte oft von einem gegen ihn anhängigen Strafverfahren noch nichts weiß, er also zB auch noch nicht vernommen worden ist. Ihn bereits in diesem frühen Verfahrensstadium mit der Übermittlung eines Adhäsionsantrages über ein gegen ihn anhängiges Ermittlungsverfahren in Kenntnis zu setzen, könnte ermittlungstaktischen Erwägungen zuwider laufen (s. insbesondere unter C Rn. 269).

Zum anderen ist die mögliche Art des Abschlusses des Ermittlungsverfahrens – Einstellung nach den §§ 170 II StPO, 153 oder 153 a, 154 StPO oder Stellung eines Antrags auf Erlass eines Strafbefehls bzw. die Erhebung der Anklage bei einem Gericht anderer Ordnung – in diesem Verfahrensstadium noch nicht absehbar.

---

121 Zur Verjährung nach alter Rechtslage s. OLG Rostock, OLG-NL 2000, 117; OLG Karlsruhe, NJW-RR 1997, 508 f.
122 BGH, Beschluss vom 23. Juli 2015 – 3 StR 194/15 –, juris mit weiteren Nachweisen.

Damit sind auch die Zulässigkeit des Antrages selbst und die Entscheidungszuständigkeit des Eingangsgerichts zu diesem frühen Zeitpunkt noch unklar.

Um die Rechtshängigkeit sicher zu dokumentieren, dürften bei Eingang des Antrages dessen Eintragung als AR-Verfahren und der Eingangsstempel des Gerichts ausreichen. 70

Es erscheint aus o.g. Gründen sinnvoller, auch den schon vor Anklageerhebung gestellten Adhäsionsantrag erst nach Eingang der Anklage mit dieser gemeinsam dem Angeschuldigten persönlich zuzustellen. Eine Zustellung an den Pflichtverteidiger sollte nicht vorgenommen werden, weil dieser nicht ohne weitere Beiordnung den Angeklagten im Adhäsionsverfahren vertritt (s. Rn. 43). An den Wahlverteidiger kann zugestellt werden, wenn dessen Vollmacht auch eine Vertretung im Adhäsionsverfahren umfasst.

Die vom Bundesgerichtshof geforderte förmliche Zustellung ist nicht mehr zwingend notwendig. Dennoch empfiehlt es sich den Adhäsionsantrag förmlich zuzustellen. Dadurch kann sicher dokumentiert werden, dass dem Angeschuldigten rechtliches Gehör gewährt worden ist.[123] Wird die Zustellung versäumt, ist der Antrag als unwirksam zu behandeln. Dabei muss das Vorliegen der Zustellung von Amts wegen geprüft werden.[124] Der Mangel kann durch Nachholung der Zustellung oder Antragstellung in der Hauptverhandlung bis zum Beginn der Schlussvorträge geheilt werden. Eine weitere Möglichkeit der Heilung des Mangels der fehlenden Zustellung ergibt sich aus den §§ 37 Abs. 1 StPO, § 189 ZPO, wenn eine Person, an die im Sinne von § 189 ZPO „die Zustellung dem Gesetz gemäß (...) gerichtet werden konnte", genaue Kenntnis von dem Entschädigungsantrag erhalten hat,[125] Hierbei reicht insbesondere die Kenntnis des Verteidigers des Angeklagten.[126] **Das Gericht sollte sich allerdings auf diese Fiktion** nicht verlassen, denn bei verschuldeter Säumnis kommen möglicherweise Amtshaftungsansprüche in Betracht.[127]

Eine Erwiderungsfrist für den Antragsgegner sieht das Gesetz nicht vor, also ist der Angeschuldigte nur auf sein Recht zur Stellungnahme und das neben dem Amtsermittlungsgrundsatz[128] bestehende Recht zur Beantragung einzelner Beweiserhebungen hinzuweisen.

c) Muster für die Zustellung

Für die Zustellung des Adhäsionsantrages, der **vor oder gleichzeitig** mit der Anklage eingegangen ist, kann das Formular STP 18 wie folgt abgewandelt werden: 71

---

123 Siehe zB auch KMR/Stöckel § 404 Rn. 17; Meyer-Goßner, § 404 Rn. 5 iVm § 35 Rn. 10; Sommerfeld, Zur „Entschädigung des Verletzten" im „Verfahren bei Strafbefehlen", NStZ 2004, 420 f (423).
124 (BGH StraFo 2004, 386; NStZ-RR 2005, 380; 2009, 39 [C.]; StV 2008, 127; Brandenburg 17.2.2009, 1 Ws 12/09, juris.).
125 BGH, Beschluss vom 04. Juni 2014 – 4 StR 104/14 –, juris.).
126 Vgl. BGH, Beschluss vom 20. Oktober 2011 – V ZB 131/11, Rn. 8.
127 NJW-Spezial 2006, 42 zu BGH NStZ-RR 2005, 380; Plüür/Herbst NJ 2008, 14). Kurth/Polläne in: Gercke/Julius/Temming ua, Strafprozessordnung, § 404 Rn. 8.
128 KMR/Stöckel, § 404 Rn. 12 f.; Dallmeyer, Das Adhäsionsverfahren nach der Opferrechtsreform, JuS 2005, 327, 328.

B. Das Adhäsionsverfahren in der strafrichterlichen und anwaltlichen Praxis

Sehr geehrter Herr T.,

in der Strafsache gegen Sie

wegen ...

erhalten Sie anliegend eine Anklageschrift

und den Antrag der Frau O ... auf Entschädigung im Strafprozess übersandt.

Zur Anklage:

Sie können innerhalb von 2 Wochen die Vornahme einzelner Beweiserhebungen vor der Entscheidung über die Eröffnung des Hauptverfahrens beantragen oder Einwendungen gegen die Eröffnung des Hauptverfahrens vorbringen. Wenn Sie die Vernehmung von Zeugen beantragen, müssen Sie die Tatsachen angeben, über die jeder einzelne Zeuge vernommen werden soll.

Alle Anträge können Sie schriftlich oder zu Protokoll der Geschäftsstelle des Gerichts stellen. Bei schriftlichen Erklärungen genügt es zur Fristwahrung nicht, dass die Erklärung innerhalb der Frist zur Post gegeben wird. Die Frist ist vielmehr nur dann gewahrt, wenn die Erklärung vor Fristablauf bei Gericht eingeht.

Ihnen wird ein Verteidiger zu bestellen sein, da Ihnen ein Verbrechen zur Last gelegt wird (§ 140 I Nr. 2 StPO).

Bitte teilen Sie innerhalb einer Woche mit, ob Sie bereits einen Rechtsanwalt beauftragt haben bzw. welcher Rechtsanwalt Ihnen beigeordnet werden soll.

Zum Antrag auf Entschädigung im Strafprozess:

Die laut Anklage Geschädigte (die Erben des ...) macht mit diesem Antrag ihre etwaigen aus der angeklagten Straftat entstandenen Ansprüche auf ... geltend.

Falls eine Verteidigung gegen den Antrag auf Entschädigung im Strafprozess beabsichtigt ist, können Sie sich auch hierzu binnen zwei Wochen selbst oder durch Ihren Verteidiger oder aber durch einen anderen für dieses Adhäsionsverfahren beauftragten Rechtsanwalt äußern und insbesondere die Durchführung einzelner Beweiserhebungen in der Hauptverhandlung beantragen.

Mit freundlichen Grüßen

Für den **nach** Anklageerhebung außerhalb einer Hauptverhandlung eingehenden Adhäsionsantrag empfiehlt sich mit dessen Zustellung ein Anschreiben der folgenden Art:

Sehr geehrter Herr T.,

in der Strafsache gegen Sie

wegen ...

Wird Ihnen anliegend der Antrag der Frau O ... auf Entschädigungsleistungen im Strafprozess übersandt. Sie macht mit diesem Antrag ihre etwaigen aus der angeklagten Straftat entstandenen Ansprüche auf ... geltend.

Falls eine Verteidigung gegen diesen Antrag beabsichtigt ist, können Sie sich hierzu binnen zwei Wochen selbst oder durch Ihren Verteidiger oder durch einen anderen für das Adhäsionsverfahren beauftragten Rechtsanwalt äußern und insbesondere die Durchführung einzelner Beweiserhebungen in der Hauptverhandlung beantragen.

Mit freundlichen Grüßen

d) Der Adhäsionsantrag im Strafbefehlsverfahren

Ein besonderes Problem stellt die Zustellung des Adhäsionsantrags im Strafbefehlsverfahren dar.

Grundsätzlich ist eine Entscheidung über den Adhäsionsantrag im Strafbefehlsverfahren unzulässig,[129] s. auch unter Rn. 50. Zwar ist nach § 410 III StPO der Strafbefehl, gegen den nicht rechtzeitig Einspruch eingelegt wurde, einem Urteil gleichzusetzen, so dass der Sachverhalt, der den Anspruch des Adhäsionsklägers begründet, als feststehend[130] gilt. Jedoch kann der Strafbefehl nur in seltenen Fällen auch eine ausreichende Grundlage für die Bemessung der Höhe etwaiger Schmerzensgeld- und Schadensersatzforderungen sein.[131] Erst mit dem Einspruch gegen den Strafbefehl ist eine Hauptverhandlung durchzuführen und eine Entscheidung über den Adhäsionsantrag zulässig. Wird der Einspruch auf das Strafmaß oder gar auf die Höhe der Tagessätze beschränkt, bleibt der Adhäsionsantrag weiterhin unzulässig. Nach zutreffender Auffassung[132] ist der Schuldspruch in diesen Fällen im Strafbefehl enthalten und wird nicht Gegenstand der Hauptverhandlung.[133] Damit entfällt eine wesentliche Voraussetzung des § 406 I 1 StPO.

Um den Beschuldigten darüber In Kenntnis zu setzen, dass im Falle des etwaigen Einspruchs auch ein Adhäsionsantrag Wirksamkeit entfaltet, ist es erforderlich, dass er mit einem entsprechenden Hinweis den Adhäsionsantrag zusammen mit dem Strafbefehlsantrag übersandt bekommt. Der Beschuldigte erhält damit die Möglichkeit, mit einem Einspruch gegen den Strafbefehl das zukünftige Zivilverfahren zu vermeiden und ggf. mit einem Anerkenntnis oder einem Vergleich Strafmilderung zu erlangen.[134]

Für die **Zustellung des Strafbefehls mit Adhäsionsantrag** empfiehlt sich daher ein Zusatz nach folgendem Beispiel:

„Anliegend erhalten Sie ebenfalls den Antrag der Frau O. ... auf Entschädigung im Strafverfahren nach den §§ 403 ff StPO. Dieser Antrag ist mit Eingang bei Gericht am ... (Datum) rechtshängig geworden. Soweit Sie keinen Einspruch gegen den Strafbefehl einlegen, wird über den Adhäsionsantrag nicht entschieden werden, weil darüber im Strafbefehlsverfahren nicht entschieden werden darf. Der Antragsteller/die Antragstellerin kann dann eine gesonderte Klage vor dem zuständigen Zivilgericht gegen Sie erheben.

---

129 So die wohl hM, zB: Loos, Probleme des neuen Adhäsionsverfahrens, GA 2006, 195 f, 197; Löwe-Rosenberg/Hilger, § 403 Rn. 20; SK-StPO/Velten, § 403 Rn. 9; Pfeiffer, § 402 Rn. 5; aA Kuhn, Das neue Adhäsionsverfahren, JR 2004, 397; Sommerfeld, NStZ 2004, 420 f; de lege ferenda s. zB *Haller* NJW 2011, 972 f.
130 Meyer-Goßner, § 410 Rn. 8.
131 S. hierzu und zu dem Argument des Willens des Gesetzgebers auch Loos, GA 2006, 195 f (197 f); ähnlich BGH, NJW 1991, 1243 f, der für ausnahmslos eine mündliche Verhandlung für die Entscheidung über den Adhäsionsantrag fordert.
132 S. Ferber Rn. 50 mwN.
133 Insoweit Änderung der Auffassung in der Vorauflage.
134 Z. Strafmildernden Wirkung des Vergleichs s., Plüür/Herbst, Das Gesetz zur Verbesserung der Rechte von Verletzten im Strafverfahren vom 24. Juni 2004 und seine Auswirkungen auf das Adhäsionsverfahren, www.kammergericht.de, S. 18.

Sollten Sie einen Einspruch gegen den Strafbefehl einlegen und es zur Hauptverhandlung kommen, so hat das Gericht zu prüfen, ob und ggf. in welcher Höhe dem Adhäsionsantrag stattzugeben ist."

75 Um auch den Anforderungen des § 406 V 1 StPO mit Blick auf den anwaltlich nicht vertretenden Adhäsionskläger zu genügen, kann es sich insoweit empfehlen, diesen mit folgendem (Muster-)anschreiben über den Lauf des Verfahrens zu informieren:

Sehr geehrte Frau O.,

Ihr Antrag auf Entschädigung im Strafverfahren ist hier am .... eingegangen und seitdem rechtshängig. Die Staatsanwaltschaft ... hat in dieser Sache allerdings nunmehr einen Antrag auf Erlass eines Strafbefehls gestellt. Wenn der Angeklagte keinen Einspruch gegen den Strafbefehl einlegt, wird es nicht zu einer Hauptverhandlung kommen. Über Ihren Antrag auf Zuerkennung einer Entschädigung kann in diesem Fall im Strafverfahren nicht verhandelt werden, so dass dementsprechend von einer Entscheidung über diesen Antrag abgesehen werden muss. Sie haben dann aber die Möglichkeit Ihre Ansprüche vor einem Zivilgericht geltend zu machen.

Sollte der Angeklagte Einspruch einlegen, werden Sie über den Termin zur Hauptverhandlung benachrichtigt. In der mündlichen Verhandlung, an der Sie teilnehmen können, auch wenn Sie nicht als Zeuge geladen werden, kann dann über Ihren Antrag entschieden werden.

Bei einem anwaltlich vertretenen Geschädigten dürfte ein kurzer Hinweis an den Prozessbevollmächtigten über die Erforderlichkeit einer Absehensentscheidung (s. u. Rn. 128 ff.) wegen des Strafbefehlsverfahrens genügen.

76 Der im Strafbefehlsverfahren gestellte Adhäsionsantrag darf auch bei fehlendem Einspruch und somit eingetretener Rechtskraft des Strafbefehls nicht ignoriert werden. Der einmal bei Gericht eingegangene Antrag kann sich mit der Rechtskraft des Strafbefehls weder von selbst erledigen[135] noch ohne Weiteres gegenstandslos[136] werden.

Da mit § 404 II StPO die Wirkungen der Rechtshängigkeit mit Eingang des Antrags bei Gericht eintreten, muss diese Rechtshängigkeit auch wieder beendet werden. Erst dann kann der Geschädigte den Zivilrechtsweg beschreiten ohne sich dort der Einrede der anderweitigen Rechtshängigkeit (§ 261 III Nr. 1 ZPO) auszusetzen.

Hinzu kommt, dass die Absehensentscheidung die verjährungsunterbrechende Wirkung des Adhäsionsantrages beendet.[137] Das Gericht sollte daher zumindest zur Klarstellung im Beschlusswege eine Absehensentscheidung nach § 406 I 6, V 2 StPO treffen[138] wobei zweckmäßigerweise abzuwarten ist, bis die Einspruchsfrist abgelaufen ist.[139]

---

135 So noch Löwe-Rosenberg/Hilger, § 403 Rn. 21.
136 So Loos, GA 2006, 195 f (198), der dann auch nur von einer vorläufigen Gegenstandslosigkeit spricht.
137 Vgl. HansOLG, MDR 1988, 1054.
138 So zumindest für Zweifelsfälle dann auch Löwe-Rosenberg/Hilger, § 403 Rn. 21.
139 Löwe-Rosenberg/Hilger, § 403 StPO Rn. 21; Kurth/Pollähne in: Gercke/Julius/Temming, § 403 Rn. 17.

Muster eines Beschlusses:

Beschluss

In der Strafsache gegen ...

wegen ...

wird von einer Entscheidung über den Adhäsionsantrag der

Geschädigten O ...

vertreten durch Rechtsanwalt ...

abgesehen (§ 406 I 3 StPO).

Die durch das Adhäsionsverfahren entstandenen gerichtlichen Auslagen trägt die Landeskasse. Die durch das Adhäsionsverfahren entstandenen notwendigen Auslagen des Adhäsionsklägers und des Angeklagten tragen diese jeweils selbst.

Gründe:

Der Strafbefehl gegen den Angeklagten hat ohne Einspruch Rechtskraft erlangt. Damit ist der Adhäsionsantrag unzulässig, da er gem. § 403 StPO nur im Strafverfahren, nicht aber im Strafbefehlsverfahren geltend gemacht werden kann.

2. Die Hinweispflicht nach § 139 ZPO

Die Strafverfolgungsbehörden sind verpflichtet, das Opfer auf die Möglichkeiten des Adhäsionsverfahrens hinzuweisen (§ 406 i Abs. 1 Nr. 3 StPO).   77

Die Fürsorgepflicht des Staates gegenüber dem Opfer gilt über § 139 ZPO auch innerhalb des Adhäsionsverfahrens.[140] Die richterliche Hinweispflicht gilt in jedem Verfahrensstadium und zwar bis zum Ende der Hauptverhandlung. Zum Meinungsstand und zum Umfang der Hinweispflicht s. auch oben Rn. 27.

Das Gericht hat danach bei Eingang der Antragsschrift den Adhäsionskläger auf Mängel der Klage hinzuweisen, wie zB auf das Fehlen eines hinreichend bestimmten Antrages oder Anspruchsgrundes.[141] Hingegen muss auf die fehlende Angabe von Beweismitteln nicht hingewiesen werden, weil diese wegen des auch für das Adhäsionsverfahren geltenden Amtsermittlungsgrundsatzes kein zwingender Bestandteil der Klage sind,[142] selbst wenn es sich um Beweismittel zur Schadenshöhe handelt.[143]

Die Hinweispflicht gilt auch zugunsten des Beschuldigten/Angeklagten.[144] Er ist insbesondere nachhaltig auf die Bedeutung der Adhäsionsklage hinzuweisen, damit er seine Verteidigung nicht lediglich auf den strafrechtlichen Vorwurf beschränkt und von der späteren Entscheidung überrascht wird.[145] Ausdrücklich geregelt ist die rich-

---

140 Dies ist im Ergebnis unbestritten. Die Meinungen, die die gesamte Problematik unter § 244 II StPO erfassen wollen, gelangen letztlich über diesen doch wieder zu § 139 ZPO, vgl. Nachweise bei Loos, GA 2006, 195 f Rn. 26.
141 S. zB SK-StPO/Velten, § 404 Rn. 3; KK-StPO/Zabeck, § 404 Rn. 5; *Kurth/Pollähne* in: Gercke/Julius/Temming ua,§ 404 Rn. 5.
142 S. auch Gutt/Krenberger, ZfSch 2015, 489-494.
143 Loos, GA 2006, 195 f, (200), der in Fn. 29 aber auch die Problematik aus der Abgrenzung zu § 139 BGB aufzeigt.
144 Loos, GA 2006, 195 f, Fn. 26.
145 S. auch BGHSt 37, 260 f.

terliche Hinweispflicht vor einer beabsichtigten Absehensentscheidung nach § 406 V Satz 1 StPO,[146] hierzu im Einzelnen unter Rn. 146. Wenn allerdings das Gericht nicht von der Entscheidung absehen sondern nur ein Grundurteil erlassen will sodass die Entscheidung über die Anspruchshöhe dem Betragsverfahren überlassen bleibt, so soll dies nach einer Auffassung keine Hinweispflicht auslösen.[147] Dieser Auffassung ist zuzugeben, dass sich diese Pflicht explizit nicht aus § 406 StPO ergibt. Wegen der gleichzeitigen Geltung des § 139 ZPO und dem Grundsatz des fair trial dürfte das Gericht aber auch für diesen Fall gehalten sein, die am Verfahren Beteiligten über die beabsichtigte Vorgehensweise zu informieren.[148]

Das Gericht hat sich bei seiner Hinweispflicht immer auf das Neutralitätsgebot zu besinnen.[149] Dieses ist spätestens dann verletzt, wenn auf den Adhäsionskläger so eingewirkt wird, dass ihm eine jenseits des eigentlichen Klagantrages liegende Umstellung seines Klagebegehrens nahezu „in den Mund gelegt" wird.[150] Hier dürfte die Grenze zur Besorgnis der Befangenheit erreicht sein.

Rechtliche Hinweise sollten möglichst offen und zur Kenntnis aller Verfahrensbeteiligten erfolgen. Außerhalb der Hauptverhandlung sind sie als Vermerk oder Verfügung jeweils mit Abschrift an den Prozessgegner aktenkundig zu machen; in der Hauptverhandlung sind sie zu Protokoll zu geben.[151] Es entspricht dem Grundsatz des rechtlichen Gehörs, dass den Betroffenen dann auch ausreichend Gelegenheit zur Reaktion auf den richterlichen Hinweis gegeben wird.[152]

Gibt der Angeklagte oder der Nebenkläger auf den Hinweis erneut eine unzureichende Erklärung ab, so ergibt sich für das Gericht unter Umständen eine weitere Hinweispflicht. Gleiches gilt, wenn die Parteien den Hinweis offensichtlich nicht verstanden haben oder das Gericht von dem in dem Hinweis verdeutlichten Standpunkt wieder abrücken will.[153]

78 Für einen schriftlich erteilten rechtlichen Hinweis könnte im Falle eines den Bestimmtheitsanforderungen nicht genügenden Antrags auch auf das unter Rn. 273, 274 angeführte Musterformular mit folgenden Anschreiben zurückgegriffen werden:

Sehr geehrte Frau O ...,

Ihr Antrag auf Entschädigung im Strafverfahren ist hier am ... (zusammen mit der Anklage gegen Herr T) eingegangen.

Ich weise jedoch darauf hin, dass Ihr Antrag nicht den gesetzlichen Anforderungen entsprechen dürfte. So haben Sie insbesondere
- nicht ausreichend dargelegt, worauf Sie Ihren Anspruch im Einzelnen stützen
- einen nicht ausreichend konkreten Antrag gestellt.

---

146 Zum Zeitpunkt des Hinweises vgl. Kurth/Pollähne in: Gercke/Julius/Temming ua, § 406, Rn. 14.
147 Kurth/Pollähne in: Gercke/Julius/Temming ua, Strafprozessordnung§ 406 Rn. 5;.
148 Im Ergebnis auch Löwe-Rosenberg/Hilger Rn. 41, allerdings mit dem „nobile officium" begründet.
149 Feigen Otto-FS 2007, S. 882 f., vgl. Plüür/Herbst NJ 2005, 154.
150 Zu den Abgrenzungskriterien Zöller, ZPO § 139 Rn. 15.
151 BGHSt 37, 260 f; Zöller, ZPO § 138, Rn. 13.
152 Zöller, ZPO Rn. 14.
153 Zu der Gesamtthematik vgl. Zöller, ZPO Rn. 14 a.

III. Die Behandlung d. Adhäsionsantrages und d. Vorbereitung d. Hauptverhandlung

Zu Ihrer Information füge ich ein Antragsformular mit Hinweisen bei, mit dessen Hilfe Sie Ihren Antrag ergänzen können.

III. Die Behandlung des Adhäsionsantrages im Zwischenverfahren und die Vorbereitung der Hauptverhandlung

1. Beteiligung des Adhäsionsklägers im Zwischenverfahren

Die Strafprozessordnung regelt die Rechte des Adhäsionsklägers in den §§ 403 f StPO nur für die Hauptverhandlung.

Wenn das Gericht nach § 202 StPO Beweisanordnungen im Zwischenverfahren trifft oder selbst richterliche Untersuchungshandlungen, namentlich Vernehmungen, durchführen will,[154] so ist der Adhäsionskläger hieran nicht zu beteiligen. Zu diesem Ergebnis kommt sowohl die Auffassung, die meint, bei § 202 StPO seien die §§ 168 c, 168 d StPO analog anzuwenden[155] als auch die hM.[156] die für die Durchführung des § 202 StPO die analoge Anwendung der Vorschriften für die kommissarische Vernehmung (§§ 223, 224 StPO) befürwortet. Dementsprechend gilt Gleiches auch für die kommissarische Vernehmung: hier sind nach dem Gesetzeswortlaut der Angeklagte, der Verteidiger und die Staatsanwaltschaft zu laden und daneben der Privatkläger (über §§ 385 Abs. 1 Nr. 1 StPO)[157] sowie der Nebenkläger (§ 397 Absatz 1 Satz 4 StPO). Eine Gleichstellung des Adhäsionsklägers mit der Staatsanwaltschaft und dem Nebenkläger sieht das Gesetz nicht vor Gemäß § 404 III StPO ist der Adhäsionskläger erst mit der Hauptverhandlung aktiv am Verfahren zu beteiligen. Terminsnachrichten bei Ermittlungshandlungen im Zwischenverfahren und für etwaig stattfindende Haftprüfungstermine im Zwischenverfahren erhält er nicht.[158]

Mit der Beteiligung des Adhäsionsklägers erst ab dem Zeitpunkt des Hauptverfahrens entsteht die Frage, ob dieser Beteiligter im Verfahren nach § 202 a StPO ist, zumal hier auch Gespräche mit dem Ziel der verfahrensbeendenden Absprache zulässig sind.[159] § 202 a StPO wird wie auch die §§ 160 b und 257 b StPO einhellig so ausgelegt, dass der Begriff der Verfahrensbeteiligten alle Prozesssubjekte meint, die in dem jeweiligen Verfahrensabschnitt mit eigenen Willenserklärungen Prozesshandlungen vornehmen können.[160] Damit ist der Adhäsionskläger, anders als der Nebenkläger und Nebenbeteiligte,[161] erneut nicht in den Kreis der an den Erörterungen zu beteiligenden Personen einbezogen. Jedoch muss eine ausdrückliche Protokollierung erfolgen[162] und der Inhalt der Gespräche in der Hauptverhandlung mitgeteilt werden.[163]

---

154 Zu deren Zulässigkeit vgl. HansOLG Hamburg, MDR 1996, 731ff.
155 StuckenbergLöwe-Rosenberg, StPO, § 202 Rn. 17.
156 Meyer-Goßner § 202 Rn. 3; Julius in Gercke/Julius/Temming § 202 Rn. 6 jew. m.w.N.
157 Kurth/Weißer in: Gercke/Julius/Temming § 385 Rn. 3.
158 So wohl auch Plüür/Herbst, www.kammergericht.de, S. 9, wobei sich das dort aufgezeigte Problem der Hauptverhandlung im direkten Anschluss an den Haftprüfungstermin in der Praxis wohl kaum stellen dürfte.
159 Zum bisherigen Streitstand s. Meyer-Goßner, § 202 a Rn. 2.
160 BT-Drs. 16/12310, S. 12; KMR-v. Heintschel-Heinegg StPO § 257 b Rn. 4; Temming in: Gercke/Julius/Temming ua, Strafprozessordnung, 5. Aufl. 2012, § 202 a Rn. 13.
161 Hierzu Temming aaO.
162 BGH, Beschluss vom 28. Januar 2015 – 5 StR 601/14 –, juris für Gespräche nach § 212 StPO.
163 BGH, Beschluss vom 23. Oktober 2013 – 5 StR 411/13 –, juris.

Die gerichtliche Protokollierung eines Vergleichs zwischen Adhäsionskläger und Angeklagtem vor Eröffnung der Hauptverhandlung wäre nach § 405 StPO ohnehin nicht möglich.[164] Allerdings gebietet es die Fürsorgepflicht des Gerichts, außerhalb der Hauptverhandlung keine Absprachen zu treffen, die den Inhalt des Adhäsionsverfahrens betreffen.[165]

Wird das Hauptverfahren nicht eröffnet, so erhält der Adhäsionskläger, der immer zugleich Verletzter im Sinne des § 406 d I StPO sein dürfte, eine Mitteilung über diesen Ausgang des Verfahrens. Das Gleiche gilt über § 35 StPO auch für einen Eröffnungsbeschluss.[166]

Den jeweiligen Beteiligten (Staatsanwaltschaft, Angeklagter, Adhäsionskläger) sind die Schriftsätze im Adhäsionsverfahren, die außerhalb der Hauptverhandlung eingehen, zur Einhaltung des rechtlichen Gehörs in Ablichtung zuzuleiten.

Ist der Adhäsionskläger nach der Anklageschrift auch Geschädigter, so hat er bereits im Zwischenverfahren Anspruch auf Akteneinsicht.[167]

2. Absehensentscheidung im Zwischenverfahren

80 Erwägt das Gericht von einer Entscheidung über den Antrag abzusehen, so hat es die Verfahrensbeteiligten bereits im Zwischenverfahren darauf hinzuweisen (§ 406 V, 1 StPO). Anschließend ist es verpflichtet eine entsprechende Absehensentscheidung bereits im Zwischenverfahren zu treffen (§ 406 V 2 StPO). Insbesondere im Fall der Unzulässigkeit des Antrages (siehe dazu Rn. 51 ff.), die sich schnell absehen lässt, kann bereits mit oder schon vor dem Eröffnungsbeschluss eine Absehensentscheidung getroffen werden.[168] Hingegen wird sich nur in wenigen Fällen eine Ungeeignetheit wegen wesentlicher Verfahrensverzögerung (§ 406 I 5 StPO) schon zu diesem Zeitpunkt abzeichnen.

Im Strafbefehlsverfahren – für das es ohnehin kein Zwischenverfahren gibt – kann allerdings erst mit dem Ablauf der Einspruchsfrist entschieden werden, ob der Adhäsionsantrag zulässig ist (vgl. unter Rn. 72 ff.).

3. Vorbereitung der Hauptverhandlung

a) Terminierung

81 Der Adhäsionskläger erhält nach § 404 III 1 StPO eine Terminsnachricht, eine förmliche Ladung ist nicht erforderlich.[169] Der Adhäsionskläger darf, muss aber nicht an der Hauptverhandlung teilnehmen (§ 404 III 2 StPO).[170]

---

164 Ferber NJW 2004 2564; Löwe-Rosenberg/Hilger, StPO, § 405 Rn. 3.
165 So könnte zB ein Teilanerkenntnis der Adhäsionsklage zulässig zum Gegenstand einer Absprache über das Prozessverhalten gemacht werden als Zusage von Schadenswiedergutmachung, s. BTDrs. 16/12310 S. 13.
166 Vgl. Meyer-Goßner, § 35 Rn. 2 iVm § 33 Rn. 4 und Einl. Rn. 73.
167 Vgl. Hanseatisches Oberlandesgericht Hamburg, Beschluss vom 21. März 2012 – 2 Ws 11/12, 2 Ws 12/12, 2 Ws 11 – 12/12 –, juris.
168 Zu den Einzelheiten des Beschlusses s. unter VII.
169 Plüür/Herbst, www.kammergericht.de, S. 9.
170 Sa Stoffers/Möckel, NJW 2013, 830 f.

III. Die Behandlung d. Adhäsionsantrages und d. Vorbereitung d. Hauptverhandlung

Aus diesem Grunde sind Anträge auf eine eventuelle Terminsverlegung zwar sorgfältig zu prüfen, stattgegeben werden muss ihnen aber nicht. Das zugunsten des inhaftierten Angeklagten verfassungsrechtlich verankerte Beschleunigungsgebot sowie auch im Übrigen sein genereller Anspruch auf eine möglichst zeitnahe Hauptverhandlung werden dem Begehren des Adhäsionsklägers auf Terminsverlegung in der Regel vorgehen. Diese grundlegenden Rechte des Angeklagten werden auch durch das das Gesetz zur Verbesserung der Rechte von Verletzten im Strafverfahren (1. Opferrechtsreformgesetz-OpferRRG) nicht eingeschränkt.

Wird demnach dem Terminsverlegungsantrag des Adhäsionsklägers (wohl in der Regel eher) nicht entsprochen und bleibt dieser somit unfreiwillig dem Hauptverhandlungstermin fern, so wird bei in der Hauptverhandlung unvorhergesehen auftretenden Einzelfragen hinsichtlich des Klagebegehrens abzuwägen sein, ob ein neuer Termin (mit dem Adhäsionskläger) anzuberaumen oder eine Absehensentscheidung zu treffen ist,[171] vgl. unten Rn. 89.

b) Herbeischaffung von Beweisgegenständen (§ 221 StPO)

Bei der Vorbereitung des Hauptverhandlungstermins und der entsprechenden Terminierungs- bzw. Ladungsverfügung darf der Vorsitzende sich nicht auf die in der Anklageschrift genannten Beweismittel beschränken. Vielmehr müssen die in der Adhäsionsschrift angeführten Beweismittel ebenfalls bei der Terminierung berücksichtigt werden. Dies gilt auch im Falle eines bereits im Ermittlungsverfahren geständigen Angeklagten, sofern die Folgen der Tat bzw. die Höhe der dargelegten Schadenspositionen nicht unstreitig sind. Auch hier gilt der Amtsermittlungsgrundsatz, wobei es sich aus Beschleunigungsgründen anbieten kann, schon vor Beginn der Hauptverhandlung absehbar erforderliche Sachverständigengutachten in Auftrag zu geben.

Obwohl das Adhäsionsverfahren einem Zivilverfahren innerhalb des Strafprozesses entspricht, gelten kostenrechtlich ausschließlich die Vorschriften der StPO, so dass zB eine Vorschusspflicht des Adhäsionsklägers für ein einzuholendes Sachverständigengutachten nicht existiert.[172]

Umfangreiche Beweisaufnahmen zur Schadenshöhe rechtfertigen auch nach dem Gesetz zur Verbesserung der Rechte von Verletzten im Strafverfahren die Absehensentscheidung nach § 406 StPO wegen Ungeeignetheit der Sache.[173] Allerdings muss hierbei beachtet werden, dass im Adhäsionsverfahren Grund- und Teilurteile vorgesehen sind (§ 406 I 2 StPO).[174] Eine vollständige Absehensentscheidung kann daher bei einer „nur" streitigen Schadenshöhe lediglich in Ausnahmefällen, namentlich zB in umfangreichen und schwierigen Wirtschaftsstrafverfahren[175] oder bei besonders pro-

---

171 Plüür/Herbst, www.kammergericht.de, S. 16 f.
172 LG Hildesheim, Nds.Rpfl. 2007, 187, 189; dies hat dazu geführt, dass die Frage, ob bei einer einfachen zivilrechtlichen Klage, die auch im Adhäsionsverfahren hätte erhoben werden können, PKH bewilligt werden kann oder ob die Klage dann als mutwillig gilt- dies ist zu Recht verneint worden, vgl. Nickel, MDR 2010, 1227-1235 unter Berufung auf OLG Rostock v. 10.6.2010 – 5 W 35/10, juris.
173 OLG Celle, StV 2007, 293 f.
174 Zur Gesamtproblematik s. auch Loos, GA 2006, 195 f (208).
175 S. LG Hildesheim und OLG Celle aaO.

blematischen gesundheitlichen Konstellationen des Opfers und deren Abgrenzung zu feststellbaren Folgen der vorgeworfenen Tat[176] getroffen werden.

Wegen der weiteren Einzelheiten zur Möglichkeit einer Absehensentscheidung wegen fehlender Eignung siehe unten unter Rn. 137 ff.

c) Einstellungen im Zwischenverfahren

83 Mit der Rechtshängigkeit des Adhäsionsantrages ist dieser auch für die Frage der Einstellung des Verfahrens nach Opportunitätsgesichtspunkten (§§ 153, 153 a StPO) relevant. Dies gilt sowohl im Zwischenverfahren als auch später im Hauptverfahren. Grundsätzlich steht ein gestellter Adhäsionsantrag einer Einstellung nach den §§ 153, 153 a StPO nicht entgegen.[177] Jedoch muss den schutzwürdigen Belangen eines Opfers bei der Frage, ob das öffentliche Interesse an der Strafverfolgung durch geeignete Auflagen beseitigt werden kann, ausreichend Rechnung getragen werden (s. dazu auch Rn. 280, 90).

Auch von anderen Einstellungen, insbesondere nach § 205 StPO, ist der Adhäsionskläger als Beteiligter am Verfahren in Kenntnis zu setzen.

IV. Das Adhäsionsverfahren in der Hauptverhandlung

1. Anhörung statt Antragstellung

84 Sofern der Antragsteller seinen Adhäsionsantrag bereits schriftlich oder zu Protokoll des Urkundsbeamten gestellt hat, bedarf es einer förmlichen Stellung des Adhäsionsantrages im Termin und seiner Protokollierung nicht.[178] Dies folgt daraus, dass der Antragsteller nach der im Gesetz getroffenen Regelung nicht dazu verpflichtet ist, an der Hauptverhandlung teilzunehmen (§ 404 III StPO).[179] Dem entspricht, dass der Angeklagte keinen Klageabweisungsantrag stellen muss. Dies folgt auch bereits daraus, dass ein Versäumnisurteil gegen den Angeklagten in den Vorschriften zum Adhäsionsverfahren nicht vorgesehen ist.

Demgegenüber folgt aus dem Grundsatz des rechtlichen Gehörs, dass in der Hauptverhandlung sowohl der dort anwesende Adhäsionskläger als auch der Angeklagte zum Adhäsionsantrag gehört werden müssen. Dies ist als wesentliche Förmlichkeit zu protokollieren. So hat der BGH bereits 1956 entschieden, dass das Recht des Adhäsionsklägers zur Teilnahme an der Hauptverhandlung nur den Sinn haben kann, dass er hier Gelegenheit hat, sich zu dem von ihm erhobenen Anspruch zu äußern.[180]

Auch der Angeklagte ist in der Hauptverhandlung zu dem Adhäsionsantrag zu hören, was als wesentliche Förmlichkeit in das Protokoll der Hauptverhandlung aufzunehmen ist.[181] Der erhobene Anspruch ist in der Hauptverhandlung zu erörtern, weil sich das weitere Verfahren nach der Antragstellung ausschließlich nach den Vor-

---

176 Siehe auch das Beispiel bei BGHR StPO, § 405 S. 2 Nichteignung 3.
177 Zu Auferlegung der Kosten des Adhäsionsverfahrens vgl. OLG Hamm, Beschluss vom 18. September 2014 – III-2 Ws 211/14, 2 Ws 211/14 –, juris.
178 BGHSt 37, 260; Plüür/Herbst, Das Adhäsionsverfahren, S. 55.
179 BGHSt 37, 260.
180 BGH, NJW 1956, 1767.
181 BGHSt 37, 260.

schriften der StPO richtet und diese für die Hauptverhandlung vom Grundsatz der Mündlichkeit ausgeht, der besagt, dass nur der mündlich vorgetragene und erörterte Prozessstoff dem Urteil zugrunde gelegt werden darf.[182]

Zu welchem Zeitpunkt der Antragsteller in der Hauptverhandlung zu hören ist, schreibt das Gesetz nicht vor. Es bleibt daher dem Ermessen des Vorsitzenden gem. § 238 StPO überlassen, wann er dem Antragsteller Gelegenheit zur Äußerung und Begründung seiner Anträge geben will, wobei §§ 243 StPO (Gang der Hauptverhandlung) und 258 II StPO (Schlussvorträge, letztes Wort) zu beachten sind.[183]

85

Bei der Ermessensentscheidung sollten Fragen der Beweiswürdigung Berücksichtigung finden. Daher kann es geboten sein, den Adhäsionskläger als erstes nach der Einlassung des Angeklagten anzuhören, wenn er zugleich als Zeuge in Betracht kommt, damit er bei der weiteren Beweisaufnahme anwesend sein kann, ohne dass dadurch der Beweiswert seiner Zeugenaussage beeinträchtigt wird.[184]

2. Stellung des Adhäsionsklägers

a) Teilnahmerecht

In § 404 III 2 StPO ist ausdrücklich ein Teilnahmerecht des Adhäsionsklägers an der Hauptverhandlung normiert. Dieses Teilnahmerecht gilt auch dann, wenn der Adhäsionskläger als Zeuge vernommen werden soll.[185] Der Konflikt mit § 58 I StPO, wonach Zeugen einzeln und in Abwesenheit der später zu hörenden Zeugen zu vernehmen sind, lässt sich zwar dadurch lösen, dass der Adhäsionskläger als erster Zeuge vernommen wird und sodann im Saal verbleibt. Durch diese Vorgehensweise wird aber nicht der Widerspruch zu § 243 II StPO gelöst, wonach die Zeugen nach Feststellung ihrer Anwesenheit den Sitzungssaal bis zu ihrer eigenen Vernehmung zu verlassen haben. Insoweit ist § 404 III 2 StPO als Ausnahmevorschrift zu § 243 II StPO aufzufassen. Der sowohl in § 58 I StPO als auch in § 243 II StPO zum Ausdruck kommende Vorrang der Wahrheitsfindung ist also durch § 404 III 2 StPO zugunsten der Interessen des Geschädigten durchbrochen worden.[186] Verfassungsrechtlich begründet ist diese Durchbrechung des Grundsatzes des Schutzes der Wahrheitsfindung durch den Grundsatz des rechtlichen Gehörs. Dem Geschädigten ist vom Gesetzgeber die Möglichkeit geschaffen worden, seinen zivilrechtlichen Anspruch im Strafverfahren durchzusetzen. Dann erfordert der Grundsatz des rechtlichen Gehörs aber auch seine ununterbrochene Anwesenheit, insbesondere bei der Beweisaufnahme.[187]

86

Praktisch auflösen lässt sich dieser Konflikt zwischen dem Grundsatz des Schutzes der Wahrheitsfindung und dem Anspruch auf rechtliches Gehör nicht. Das Gericht sollte den Adhäsionskläger und Zeugen jedoch darauf aufmerksam machen, dass der Beweiswert seiner Zeugenaussage möglicherweise dadurch beeinträchtigt wird, dass er der Hauptverhandlung bereits während der Einlassung des Angeklagten beige-

---

182 BGHSt 37, 260.
183 BGH, NJW 1956, 1767.
184 Plüür/Herbst, NJ 2005, 153, 155.
185 KMR/Stöckel, § 404 Rn. 8; Löwe-Rosenberg/Hilger, § 404 Rn. 12.
186 S. dazu auch KMR/Stöckel, § 404 Rn. 8.
187 KMR/Stöckel, § 404 Rn. 8; Löwe-Rosenberg/Hilger, § 404 Rn. 12.

wohnt hat. Vor diesem Hintergrund erscheint es aus Sicht des Adhäsionsklägers ratsam, auf sein Anwesenheitsrecht während der Hauptverhandlung zu verzichten, bis er selbst als Zeuge vernommen worden ist. Dieser Verzicht erscheint insbesondere in den Fällen zumutbar, in denen sich der Adhäsionskläger während der Hauptverhandlung durch einen Rechtsanwalt vertreten lässt, der während der Abwesenheit des Adhäsionsklägers im Saal verbleibt.

Der Adhäsionskläger hat zwar ein Teilnahmerecht, aber keine Teilnahmepflicht an der Hauptverhandlung. Dementsprechend kann er sich durch einen Rechtsanwalt oder eine andere geeignete Person vertreten lassen. Bei der Beurteilung der Geeignetheit sind § 157 ZPO (Ungeeignete Vertreter, Prozessagenten) sowie § 138 II StPO entsprechend anzuwenden. Ungeeignete Vertreter kann das Gericht nach diesen Vorschriften zurückweisen.[188]

b) Weitere Rechte während der Hauptverhandlung

87 Der BGH hat bereits 1956 entschieden, dass das Recht des Adhäsionsklägers auf Teilnahme an der Hauptverhandlung nur dann Sinn macht, wenn dem Adhäsionskläger in der Hauptverhandlung auch weitere Rechte zustehen, um seinen Antrag näher zu begründen, ua das Beweisantragsrecht.[189] Es entspricht einhelliger Auffassung, dass dem Adhäsionskläger in der Hauptverhandlung ein Frage- und Beanstandungsrecht gem. §§ 243, 238 II StPO, ein Erklärungsrecht nach § 257 StPO und das Beweisantragsrecht zustehen.[190] All diese Verfahrensrechte folgen aus dem verfassungsrechtlich verankerten Recht auf Gehör des Adhäsionsklägers. Ob dem Adhäsionskläger ein Recht zum Schlussvortrag zusteht, wird mittlerweile teilweise bestritten.[191]

Im Hinblick auf das Beweisantragsrecht ist zu berücksichtigen, dass die Ablehnungsgründe des § 244 III bis V StPO erweitert werden dadurch, dass das Gericht zivilprozessual den ursächlichen Zusammenhang zwischen dem konkreten Haftungsgrund und dem daraus entstandenen Schaden sowie die Höhe des Schadens entsprechend § 287 ZPO schätzten darf.[192]

c) Befangenheitsanträge

88 Ob dem Antragsteller im Adhäsionsverfahren ein Recht zur Ablehnung des Gerichtes wegen Besorgnis der Befangenheit zukommt, war in der Literatur bis zur Entscheidung des Bundesverfassungsgerichts vom 27. Dezember 2006[193] weit überwiegend abgelehnt worden. Durch diese Entscheidung ist jedoch klargestellt, dass auch dem Adhäsionskläger ein Recht auf Richterablehnung zusteht. Das Bundesverfassungsgericht hat entschieden, dass der Gesetzgeber ein solches Ablehnungsrecht zwar nicht

---

188 Löwe-Rosenberg/Hilger, § 404 Rn. 13; KMR/Stöckel, § 404 Rn. 8.
189 BGH, NJW 1956, 1767.
190 KMR/Stöckel, § 404 Rn. 9; SK-StPO/Velten, § 404 Rn. 10; Meyer-Goßner, § 404 Rn. 9; Löwe-Rosenberg/Hilger, § 404 Rn. 15.
191 Dagegen Stoffers/Möckel, NJW 2013, 813; ihnen folgend KMR-Stöckel, § 404 Rn. 9; dafür: Radtke-Hohmann/Merz, § 404 Rn. 12; Löwe-Rosenberg/Hilger, § 404 Rn. 15; KK StPO/Zabeck, § 404 Rn. 10; Plüür/Herbst, Das Adhäsionsverfahren, S. 55.
192 Meyer-Goßner, § 404 Rn. 11.
193 BVerfG v. 27.12.2006 – 2 BvR 958/06 –; jetzt auch KMR/Stöckel, § 404 Rn. 9; KK StPO/Zabeck, § 404 Rn. 10; immer noch aA SKStPO/Velten § 404 Rn. 10.

ausdrücklich normiert habe. Dem Gesetzgebungsverfahren lasse sich aber entnehmen, dass der Gesetzgeber mit Blick auf einen die Sach- und Rechtslage einseitig grob verkennenden Vergleichsvorschlag des Gerichtes gem. § 405 I StPO oder Begleitumstände, die Misstrauen gegen die Unparteilichkeit des Richter begründen können, das Stellen eines Befangenheitsantrages auch nicht generell ausschließen wollte. § 404 II StPO, wonach die Antragstellung dieselben Wirkungen wie die Erhebung der Klage im bürgerlichen Rechtsstreit habe, sei als Rechtsfolgenverweisung zu verstehen, die in verfassungskonformer Auslegung so zu interpretieren sei, dass sie sich auch auf die Begründung eines Ablehnungsrechtes eines Adhäsionsklägers erstrecke.

d) Problem: „Der unfreiwillig abwesende Adhäsionskläger"

Plüür/Herbst[194] problematisieren die Frage, ob und wie die Verfahrensrechte des Adhäsionsklägers gewahrt werden müssen oder können, der in der Hauptverhandlung unfreiwillig abwesend ist und dem der Strafrichter den geltend gemachten Anspruch nicht vollständig zusprechen will. Sie werfen die Frage auf, ob die Hauptverhandlung unterbrochen werden muss oder in Abwesenheit des Adhäsionsklägers durchgeführt werden kann und schlagen vor, eine entsprechende Entscheidung nach Abwägung verschiedener Kriterien zu treffen, zu denen gehören:

89

- Worauf beruht die Verhinderung des Adhäsionsklägers?
- Welche Bedeutung hat der Adhäsionsantrag für den Adhäsionskläger? (Hoher Streitwert, hohe Kosten bei Klageerhebung vor dem Zivilgericht, Genugtuungsfunktion bei Schmerzensgeld, Verzögerung der Schadenswiedergutmachung bei erneuter Klage vor dem Zivilgericht)
- Welche Nachteile erleidet der Angeklagte durch einen neuen Termin? (Untersuchungshaft)

Unter Abwägung dieser Kriterien solle entschieden werden, ob die Anberaumung eines neuen Termins verhältnismäßig oder unverhältnismäßig sei. Liege danach Unverhältnismäßigkeit vor, solle eine Absehensentscheidung nach § 406 I 3 StPO wegen mangelnder Erfolgsaussicht getroffen werden.

Diese Auffassung wird hier geteilt, wobei auch die Möglichkeiten zum Abschluss eines Vergleichs bei Anwesenheit des Adhäsionsklägers in die Überlegungen mit einbezogen werden sollen, s. u. Rn. 106 ff.

3. Einstellung des Strafverfahrens

Sofern das Strafverfahren in der Hauptverhandlung wegen der Tat im prozessualen Sinne gem. § 264 StPO eingestellt wird, die auch die Grundlage des zivilrechtlich geltend gemachten Anspruchs ist, wird der Adhäsionsantrag unzulässig, weil keine Entscheidung mehr „im Strafverfahren" gem. § 403 StPO getroffen werden kann und kein „Urteil" im Sinne von § 406 I 1 StPO ergeht, mit dem der Angeklagte schuldig gesprochen oder gegen ihn eine Maßregel angeordnet wird. Dem entsprechend ist

90

---

194 Plüür/Herbst, NJ 2005, 153, 155.

eine Absehensentscheidung nach § 406 I 3 StPO zu treffen.[195] Das Gericht wird jedoch in die Ermessensentscheidung, ob es zu einer Einstellung des Verfahrens kommen soll, auch den Umstand eines anhängigen Adhäsionsverfahrens mit einbeziehen müssen. Dabei sind insbesondere auch die Kostenfolgen einer Einstellung des Strafverfahrens für das Adhäsionsverfahren zu berücksichtigen. Bei der Ermessensentscheidung über die Einstellung des Strafverfahrens ist die Ermessensentscheidung über die Auferlegung der Kosten des Adhäsionsverfahrens zu berücksichtigen.

V. Aufgaben und taktische Erwägungen des Rechtsanwaltes
1. Zusammenspiel von Nebenklage und Adhäsionsverfahren

91 In allen geeigneten Fällen sollte es Aufgabe des Rechtsanwaltes sein nicht nur seine prozessualen Rechte zugunsten des Mandanten auszuschöpfen, sondern regelmäßig auch seine wirklichen Bedürfnisse festzustellen. Über die ohnehin immer gebotene Sachverhaltsklärung sind neben viktimologischen auch psychologische Überlegungen im Rahmen der Beratung und Festlegung der Verfahrenstaktik zu beachten. Oftmals sind es gerade die Fälle schwerster Gewaltkriminalität, in denen sich das Adhäsionsverfahren zur Vermeidung sekundärer oder tertiärer Viktimisierung geradezu „aufdrängt".

Dies sind dann regelmäßig auch die Fälle, in denen parallel die Nebenklage zulässig ist. Diese Konstellation dürfte derzeit bei der Mehrzahl der anhängigen Verfahren vorliegen.

Dabei sollte zu Optimierung der prozessualen Möglichkeiten das anwaltliche Vorgehen auf Basis beider Rechtsinstitute aufeinander abgestimmt werden.

92 Nach herkömmlichem Verständnis wird dem Nebenkläger im Verfahren Gelegenheit gegeben, seine persönlichen Interessen auf Genugtuung zu verfolgen,[196] durch aktive Beteiligung das Verfahrensergebnis zu beeinflussen und sich gegen die Leugnung und Verharmlosung seiner Verletzungen zu wehren.[197] Der Nebenkläger kann als Verfahrensbeteiligter dazu beitragen, dass der Strafprozess nicht unbemerkt eine täterfreundliche Tendenz annimmt.[198]

Hervorzuheben sind die Möglichkeiten, die Beweisaufnahme durch Beweisanträge und durch Frage- und Ablehnungsrechte zu beeinflussen.

93 Allerdings sollte es nicht unbedingt Interesse der Nebenklage sein, darauf zu dringen, dass der Täter eine möglichst hohe Strafe bekommt. Das ist nicht die Aufgabe des „Opferschutzinstruments" der Nebenklage. Außerdem gibt es auch keinen Anspruch des Nebenklägers, dass das Gericht die Sicht des Verletzten übernimmt. Der Rechtsanwalt ist gut beraten, dies seinem Mandanten im Vorfeld deutlich klar zu machen.

Allerdings muss das Gericht die Sichtweise der Verletzten berücksichtigen. Darauf sollte die Nebenklagevertretung abzielen und die bestehenden Rechte auch in diese

---

195 Plüür/Herbst, NJ 2005, 153, 154.
196 BGHSt 28, 272.
197 Altenhain, JZ 2001, 796.
198 Haupt/Weber, Rn. 273.

Richtung wahrnehmen. Eine Straftat, bei der ein Mensch zum Opfer wird, ist rechtlich betrachtet nicht primär die Verletzung eines Menschen, sondern die eines Gesetzes. Nur über Letzteres wird vor dem Strafgericht verhandelt. Um den angeklagten strafrechtlichen Vorwurf herum rankt, auch trotz der Nebenklagemöglichkeiten, nach wie vor das Prozessrecht. Auch diese Erkenntnis sollte dem Mandanten erklärt werden. Die meisten Opfer verstehen das nicht. Es wurden doch ihr Körper, ihre Ehre und ihre Seele verletzt. Dies führt oftmals zu erheblichen Akzeptanzproblemen des Gerichtsverfahrens.

Oftmals werden die Folgen der Tat nur am Rand des gegen den Angeklagten gerichteten Strafverfahrens abgehandelt. Das Rechtsinstitut der Nebenklage stellt allein durch seine Existenz nicht sicher, dass im Strafverfahren das persönliche Leid der Verletzten Verfahrensgegenstand wird. Erst durch die Vernehmung des Opferzeugen im Rahmen der Beweisaufnahme rückt die persönliche Beeinträchtigung der Persönlichkeitsrechte des Opfers etwas mehr in den Fokus der richterlichen Aufmerksamkeit. Dafür ist allerdings Voraussetzung, dass der Nebenklägervertreter durch entsprechende Beweisanträge darauf hinwirkt und im Laufe der Verhandlung sicherstellt, dass das Gericht dem Opferzeugen auch entsprechenden zeitlichen Raum für seine persönliche Schilderung von der Tat und den Tatfolgen einräumt. **94**

Prozessual abgesichert werden die Folgen der Tat allerdings im Rahmen des Adhäsionsverfahrens. Dort werden sie Prozess- und Verhandlungsstoff. Durch den Adhäsionsantrag werden die Verfahrensbeteiligten „gezwungen", sich mit den Folgen der Tat auseinanderzusetzen. Nur auf diesem Weg gelingt es, dass der verletzte Mensch in das juristische Blickfeld rückt. Dieses Anliegen entspricht den legitimen Opferinteressen.[199] **95**

Allerdings ist zur Vermeidung möglicher Enttäuschungen und Missverständnisse der Mandant im Vorfeld darauf hinzuweisen, dass bereits eine Zahlungsbereitschaft des Angeklagten und selbst auch gescheiterte Vergleichsverhandlungen bei der Bemessung der Strafe als mildernder Umstand berücksichtigt werden können.

Es ist weitere Aufgabe des Rechtsanwaltes, die anderen Verfahrensbeteiligten zu überzeugen, dass das Adhäsionsverfahren einfach und vorteilhaft ist. Es ist deutlich zu machen, dass die Verletzten ihre ihnen nach dem Gesetz zustehenden Rechte wahrnehmen. Erfahrene Opferanwälte stellen immer wieder fest, dass es den meisten Verletzten nicht um Geld, sondern um die Anerkennung des Leids geht.

Daher geht es bei der Beauftragung des Rechtsanwaltes in den meisten Fällen zunächst nicht um die Geltendmachung von Schmerzensgeld. Diese Möglichkeit wird oft erst durch die anwaltliche Beratung in Betracht gezogen. Dabei ist zu bedenken, dass die meisten Leiden durch Geld ohnehin nicht gut zu machen sind. Materieller Ausgleich kann immateriellen Schaden allenfalls punktuell ausgleichen.

---

199 Vgl. Hassemer/Reemtsma, S. 130 ff., 146 ff.

2. Verfahrenstaktische Überlegungen des Rechtsanwaltes
a) Verfahrensangepasste Anträge und Schriftsätze

96 Um optimale Ergebnisse zu erzielen, ist es unabdingbar, dass im Rahmen des Adhäsionsantrages denkbare Hürden durch präzise ausformulierte Schriftsätze genommen werden.

Gerade bei Richtern, die seit vielen Jahren ausschließlich mit Strafsachen befasst sind, kann es zu „Berührungsängsten" kommen. Es liegt daher nahe, einen Antrag im Adhäsionsverfahren nicht mit der in Zivilsachen meist üblichen Antragsform („... zu verurteilen, an den ... zu zahlen") zu stellen, sondern vielmehr dem erkennenden Gericht den „zivilrechtlichen Tenorteil" vorzuformulieren.[200] Im Nachfolgenden finden sich am Ende dieses Kapitels entsprechende Muster.

Daneben sollten in der Begründetheit des Antragsschriftsatzes Ausführungen zu den vielfältigen Beendigungs- oder Entscheidungsmöglichkeiten nicht fehlen. Auch dazu finden sich am Ende dieses Kapitels Musterformulierungen.

Das „kreative Potential" des Adhäsionsverfahrens kann so besser ausgenutzt werden. Zu berücksichtigen ist auch, dass die Vorschriften der §§ 403 ff. StPO bei den Gerichten oftmals allenfalls am Rande bekannt sind.

b) Der Beweislage angepasste Vorgehensweise

97 Soweit das Kostenrisiko bereits vor der Hauptverhandlung überschaubar ist oder wenn Prozesskostenhilfe beantragt werden kann, bietet sich eine schriftliche Antragstellung vor der Hauptverhandlung vor allem dann an, wenn allgemeine Schadenersatzansprüche geltend gemacht werden sollen. Nur dann ist gegen einen von der Entscheidung absehenden Beschluss die Beschwerde nach § 406 a I StPO zulässig. Im Übrigen empfiehlt sich diese Vorgehensweise auch bei anderen vermögensrechtlichen Ansprüchen.

Sofern die Sach- und/oder Beweislage schwierig oder unübersichtlich ist, empfiehlt es sich zunächst noch keinen formalen Antrag mit der Folge der Rechtshängigkeit zu stellen. Dies vermeidet eine negative Kostenfolge im Außenverhältnis zwischen Verletztem und Angeklagtem.

Dieses taktische Zuwarten kommt auch in den Fällen in Betracht, in denen zunächst die Reaktion der Verfahrensbeteiligten und vor allem aber des Gerichts beobachtet werden soll. Dies ist möglicherweise dann angezeigt, wenn dem Rechtsanwalt der Richter und dessen Umgang mit einem Adhäsionsverfahren nicht bekannt ist.

Bei einer derartigen, der Beweislage und den tatsächlichen Umständen angepasster Vorgehensweise ist daran zu denken, dass Zinsansprüche erst ab Rechtshängigkeit begründet sind und dass bei einem Antrag, der erst in der Hauptverhandlung gestellt wird, im Falle der Absehensentscheidung keine Rechtsmittelmöglichkeit besteht. Das Risiko einer Absehensentscheidung kann allerdings dadurch minimiert werden, dass der Antrag zwar noch nicht formal gestellt, aber den Verfahrensbeteiligten die Ab-

---

200 So auch Krumm, SVR 2007, 41 f.

sicht, einen Antrag stellen zu wollen, angekündigt und eine entsprechende Antragsschrift überreicht wird.

c) Kooperation statt Konfrontation

Um die Verfahrensbeteiligten davon zu überzeugen, wie vorteilhaft das Verfahren für alle Prozessbeteiligten sein kann, ist es im Einzelfall empfehlenswert, das Gespräch mit dem Verteidiger, dem Gericht, aber auch mit dem Vertreter der Staatsanwaltschaft zu suchen. Der richtige Zeitpunkt dafür muss sich allerdings aus den Umständen ergeben. Zur Vermeidung von Überraschungsentscheidungen kann das Gericht zu einer Erklärung nach § 406 V StPO aufgefordert werden.[201]

Im Verfahren selbst sollte offensiv die Sachlage erörtert werden. Dies kann auch in Form eines Rechtsgesprächs erfolgen. Kooperatives Vorgehen anstelle von Konfrontation ist im wohlverstandenen Sinne des Mandanten empfehlenswert. Dies gilt insbesondere dann, wenn Vergleichsbereitschaft besteht. Ist eine solche Verfahrensweise für den Mandanten günstig, sollten die damit verbundenen Möglichkeiten genutzt werden. Beispielsweise können nicht rechtshängige oder bereits verjährte Ansprüche mit einbezogen werden.

Des Weiteren können sowohl Verteidigung als auch der Prozessbevollmächtigte des Adhäsionsantragstellers das Gericht nach § 405 I 2 StPO um einen Vergleichsvorschlag bitten. Der Antragsteller sollte vorsorglich darauf achten, dass dieser Antrag sowohl von ihm als auch von der Verteidigung gestellt wird. Möglichen Befangenheitsanträgen der Verteidigung kann somit von vornherein der Boden entzogen werden. Der weitere Vorteil liegt darin, dass im Falle des Scheiterns der Vergleichsverhandlungen, der Antragsteller einen Eindruck gewinnen kann, zu welcher Entscheidung das Gericht tendiert.

Dies lässt sich aber nur realisieren, wenn auch die Verteidigung dazu bereit ist. Diese Bereitschaft besteht möglicherweise von vornherein, oftmals ergibt sie sich aber erst im Verfahren. Das kann von der Beweislage abhängen. Mancher zunächst abweisender Verteidiger erfuhr von den kreativen Möglichkeiten des Verfahrens erst durch das Verfahren. Das Gericht stellt die Anträge den Verfahrensbeteiligten zu, gelegentlich werden sie auch parallel verlesen und so erfährt der Verteidiger unmittelbar von der Verfahrensart. Dies kann im Einzelfall einigen Gestaltungsspielraum eröffnen, und damit für seinen Mandanten günstige Momente, vor allem für die Strafzumessung, zu schaffen.

Es ist immer wieder hilfreich und angezeigt, im gebotenen Einzelfall das Gespräch mit dem Gericht, der Staatsanwaltschaft und der Verteidigung zu suchen. Die Erfahrung lehrt, dass kooperatives Vorgehen oftmals nicht nur zum Nutzen aller ist, sondern auch dem Rechtsfrieden dient. Daher sollte der Antragsteller im Adhäsionsverfahren immer beantragen, dass auch der Staatsanwaltschaft eine Antragsschrift zugeleitet wird. Nur so ist der Sitzungsvertreter der Staatsanwaltschaft überhaupt in der Lage, sich sachdienlich zu beteiligen.

---

201 Vgl. Rn. 31.

d) Vermeidung von Kostenrisiken

100 Auf die Kostenrisiken des Adhäsionsverfahrens wurde bereits hingewiesen und die Möglichkeiten der Risikoreduzierung wurden in Rn. 25 vorgestellt.

Es ist daher anzuraten, auch unter dem Blickwinkel der Minimierung von Risiken das Gespräch mit der Verteidigung zu suchen. Beim Verteidiger sollte darauf hingearbeitet werden, dass dieser einen Antrag auf Bewilligung von Prozesskostenhilfe für seinen Mandanten stellt. Diese Vorgehensweise empfiehlt sich uneingeschränkt in den Fällen, in denen dem Verletzten PKH bewilligt wurde. Bekanntlich sind die PKH-Gebühren ab einem Gegenstandswert von 3.000 EUR „gedeckelt".

e) Optimierung der Nebenklage

101 Die Möglichkeiten, die die Nebenklage bietet, sollten ebenfalls bedacht werden. Im Rahmen dessen ist zu erwägen, flankierende Maßnahmen zur Förderung der Zahlungsbereitschaft des Angeklagten im Plädoyer der Nebenklage zu beantragen. Möglich sind Auflagen im Rahmen der Bewährung, bei einer Verfahrensweise nach § 153a StPO oder einer Verwarnung mit Strafvorbehalt. Es können auch bestimmte monatliche Raten festgesetzt werden.

f) Einstellung des Verfahrens

102 Sofern sich erste Hinweise dafür ergeben, dass das Gericht geneigt ist, das Strafverfahren einzustellen, besteht für den Adhäsionsantragsteller die Gefahr, dass sein Antrag ins Leere läuft.

Der Rechtsanwalt des Antragstellers sollte umgehend überlegen und ggf. unverzüglich den Versuch unternehmen, das Adhäsionsverfahren vor der Einstellung durch einen Vergleich nach § 405 StPO abzuschließen. Ansonsten würde sein gestellter Antrag ins Leere laufen. Außerdem kann nur dadurch eine negative Kostenentscheidung des Gerichts zulasten des Antragstellers vermieden werden.

3. Beispiele und Muster

103 **Grundfall Adhäsionsverfahren** Die Verletzte ist Opfer einer Sexualstraftat. Sie tritt im Strafverfahren als Nebenklägerin auf und stellt im Rahmen dessen einen Adhäsionsantrag auf Zahlung von Schmerzensgeld. Der Antrag wird vor Beginn der Hauptverhandlung eingereicht.

Muster:

An das

Amtsgericht/Landgericht

Adhäsionsantrag

In der Strafsache

gegen

wegen versuchter Vergewaltigung

Az.

stelle ich im Namen und mit Vollmacht der Verletzten (Name; ggf. Anschrift) folgende Adhäsionsanträge:

1. Der Angeklagte wird verurteilt, an die Antragstellerin ... ein angemessenes Schmerzensgeld nicht unter 7.500 EUR nebst Zinsen in Höhe von 5 Prozentpunkten über dem Basiszinssatz seit Rechtshängigkeit zu zahlen.

2. Es wird festgestellt, dass der Antrag zu Ziffer 1. aus einer vorsätzlich begangenen unerlaubten Handlung resultiert

3. Der Angeklagte trägt die Kosten des Adhäsionsverfahrens und die notwendigen Auslagen der Antragstellerin

4. Die Entscheidung ist vorläufig vollstreckbar.

Vorläufiger Gegenstandswert: 7.500 EUR

Begründung:

I. Sachverhalt

Der Angeklagte wurde am 31.12.2015 in Meppen auf die damals achtzehnjährige Antragstellerin aufmerksam. Er ging von hinten auf sie zu, legte einen Arm um ihren Hals; die Hand des anderen Arms legte er auf ihren Mund, um zu verhindern, dass sie schrie. Im weiteren Verlauf fasste er sie an den Busen. Obwohl die Antragstellerin laut um Hilfe schrie, zerrte der Angeklagte sie hin und her und versuchte sie in einen Busch zu zerren. Dabei hatte er die Absicht, sie zu vergewaltigen. Im weiteren Verlauf gelang es der Antragstellerin infolge ihrer Gegenwehr sich zu befreien und zu fliehen.

Beweis: 1.   Beiziehung der Akte des Strafverfahrens ...
             2.   Zeugnis der Antragstellerin

II. Ausführungen in rechtlicher Hinsicht.

1. Zum Antrag auf Schmerzensgeld

Der Angeklagte ist zur Zahlung von Schmerzensgeld verpflichtet, §§ 823 I, 823 II iVm §§ 177, 22, 23 StGB, § 253 II BGB. Der Angeklagte hat das Recht der Antragstellerin auf Freiheit und Freiheit der sexuellen Selbstbestimmung verletzt.

Die Höhe des Schmerzensgeldes wird in das Ermessen des Gerichts gestellt. Die vorsätzliche Begehung, das rücksichtslose und brutale Vorgehen gegen die arglose Antragstellerin rechtfertigen ein Schmerzensgeld, das der Höhe nach nicht unter 7.500 EUR liegen sollte. Die genaue Höhe wird ausdrücklich in das Ermessen des Gerichts gestellt, sollte aber über diesem Betrag liegen. In einem teilweise vergleichbaren Fall wurden 7.000 EUR zugesprochen (vgl. LG Osnabrück ...).

alternativ, falls kein vergleichbarer Fall festgestellt werden kann:

Zur Höhe des Schmerzensgeldes gibt es keine vergleichbare Rechtsprechung. Die Höhe des Schmerzensgeldes rechtfertigt sich aus dem Umstand, dass der Übergriff als solcher zwar bereits mehr als 1 ½ Jahre zurückliegt, die Antragstellerin sich aber dennoch immer noch in ärztliche Behandlung wegen noch vorhandener Ängste befindet. Die Antragstellerin war 33 Tage arbeitsunfähig. Der Genugtuungsfunktion des Schmerzensgeldes muss ebenso wie der Ausgleichsfunktion Genüge getan werden. Der Übergriff des Angeklagten ist als überraschend, brutal und rücksichtslos einzuordnen. Dies ist der Fall, weil ... Offensichtlich bemerkte der Angeklagte zuvor die Antragstellerin auf der Feier. Dabei hatte er erkannt, dass die Antragstellerin auf dem Rückweg in ihr Haus arglos sein wird und deswegen überhaupt keine Möglichkeit besaß, sich zur Wehr zu setzen. Tatbedingt leidet die Antragstellerin nach wie vor unter den Folgen der Tat. Neben Ängsten schränkt sie ein ausgeprägtes Vermeidungsverhalten in der täglichen Lebensführung ein.

Die Anträge sind zulässig und begründet.

Eine anderweitige Rechtshängigkeit gem. § 403 I StPO liegt nicht vor. Ein zivilrechtliches Verfahren ist bis zum heutigen Tage nicht eingeleitet worden. Das Adhäsionsverfahren ist aus Kostengründen, im Interesse der Beschleunigung und zur endgültigen Beendigung der Angelegenheit geboten. Der Verfahrensgegenstand ist geeignet, im Strafverfahren erledigt zu werden. Es sind keine Beweismittel erforderlich, die nicht schon im Strafverfahren zur Verfügung stehen. Diese reichen aus, um über den Schmerzensgeldanspruch zu entscheiden, ohne dass es weiterer Beweismittel bedarf. Damit ist der Schmerzensgeldanspruch auch begründet, so dass über den zulässigen Antrag gem. § 406 I 6 StPO zwingend zu entscheiden ist.

Im Übrigen ist die Erledigung der Ansprüche im Adhäsionsverfahren insbesondere unter Opferschutzgesichtspunkten erforderlich. Der Antragstellerin wird eine weitere Beschäftigung mit der Tat und dem Täter erspart. Weitere Aussagen wären nicht erforderlich. Bereits das jetzt anhängige Verfahren belastet sie sehr. Sie ist psychisch sehr angespannt und schläft schlecht. Durch die Zuerkennung eines Schmerzensgeldes im Adhäsionsverfahren kann eine zielgerichtete Klage mit erneuter Beweisaufnahme vermieden und der Rechtsstreit endgültig beendet werden.

Auf die Möglichkeit eines Anerkenntnisses nach § 406 II StPO, die eines gerichtlichen Vergleichs nach § 405 StPO sowie auf die Entscheidung durch Grund- oder Teilurteil gem. § 406 I StPO wird hingewiesen. Allerdings ist über einen Schmerzensgeldanspruch zwingend zu entscheiden. Dies ergibt sich aus § 406 I 6 iVm 3 StPO.

Sollten sich im Verlauf des Verfahrens Zweifel an der Zulässigkeit oder Begründetheit des Adhäsionsantrages ergeben, so wird das Gericht bereits heute um einen richterlichen Hinweis entsprechend § 139 ZPO gebeten.

Für den Fall, dass das Gericht geneigt ist, eine vom Gesetzgeber nicht vorgesehene Absehensentscheidung zu treffen, wird darauf hingewiesen, dass selbst bei Haftsachen eine erhebliche Verzögerung zwar eher als in anderen Verfahren anzunehmen ist; bei längerer dauernder Hauptverhandlung, wie hier, entfällt allerdings der Absehensgrund der erheblichen Verzögerung, weil das Gericht durch den Einschub weitere Verhandlungstage zwischen den bereits terminierten Tagen verhindern könnte (HK-GS/Weiner, § 406, Rn. 9). Im Übrigen liegt auch kein Verzögerungsgrund vor, wenn ein sonstiger Umstand aus dem Verantwortungsbereich des Gerichts vorliegt (LR-Hilger, § 406, Rn. 22 mwN).

Im Übrigen mag das Gericht berücksichtigen, dass die Durchführung des Adhäsionsverfahrens gegenüber einem Zivilprozess der gesetzliche Regelfall ist. Dies hat der BGH festgestellt (BGH StV 2011, 728 bzw. BGH Beschluss vom 14.4.2011, Az. 1 StR 458/10 – juris Rn. 43; vgl. daber idS auch BVerfG NJW 2007, Seite 1670 bzw. Beschl. vom 27.12.2006, Az. 2 BvR 958/06 – juris Rn. 15).

Für den Fall, dass das Gericht beabsichtigt, ein Grundurteil zu erteilen, wird darauf hingewiesen, dass gemäß § 472 Abs. 2 StPO dem Angeklagten sowohl die Kosten des Verfahrens als auch die notwendigen Auslagen der Antragstellerin aufzuerlegen sind (vgl. dazu BeckOK StPO/Weiner § 472a, Rn. 2a; Schneckenberger in Weiner/Ferber, Handbuch des Adhäsionsverfahrens, Rn. 183). Im Übrigen mag das Gericht aber berücksichtigen, dass unsere Rechtsordnung einen Antrag auf Grundurteil nicht vorsieht und die Antragstellerin dadurch gezwungen ist, einen weiterführenden Antrag zu stellen und insofern nicht von einem Obsiegen oder Unterliegen gesprochen werden kann. Im Übrigen wird auch vertreten, in derartigen Fällen eine Kostenentscheidung dem Schlussurteil zu überlassen und keine Kostenentscheidung zu treffen (vgl. Herbst/Plüür, Skript Das Adhäsionsverfahren, S. 65 f., abrufbar Kammergericht Berlin, Formulare, Opferschutz).

Der Anspruch auf Schmerzensgeldzahlung folgt aus § 253 II BGB.

Die Zinsforderung ergibt sich aus § 291 BGB. Die Zinsen können wegen § 404 II StPO bereits ab Antragseingang verlangt werden.

2. Zum Antrag auf Feststellung einer unerlaubten Handlung

Die Antragstellerin begehrt die Feststellung, dass ihre Forderung aus einer vorsätzlich unerlaubten Handlung des Angeklagten resultiert. Dieser Feststellungsantrag ist ebenfalls zulässig und begründet. Das gemäß § 256 Abs. 1 ZPO erforderliche Feststellungsinteresse der Antragstellerin folgt unmittelbar aus § 850 f. Abs. 2 ZPO. Danach kann das Vollstreckungsgericht, wenn die Zwangsvollstreckung wegen einer Forderung aus einer vorsätzlich begangenen unerlaubten Handlung betrieben wird, auf Antrag des Gläubigers den pfändbaren Teil des Arbeitseinkommens ohne Rücksicht auf die in § 850 c ZPO vorgesehenen Beschränkungen bestimmen. Der Gläubiger kann, wenn er auf die durch diese Norm erweiterte Pfändungsmöglichkeit Wert legt, einen Anspruch aus vorsätzlich begangener unerlaubter Handlung bereits im Erkenntnisverfahren geltend machen und eine Entscheidung des Prozessgerichts dadurch erzwingen, dass er neben dem Leistungsantrag die Feststellung eines derartigen Anspruchs begehrt (BGH, Urteil vom 26.9.2002, juris, dort Rn. 7; OLG Brandenburg, Urteil vom 25.8.2010, juris, dort Rn. 14; Zöller/Stöber, § 850 f., Rn. 9 a).

Entsprechendes gilt für eine mögliche (spätere) Insolvenz des Angeklagten im Hinblick auf §§ 302 Nr. 1, 174 Abs. 2 InsO. Denn die beantragte Feststellung eröffnet gemäß § 302 Nr. 1 InsO die Aussicht, im Falle eines Verbraucherinsolvenzverfahrens über das Vermögen des Schuldners auch nach Erteilung der Restschuldbefreiung aus der titulierten Forderung weiter vollstrecken zu können (vgl. OLG Köln, Urteil vom 5.12.2008, juris, dort Rn. 22). Die frühzeitige Klärung, dass es sich bei einer zur Insolvenztabelle angemeldeten Forderung um eine aus vorsätzlich begangener unerlaubter Handlung handelt, dient auch der Beweissicherung. Denn wenn die Herleitung aus einer vorsätzlich begangenen unerlaubten Handlung nicht festgestellt ist, kann sich der Schuldner gegen eine Zwangsvollstreckung aus der Tabelle mit einer Vollstreckungsgegenklage wehren (OLG Koblenz, Urteil vom 17.3.2015, juris, dort Rn. 20).

Im Übrigen führt die bereits im Erkenntnisverfahren geltend gemachte Feststellung, dass der Anspruch aus einer vorsätzlich begangenen unerlaubten Handlung resultiert, zu einer Vermeidung einer titelergänzenden Feststellungsklage.

Die prozessualen Nebenentscheidungen im Rahmen des Adhäsionsverfahrens ergeben sich hinsichtlich der Kosten aus § 472 a StPO und hinsichtlich der Vollstreckbarkeit aus § 406 b StPO iVm § 709 ZPO.

Ich bitte um Zustellung der Adhäsionsantragsschrift an den Angeklagten und Antragsgegner und informatorische Übermittlung an die Staatsanwaltschaft. Die Staatsanwaltschaft wird in diesem Zusammenhang gebeten, zur Eignung des Entschädigungsantrages für eine Erledigung im Strafverfahren Stellung zu nehmen. Ich verweise diesbezüglich auf Nr. 174 Abs. 1 RiStBV.

B. Das Adhäsionsverfahren in der strafrichterlichen und anwaltlichen Praxis

Sollten sich im Verlauf des Verfahrens Zweifel an der Zulässigkeit oder Begründetheit des Adhäsionsantrages ergeben, so wird das Gericht bereits heute um einen richterlichen Hinweis entsprechend § 139 ZPO gebeten.

Rechtsanwalt

104 **Abwandlung: Grundfall, Verletzte erlitt Dauerfolgen, mehrere Täter** Die Tat wurde vollendet. Es waren mehrere Täter beteiligt, auch diese sind angeklagt. Die Verletzte leidet noch erheblich an den Folgen der Tat, Zukunftsschäden sind zu erwarten. Es sind Sachschäden entstanden. Die Beweislage ist schwierig. Es ist daher angezeigt, zunächst die Beweisaufnahme zu abzuwarten. Die formale Stellung des Adhäsionsantrags kann prozesstaktisch durch eine informelle Übermittlung bereits angekündigt werden. Die beteiligten Verfahrensbeteiligten können sich somit frühzeitig darauf einstellen.

Muster:

An das

Landgericht

Adhäsionsantrag

In der Strafsache

gegen
1. Name und Anschrift
2. Name und Anschrift
3. Name und Anschrift

wegen Vergewaltigung

Az.

überreiche ich zunächst zur Information des Gerichts und der Verfahrensbeteiligten die Antragsschrift und teile mit, dass ich beabsichtige, im Rahmen der mündlichen Verhandlung namens und mit Vollmacht der Verletzten und Nebenklägerin ... folgende Adhäsionsanträge zu stellen:

1. Die Angeklagten werden als Gesamtschuldner verurteilt, an die Antragstellerin (Name; ggf. Anschrift) ein in das Ermessen des Gerichts gestelltes Schmerzensgeld nebst Zinsen in Höhe von 5 Prozentpunkten über dem Basiszinssatz seit Rechtshängigkeit zu zahlen

oder alternativ:

Die Angeklagten werden als Gesamtschuldner verurteilt, an die Antragstellerin ein angemessenen Schmerzensgeld in einer noch zu beziffernden Höhe nebst Zinsen in Höhe von 5 Prozentpunkten über dem Basiszinssatz seit Rechtshängigkeit zu zahlen.

2. Die Angeklagten werden als Gesamtschuldner verurteilt, an die Antragstellerin einen Betrag in Höhe von ... EUR nebst Zinsen in Höhe von 5 Prozentpunkten über dem Basiszinssatz seit Rechtshängigkeit zu zahlen.

3. Es wird festgestellt, dass die Angeklagten als Gesamtschuldner verpflichtet sind, der Antragstellerin sämtliche materiellen und immateriellen Schäden aus dem Vorfall vom ... zu zahlen, soweit die Ansprüche nicht auf Sozialversicherungsträger oder sonstige Dritte übergegangen sind.

4. Es wird festgesellt, dass der Antrag zu Ziffer 1und 2 aus einer vorsätzlich begangenen unerlaubten Handlung resultiert

5. Die Angeklagten tragen als Gesamtschuldner die Kosten des Adhäsionsverfahren und der notwendigen Auslagen der Antragstellerin.
6. Die Entscheidung ist vorläufig vollstreckbar.

Begründung:

I. Sachverhalt

Vgl. oben, Sachverhaltsschilderung mit Angaben zu den Sachschäden, Bemessungskriterien des Schmerzensgeldes, Folgen der Tat; ggf. ausführlich schildern, vorsorglich jeweils Beweis antreten.

II. Ausführungen in rechtlicher Hinsicht

Vgl. oben; am Ende des Textes wäre dann wie folgt auszuführen:

Es wird zunächst lediglich darum gebeten, diese Antragsschrift dem Angeklagten und der Staatsanwaltschaft zuzuleiten. Im Laufe des Verfahrens wird entschieden, ob und wenn ja, wann der Antrag formal gestellt wird. Dies ist bis zum Beginn der Schlussvorträge zulässig, § 404 I 2 StPO. Bis zu diesem Zeitpunkt erfolgen auch Angaben, welche Höhe des Schmerzensgeldes seitens der Antragstellerin in Betracht gezogen wird.

Sollten sich im Verlauf des Verfahrens Zweifel an der Zulässigkeit oder Begründetheit des Adhäsionsantrages ergeben, so wird das Gericht bereits heute um einen richterlichen Hinweis entsprechend § 139 ZPO gebeten.

Rechtsanwalt

Abwandlung: Die Verletzte stellt einen Antrag auf Prozesskostenhilfe Die Verletzte hat Anspruch auf Bewilligung von Prozesskostenhilfe. Zur weitgehenden Vermeidung einer negativen Kostenfolge wird der Antrag unter dem Vorbehalt der PKH – Bewilligung gestellt. Der Antrag wird vor der Hauptverhandlung gestellt.

Obige Muster könnten wie folgt ergänzt werden:

Muster:

Vgl. oben; soweit erforderlich wie folgt ausführen:

Adhäsions- und Prozesskostenhilfeantrag

2. Der Antragstellerin wird für das Adhäsionsverfahren Prozesskostenhilfe unter Beiordnung des Unterzeichners als Prozessbevollmächtigter bewilligt.

...

Begründung:

...

Vgl. oben die bereits vorgestellten Muster

Zum Antrag zu 2.) ist vorzutragen, dass die Antragstellerin ohne anwaltlichen Beistand nicht in der Lage ist, ihre Interessen im Adhäsionsverfahren ausreichend wahrzunehmen. Dies ergibt sich allein schon aus der Natur der Sache des anhängigen Verfahrens und bedarf insoweit keiner näheren Erörterung.

Darüber hinaus ergeben sich für Antragstellerin möglicherweise wichtige materiell- und prozessrechtliche Fragen, zu denen sie sich ohne anwaltlichen Beistand nicht selbst äußern kann.

Schließlich ist auch zu berücksichtigen, dass es der Antragstellerin nicht zumutbar ist, ihre Interessen mit dem nötigen persönlichen Einsatz ohne anwaltlichen Beistand zu vertreten, weil sie als unmittelbares Opfer der angeklagten Straftat nach wie vor erheblich unter den Folgen der Tat leidet.

Die Antragstellerin ist nach ihren persönlichen und wirtschaftlichen Verhältnissen nicht in der Lage, die Kosten des Adhäsionsverfahrens auch nur teilweise aufzubringen. Zum Beweis ihres wirtschaftlichen Unvermögens wird auf die anliegende Erklärung über ihre persönlichen und wirtschaftlichen Verhältnisse nebst der entsprechenden Belege verwiesen.

Ich bitte zunächst um Bewilligung der Prozesskostenhilfe und dann im Anschluss um Zustellung der Adhäsionsantragsschrift an den Angeklagten sowie um Übermittlung an die Staatsanwaltschaft

Rechtsanwalt

105a Abwandlung: Geltendmachung eines Schockschadens nach Tötungsdelikt

Der Bruder einer getöteten jungen Frau erlitt infolge des Todes seiner Schwester einen sog. Schockschaden. Er schließt sich dem Strafverfahren als Nebenkläger an und stellt einen Adhäsionsantrag.

Muster:

Vgl. oben; soweit erforderlich wie folgt ergänzend ausführen:

...

wird beantragt

1. Der Angeklagte wird verurteilt, an den Antragsteller ein angemessenes Schmerzensgeld nicht unter 12.500,00 EUR nebst Zinsen in Höhe von 5 Prozentpunkten über dem Basiszinssatz seit Rechtshängigkeit zu zahlen
2. Es wird festgestellt, dass der Angeklagte verpflichtet ist, dem Antragsteller sämtliche materiellen und immateriellen Schäden aus dem Vorfall vom 25.7.2015 zu zahlen, soweit die Ansprüche nicht auf Sozialversicherungsträger oder sonstige Dritte übergegangen sind
3. Es wird festgestellt, dass die Ansprüche aus einer vorsätzlich unerlaubter Handlung resultiert
4. Der Angeklagte trägt die Kosten des Adhäsionsverfahrens und die notwendigen Auslagen des Antragstellers.
5. Die Entscheidung ist vorläufig vollstreckbar.

Vorläufiger Gegenstandswert: 15.500,00 EUR

Begründung:

I. Sachverhalt:

Der Angeklagte tötete am 31.7.2015 die Schwester des Antragstellers.

Beweis: 1. Beiziehung der Akten des Strafverfahrens,
2. Beiziehung der geständigen Einlassung des Angeklagten

Infolge der Todesnachricht erlitt der Antragsteller einen sogenannten Schockschaden. Er bedurfte einer Heilbehandlung.

Beweis:
1. Ärztliche Auskunft der Fachärztin für Neurologie und Psychiatrie in Kopie als Anlage A 1
2. Zeugnis der Vorgenannten, Frau Dr. ...
3. Zeugnis des Antragstellers

Der Antragsteller erlitt erhebliche psychische Beeinträchtigungen. Er bedurfte mehrfacher psychotherapeutischer Behandlungen. Seit Erhalten der Nachricht des Todes seiner Schwester waren bis zu 15 psychotherapeutische Sitzungen bzw. Behandlungen erforderlich. Bei ihm besteht eine posttraumatische Belastungsreaktion, die an die Kriterien einer posttraumatischen Belastungsstörung nach ICD 10 heranreicht.

Beweis: Wie vor

Eine weitere Behandlung ist erforderlich. Es besteht zwar grundsätzlich eine positive Zukunftsprognose. Aber bis mindestens Mitte Juni des Jahres sind noch weitere Behandlungs- und Therapietermine erforderlich. Nach bisherigen Planungen muss zweimal im Monat ein Termin bei der Therapeutin wahrgenommen werden.

Beweis: Wie vor

II. Ausführungen in rechtlicher Hinsicht:

Es liegt ein sogenannter „Schockschaden" vor. Die dafür erforderlichen Voraussetzungen der schweren Beeinträchtigung, des betroffenen Personenkreises als nahe Angehörige sowie die eines ausreichenden Anlasses (vgl. dazu Palandt Vorb § 249, Rn. 14) liegen sämtlichst in der Person des Antragstellers vor. Seine Gesundheitsbeschädigung liegt nach Art und Schwere deutlich über dem, was Nahestehende als mittelbare Betroffene in derartigen Fällen erfahrungsgemäß an Beeinträchtigungen erleiden.

Beweis: Wie vor

Bei dem Antragsteller handelt es sich um den Bruder der getöteten ...

Das dritte von der höchstrichterlichen Rechtsprechung geforderte Kriterium des ausreichenden Anlasses ist ebenfalls gegeben und bedarf keiner weiteren Erörterung.

Damit ist der Angeklagte zur Zahlung von Schmerzensgeld verpflichtet, §§ 823 Abs. 1, 823 Abs. 2, 253 Abs. 2 BGB. Die Höhe des Schmerzensgeldes wird in das Ermessen des Gerichts gestellt. Die vorsätzliche Begehung, das rücksichtslose und äußerst brutale Vorgehen gegen die arglose ... rechtfertigen ein Schmerzensgeld, das der Höhe nach nicht unter 12.500,00 EUR liegen sollte. Die genaue Höhe wird ausdrücklich in das Ermessen des Gerichts gestellt, sollte aber über diesem Betrag liegen.

... Weiteres wie im Grundfall ...

Rechtsanwalt

Abwandlung: Geltendmachung zu Lebzeiten erworbener Schmerzensgeldansprüche durch Hinterbliebene nach Tötungsdelikt Nach einem Tötungsdelikt machen der hinterbliebene Ehemann sowie beide Kinder der Getöteten sowohl auf sie übergegangene (zu Lebzeiten erworbene Schmerzensgeldansprüche der Getöteten) als auch eigene Ansprüche (Beerdigungskosten pp.) geltend. 105b

Muster:

Vgl. oben; ggf. wie folgt ergänzend ausführen:

In der Strafsache

gegen

Az.

stelle ich im Namen und mit Vollmacht der Verletzten
1. Name und Anschrift
2. Name und Anschrift
3. Name und Anschrift

folgende Adhäsionsanträge:

1. Der Angeklagte wird verurteilt, an die Antragsteller ... gemeinschaftlich ein angemessenes Schmerzensgeld nicht unter 10.000,00 EUR nebst Zinsen in Höhe von 5 Prozentpunkten über dem Basiszinssatz seit Rechtshängigkeit zu zahlen
2. Der Angeklagte wird verurteilt, an den Antragsteller ... einen Schadensersatzbetrag in Höhe von 5.084,18 EUR nebst Zinsen in Höhe von 5 Prozentpunkten über dem Basiszinssatz seit Rechtshängigkeit zu zahlen
3. Es wird festgestellt, dass die Ansprüche zu 1., 2. aus einer vorsätzlich unerlaubten Handlung resultieren
4. Der Angeklagte trägt die Kosten des Adhäsionsverfahrens und die notwendigen Auslagen der Antragsteller
5. Die Entscheidung ist vorläufig vollstreckbar.

Vorläufiger Gegenstandswert: 15.084,18 EUR

Begründung:

Die Antragsteller machen im Wege der gesetzlichen Erbfolge übergegangene Ansprüche auf Schmerzensgeld der getöteten Frau ... geltend. Die Antragsteller sind zum einen der Ehemann der Getöteten, zum anderen die leiblichen Kinder der Getöteten. Darüber hinaus werden Ansprüche auf Schadensersatz geltend gemacht. Im Wesentlichen handelt es sich dabei um die Beerdigungskosten.

I. Sachverhalt

Am Abend des 2.11.2015 wollte die später getötete ... in eine Auseinandersetzung des Antragstellers zu 1. ... mit dem Angeklagten eingreifen. Der Angeklagte griff sie dabei aus nicht geklärter Ursache an. Das Geschehen verlagerte sich von einer Gartenlaube nach außerhalb. Dort übte der Angeklagte massive körperliche Gewalt gegen Frau ... aus, so dass diese letztlich – wie von dem Angeklagten zumindest billigend in Kauf genommen – an einem Ersticken bei komprimierender Gewalteinwirkung gegen den Brustkorb auf gewaltsame Weise verstarb. Die dem Angeklagten später entnommene Blutprobe ergab eine BAK von 2,28 ‰.

Nach dem Ergebnis der rechtsmedizinischen Obduktion verstarb Frau ... an einem Ersticken bei komprimierender Gewalteinwirkung gegen den Brustkorb auf nicht natürliche bzw. gewaltsame Weise. Bei der Obduktion fanden sich zahlreiche Stauungsblutungen in den Augenlidern und den Augenbindehäuten sowie der Haut des Gesichts, des Halses, des Brustkorbs und des Rückens. Ferner fanden sich zweifache Rippenfrakturen der Rippen 2 und 3 linksseitig sowie kräftige Einblutungen in der Muskulatur im Bereich der Schulterblätter. Nach weiterer Aussage der rechtsmedizinischen Obduktion sprechen die Befunde aus rechtsmedizinischer Sicht für eine Brustkompression mit passenden Rückenverletzungen und rückwärtigen sogenannten Widerlagerverletzungen. Darüber hinaus lagen Einblutungen in das Unterhautfettgewebe und die Muskulatur der linken Halsseite vor. Mit Nachweis von Hämatomverfärbungen in der Gesichtshaut und korrespondierenden Einblutungen in die Gesichtsweichteile kommt aus rechtsmedizinischer Sicht ein zusätzliches gewaltsames Verschließen der Atemöffnungen in Betracht. Zudem fanden sich im Bereich des Kopfes mehrfache Schwellungen und Blutergussbildungen als Zeichen einer stattgefundenen stumpfen, nicht geformten Gewalteinwirkung, wobei als verursachend ein Anschlagen des Kopfes gegen ein Widerlager oder Schläge bzw. Tritte gegen den Kopf in Betracht kommen. Aus dem Verletzungsbild ergibt sich, dass die getötete Frau ... während der Handlungen noch am Leben und bei Bewusstsein war und dies in Ansehung der späteren Tötung erdulden musste.

Beweis:
1. Beiziehung der Akten des Strafverfahrens
2. Bildbericht der Obduktion, Blatt 227 ff., Lichtbildakte 1
3. Zeugnis des Rechtsmediziners
4. Gutachten des Rechtsmediziners
5. Zeugnis der Sachverständigen
6. Gutachten der Sachverständigen

Der Ehemann der getöteten Frau ... trug die notwendig gewordenen Beerdigungskosten. Dabei handelt es sich um:

Gebühren für die Urnenbestattung in Höhe von ... EUR

Gebühr für die Genehmigung für die Niederlegung von Grabplatten ... EUR

Kosten für die Urnenbeisetzung in Höhe von ... EUR

Kosten für die Grabstätte in Höhe von ... EUR

Kosten für die Kaffeetafel in Höhe von ... EUR

Kosten für den Urnenkranz in Höhe von ... EUR

Insgesamt: ... EUR

Beweis:
1. Gebührenbescheid der Friedhofskommission ... vom ...   in Kopie als Anlage A1
2. Rechnung der Friedhofskommission vom ...   in Kopie als Anlage A2

II. Ausführungen in rechtlicher Hinsicht

Damit ist der Angeklagte zur Zahlung von Schadensersatz und Schmerzensgeld verpflichtet, §§ 823 Abs. 1, 823 Abs. 2 iVm §§ 212, 223, 224 StGB, § 253 Abs. 2 BGB, §§ 249 ff. BGB. Der Angeklagte hat das Recht der getöteten Frau ... auf körperliche Unversehrtheit sowie ihr Recht auf Freiheit zu Lebzeiten verletzt. Diese zu Lebzeiten erworbenen Ansprüche der getöteten Frau ... sind im Wege der gesetzlichen Erbfolge gemäß § 1922 BGB auf die Antragsteller als Gesamtgläubiger übergegangen. Die Antragsteller sind alleinige Erben. Der Ehemann der Getöteten, der Antragsteller zu 1., hat die tatbedingten Aufwendungen für die Beerdigung etc selbst getragen und bereits vollständig bezahlt.

Beweis: Erbschein des Amtsgerichts

Die Höhe des Schmerzensgeldes wird in das Ermessen des Gerichts gestellt. Die bedingt vorsätzliche Begehung, das brutale Vorgehen gegen die in bester und friedlicher Absicht agierende Frau ... rechtfertigen ein Schmerzensgeld, das der Höhe nach nicht unter 12.500,00 EUR liegen sollte. Die genaue Höhe wird ausdrücklich in das Ermessen des Gerichts gestellt, sollte aber über diesem Betrag liegen. Es sind zur Schmerzensgeldbemessung kaum annähernd vergleichbare Fälle festzustellen. Bei der Bemessung des Schmerzensgeldes wurde diesseits bereits berücksichtigt, dass der Angeklagte alkoholisiert war und lediglich bedingt vorsätzlich gehandelt hat. Andererseits ist zu berücksichtigen, dass sich die in bester Absicht handelnde Frau ... weitgehend arglos massiver körperlicher und sich steigernder Gewalt ausgesetzt sah und diese in Ansehung des Todes durchlitten hat.

Vgl. im Übrigen Grundfall.

105c **Rechtsmittel: Sofortige Beschwerde nach Absehensbeschluss** Im Grundfall ergeht gerichtlicherseits ein Absehensbeschluss. Der Antrag war vor Beginn der Hauptverhandlung gestellt worden.

Muster:

In der Strafsache

gegen

Az.

legt die Adhäsionsklägerin ... gegen den am ... verkündeten und am ... bekanntgemachten Beschluss des Gerichts vom ...

Sofortige Beschwerde[202]

ein.

Es wird beantragt,

die Entscheidung des Gerichts vom ... abzuändern und wie in der Adhäsionsantragsschrift bzw. Adhäsionsklage vom ... beantragt, zu entscheiden.

Begründung:[203]

Die sofortige Beschwerde ist zulässig. Die Beschwerdefrist gemäß § 311 Abs. 2 StPO von einer Woche ist eingehalten. Die Entscheidung des Gerichts, wonach das Gericht hinsichtlich der geltend gemachten Schmerzensgeldforderung bis zu einem Betrag von ... EUR von einer Entscheidung absehen will, ist überraschend, außerdem unbegründet.

Das erkennende Gericht ist gemäß § 311 Abs. 3 S. 2 StPO selbst befugt, den Beschluss abzuändern.[204] Das Gericht hat zum Nachteil der Beschwerdeführerin Tatsachen oder Beweisergebnisse verwertet, zu denen diese noch nicht gehört wurde. Die Adhäsionsklägerin und jetzige Beschwerdeführerin ist bislang dazu nicht gehört worden, obwohl sie in der Adhäsionsantragsschrift vom ... um richterlichen Hinweis gebeten hat. Die Adhäsionsantragsschrift war auch bereits lange vor Eröffnung des Hauptverfahrens bei Gericht eingereicht worden. Daher durfte und musste die Adhäsionsantragsteller davon ausgehen, dass ihr auf Basis der Anklageschrift der Staatsanwaltschaft ... vom ... gestellter Adhäsionsantrag nicht nur zulässig, sondern auch vollumfänglich begründet ist. Auch die bisherige Beweisaufnahme hat nichts Gegenteiliges ergeben. Außerdem ist zu berücksichtigen, dass die Verletzte darüber hinaus weitergehende Gesundheitsbeeinträchtigungen wie ... erlitten hat ...

---

202 Zu beachten ist, dass dieses Rechtsmittel gegen den Absehensbeschluss keine aufschiebende Wirkung hat, §§ 311, 307 StPO.
203 Obwohl eine Begründung nicht erforderlich ist, empfiehlt sich diese. Erfahrungsgemäß konzentrieren sich die Gerichte oftmals nur auf das eigentliche Strafverfahren, so dass bestimmter Vortrag nicht die notwendige Beachtung fand.
204 Prozessuales Ziel muss es natürlich sein, dass das erkennende Gericht selbst abhilft, ansonsten droht die Gefahr einer zeitlichen Überholung (das Urteil ergeht, bevor das Rechtsmittelgericht entschieden hat.).

Im Übrigen ist der Absehensbeschluss ohnehin abzuändern. Die Beschwerdeführerin bezieht sich auf ihren Vortrag, ihre Vernehmung als Zeugin[205] und das bisherige Ergebnis der Beweisaufnahme. Die Schmerzensgeldforderung ist in der geltend gemachten Höhe vollumfänglich berechtigt. Sie verweist diesbezüglich nochmals auf die dem Gericht vorgelegten Entscheidungen der Landgerichte ... Diese wurden vom Gericht bislang offensichtlich nicht berücksichtigt, obwohl diese auf den hier zugrunde liegenden Lebenssachverhalt übertragbar sind. Gründe dafür, die ein Abweichen zum Nachteil der Verletzten rechtfertigen, sind nicht ersichtlich.

Rechtsanwalt

VI. Der Vergleich im Adhäsionsverfahren

Bis zum Inkrafttreten des Gesetzes zur Verbesserung der Rechte von Verletzten im Strafverfahren (1. Opferrechtsreformgesetz-OpferRRG) war die Frage, ob im Adhäsionsverfahren ein gerichtlicher Vergleich wirksam geschlossen werden kann, höchst umstritten.[206] Durch die ausdrückliche Normierung in § 405 StPO hat sich dieser Streit nunmehr erledigt.

Bereits dem Gesetzeswortlaut lässt sich mit der Formulierung „nimmt das Gericht einen Vergleich .... in das Protokoll auf" entnehmen, dass diese Regelung nur innerhalb der Hauptverhandlung Anwendung finden soll.[207] Belegt wird dies zudem durch den Verlauf innerhalb des Gesetzgebungsverfahrens, wonach ursprünglich auch ein außerhalb der Hauptverhandlung zu schließender Vergleich gesetzlich normiert werden sollte,[208] dies jedoch von der endgültigen Fassung des Gesetzes wieder herausgenommen worden ist.[209]

Das bedeutet allerdings nicht, dass ein außergerichtlicher Vergleich gar nicht möglich ist. Dieser soll aber nur zwischen den Parteien ohne Beteiligung des Gerichts abgeschlossen werden, um möglichen Befangenheitsanträgen entgegen zu wirken.

Die Personen, die den Vergleich abschließen können, sind ausweislich § 405 I 1 StPO identisch mit den Parteien im Adhäsionsverfahren nach § 403 StPO.

Der gerichtliche Vergleich kann für die Verfahrensbeteiligten zahlreiche Vorteile haben. So erhält der Adhäsionskläger zeitnah einen vollstreckbaren Titel, unabhängig davon, ob der Angeklagte verurteilt wird oder nicht.[210] Der Angeklagte kann demgegenüber einen Vergleich zur Schadenswiedergutmachung als Strafmilderungsgrund geltend machen (§ 46 II 6. Alt. StGB). Ferner besteht für ihn die Möglichkeit, durch einen gerichtlichen Vergleich über die von ihm verschuldeten Schadenspositionen eine Einstellung des Verfahrens nach § 153a StPO oder auch ein Absehen von Strafe nach § 46a StGB zu erreichen. Wie für den Adhäsionskläger[211] ist der Vergleich auch für

---

205 Für den Fall, dass die Verletzte als Zeugin noch nicht vernommen wurde, ist dies jetzt ggf. (nochmals) als Beweis zu beantragen.
206 Zum Meinungsstand nach altem Recht vgl. zB SK-StPO/Velten, § 404 Rn. 14.
207 Ferber, Das Opferrechtsreformgesetz, NJW 2004, 2562 f (2564); s. auch BR-Drs. 197/04 mit der Anrufung des Vermittlungsausschusses.
208 BT-Drs. 15/1976, S. 15.
209 BR-Drs. 197/04.
210 BT-Drs. 15/1976, S. 15.
211 Vgl. LG Hildesheim, Nds.Rpfl. 2007, 187, 189.

den Angeklagten die kostengünstigste Möglichkeit, dem Adhäsionskläger einen Titel zu verschaffen. Er kann zudem bei der Frage der Schadenshöhe, den Nebenforderungen oder einer Ratenzahlung ein Entgegenkommen erreichen und dennoch von der strafmildernden Folge des Bemühens um Schadenswiedergutmachung profitieren.

108 Ein Vergleich im Adhäsionsverfahren kommt allerdings nur bei Teilnahme des Adhäsionsklägers bzw. seines Prozessbevollmächtigten an der Hauptverhandlung in Betracht.[212] Dies sollte bei erkennbarer Vergleichsbereitschaft beider Seiten bei der Entscheidung über einen Terminsverlegungsantrag des Adhäsionsklägers (s. o. Rn. 81) mitberücksichtigt werden. Hier muss das Gericht, gerade wenn ansonsten eine Absehensentscheidung zu treffen wäre (s. o. Rn. 143 f.), den durch das Opferrechtsreformgesetz zum Ausdruck gekommenen Opferschutzaspekten Rechnung tragen. Es darf dann wohl nur in begründeten Einzelfällen, wie etwa in Haftsachen, den Terminsverlegungsantrag ablehnen.

Der Vergleich nach § 405 StPO beendet die Rechtshängigkeit der Adhäsionsklage.,[213] Durch einen in der Hauptverhandlung protokollierten Vergleich wird der Adhäsionsantrag gegenstandslos; zugleich wird die nach § 404 Abs. 2 Satz 2 StPO mit dem Eingang des Antrages eingetretene Rechtshängigkeit beendet..[214] Das Gericht braucht sich dementsprechend nach einem solchen Vergleich, soweit er alle geltend gemachten Ansprüche aus dem Adhäsionsantrag umfasst, in seinem Urteil nicht mehr mit dem Adhäsionsantrag selbst oder dessen Kostenfolgen auseinanderzusetzen. Dies gilt allerdings nur, soweit der Rechtsstreit durch den Vergleich vollständig erledigt ist, also nicht bei Teilvergleichen oder solchen Vergleichen, die bei mehreren Angeklagten und Adhäsionsbeklagten nur mit einem Teil von ihnen abgeschlossen wurden.

Da der Vergleich unabhängig von dem Ausgang des Strafprozesses geschlossen werden kann, ist es wichtig, den Parteien für diesen Fall zu verdeutlichen, dass er keine indizielle Wirkung für die Beweiswürdigung im Strafverfahren hat; es sei denn, der Angeklagte räumt im Vergleich ausdrücklich ein gewisses Maß an Verschulden ein. Es kann durchaus Fälle geben, in denen es für einen Angeklagten, der einen Freispruch anstrebt, dennoch angezeigt sein kann, einen Vergleich im Adhäsionsverfahren abzuschließen. Dies gilt insbesondere für die Fälle, in denen sich der Angeklagte auf einen Rechtfertigungs- oder Exkulpationsgrund berufen will. Im Strafverfahren gilt der Zweifelsgrundsatz, im Adhäsionsverfahren muss der Angeklagte demgegenüber das Vorliegen von schuldausschließenden Gründen positiv beweisen.[215] Sind dabei die Erfolgsaussichten gering, so kann es für ihn angezeigt sein, einen Vergleich mit dem Geschädigten abzuschließen.

Zeitlich kann der Vergleich jederzeit nach Beginn der Hauptverhandlung geschlossen werden. Das Gericht hat jedoch zu beachten, dass der Vergleich Element der Hauptverhandlung ist und sein Abschluss nach Gewährung des letzten Wortes deshalb als

---

212 Vgl. auch Prechtl, Das Adhäsionsverfahren, ZAP Fach 22, 399 f.
213 Plüür/Herbst, Das Adhäsionsverfahren im Strafprozess, NJ 2005, 153 (156).
214 BGH, Beschluss vom 26. Juni 2014 – 2 StR 110/14 –, juris; BGH, Beschluss vom 15. Januar 2013 – 4 StR 522/12.
215 Vgl. LG Berlin, NZV 2006, 389 f.

Wiedereintritt in die Hauptverhandlung zu sehen ist, sodass das das letzte Wort des Angeklagten im Sinne des § 258 Abs. 2 Hs. 2 StPO wiederholt werden muss.[216]

1. Der gerichtliche Vergleichsvorschlag

Es bleibt den Prozessbeteiligten unbenommen, vor oder auch während der Hauptverhandlung einen Vergleich abzuschließen, ohne das Gericht einzubeziehen. Sie können auch den untereinander geschlossenen Vergleich gerichtlich protokollieren lassen. Das Gericht kann auch aktiv in die Vergleichsverhandlungen mit einbezogen werden. Dies hat insbesondere für den Angeklagten den Vorteil, dass er so in Erfahrung bringen kann, unter welchen Konditionen das Gericht es für vertretbar hält, einen Vergleich strafmildernd zu berücksichtigen. Allerdings darf auch hier nicht aus den Augen verloren werden, dass das Gericht nach wie vor nur eine Tendenz andeuten darf, um sich nicht der Gefahr eines Befangenheitsantrages auszusetzen. Es darf keinesfalls einen unsachlichen Druck auf den Angeklagten zum Abschluss eines Vergleichs ausüben.[217]

109

Das höchste Maß der Einbeziehung des erkennenden Gerichts in das Vergleichsverfahren sieht § 405 I 2 StPO vor. Auf übereinstimmenden Antrag der am Adhäsionsverfahren beteiligten Personen soll das Gericht selbst einen Vergleichsvorschlag unterbreiten. Ob diese Vorschrift ein Schattendasein fristen wird,[218] bleibt abzuwarten. Vorstellbar ist eine solche Vorgehensweise insbesondere bei Naturalparteien und Vermögensdelikten. Die vom Gesetzesentwurf als geringfügig eingestufte Gefahr des Befangenheitsantrages nach einem solchen Vergleichsvorschlag[219] darf allerdings nicht unterschätzt werden.[220] Zwar gilt auch hier, dass prozessual zulässiges Verhalten in der Regel keinen Befangenheitsgrund darstellen kann (§ 24 StPO). Jedoch ist ein solcher Grund auch bei einem gerichtlichen Vergleichsvorschlag auf den Antrag der Verfahrensbeteiligten hin nicht grundsätzlich ausgeschlossen,[221] da im Einzelfall grob unrichtige Wertungen oder unsachgemäße Begründungen des Vergleichsvorschlages durchaus die Besorgnis der Befangenheit begründen können.[222]

110

Sowohl der Verteidiger als auch der Bevollmächtigte des Adhäsionsklägers werden mit ihren Mandanten die Folgen eines solchen Antrags genau zu erörtern haben. Insbesondere für das Opfer kann er psychologisch ein zu frühes Nachgeben und die Abgabe der Kontrolle über seine Ansprüche bedeuten. Andererseits erspart es sich mit einem Vergleich langwierige Verhandlungen, in denen nicht mehr die Tat sondern die psychische Befindlichkeit des Opfers im Vordergrund stehen. Die Folgen traumatisie-

111

---

216 BGH, Beschluss vom 24. Juni 2014 – 3 StR 185/14 –, juris.
217 BHGSt 37, 263 (264).
218 So Plüür/Herbst, www.kammergericht.de, S. 22.
219 BT-Drs. 15/1976 S. 15.
220 Vgl. Neuhaus, Das Opferrechtsreformgesetz 2004, StV 2004, 620 (626); Hilger, Über das Opferrechtsreformgesetz, GA 2004, 478 (485).
221 Pfeiffer, § 405 Rn. 2 aE.
222 Zu den einzelnen Problembereichen, differenziert nach dem Verhandlungsstadium vgl. zutreffend Kurth/Pollähne in: Gercke/Julius/Temming ua, Strafprozessordnung, 5. Aufl. 2012, § 405 Rn. 3.

B. Das Adhäsionsverfahren in der strafrichterlichen und anwaltlichen Praxis

renden Verhaltens sind sehr unterschiedlich[223] und die Klärung der Kausalität zur angeklagten Tat kann oft nur durch Sachverständigengutachten geklärt werden.

Der zu Protokoll gegebene schriftliche Antrag nach § 405 I 2 StPO kann zB lauten:

Muster:

Rechtsanwalt R.

Rechtsanwalt O.

In der Strafsache gegen ...

wegen ...

beantragen

die Adhäsionsklägerin O.

vertreten durch ...

und der Angeklagte T.

vertreten durch ...

übereinstimmend die Unterbreitung eines gerichtlichen Vergleichsvorschlages zur Abgeltung aller aus der in der Anklage vom ... dem Angeklagten zur Last gelegten Straftat(en) (ggf. Ziff. der Anklage) etwaig erwachsenen Ansprüche der O. gegen T.

Es bietet sich an, diesen Antrag nicht nur von dem Prozessbevollmächtigten sondern auch von dem Angeklagten und dem Adhäsionskläger unterzeichnen zu lassen. Ein für das Adhäsionsverfahren gesondert beigeordneter Beklagtenvertreter[224] kann dabei ggf. darauf bestehen, dass ausdrücklich festgehalten wird, dem Antrag komme keine Bindungswirkung im Hinblick auf das Strafverfahren zu.

Ein vom Gericht unterbreiteter Vergleichsvorschlag ist als eine Entscheidung innerhalb der Hauptverhandlung zu sehen und dementsprechend beim Schöffengericht oder beim Landgericht mit den Schöffen zu beraten und abzustimmen (§§ 30, 77 I, 76 I 2 GVG).

112 Das Gericht hat („soll") den Antrag der Parteien auf Unterbreitung eines Vergleichsvorschlages aufnehmen. Es besteht also nur ein geringer Ermessensspielraum, innerhalb dessen der Antrag abgelehnt werden kann.[225] Da § 405 I 2 StPO ausdrücklich von einem Antrag spricht, ist dieser zu Protokoll zu nehmen, wenn er während der mündlichen Verhandlung gestellt wird. Dabei müssen die Voraussetzungen des § 405 I 2 StPO, insbesondere das Vorliegen eines übereinstimmenden Antrages der nach § 405 I 1 StPO Beteiligten, dem Protokoll klar zu entnehmen sein. Wenn der Antrag nicht schriftlich eingereicht und von beiden Seiten unterzeichnet ist, empfiehlt sich die folgende Vorgehensweise:

- Diktat des von einem der Beteiligten formulierten Antrages durch den Vorsitzenden
- Verlesen des Antrages durch den Protokollführer

---

223 S. zB Stang/Sachsse, Trauma und Justiz, Schattauer 2007, S. 71 ff.
224 S. Rn. 43, 70.
225 S. Rn. 113.

VI. Der Vergleich im Adhäsionsverfahren

- Genehmigung des Antrages durch alle am Vergleich Beteiligten
- Aufnahme aller Genehmigungserklärungen im Protokoll

Die Ablehnung des Antrages muss im Beschlussweg erfolgen. Bei den Ablehnungsgründen kann nicht auf die Begründung nach § 406 StPO zurück gegriffen werden, weil ein Vergleich in Fällen, in denen zum Beispiel eine umfangreiche Beweisaufnahme zur Schadenshöhe den Antrag ungeeignet machen würde, dennoch möglich und sachgerecht sein kann. Das Gericht darf vielmehr nur bei Vorliegen „gewichtiger Gründe"[226] von der Unterbreitung eines Vergleichsvorschlages ausnahmsweise absehen..[227] Ein solcher gewichtiger Grund kann darin bestehen, dass der Antrag ersichtlich nur dazu dienen soll, die Position des Gerichts auszuloten. Ein weiterer vorstellbarer Ablehnungsgrund ist ein Antrag in einem zu frühen Verfahrensstadium,[228] wenn der Vergleichsvorschlag vor Durchführung der Beweisaufnahme kaum so begründet werden kann, dass er bei einem Scheitern des Vergleichs nicht zu Befangenheitsanträgen führen könnte.[229]

113

Das Interesse an einer ungefährdeten Durchführung des Hauptverfahrens und insbesondere der Hauptverhandlung hat in jedem Fall dem Interesse an einer Aussöhnung der Parteien vorzugehen.[230]

Muster:

Beschluss

In der Strafsache ...

wegen ...

wird der übereinstimmende Antrag der Verletzten O. und des Angeklagten auf Unterbreitung eines gerichtlichen Vergleichsvorschlages nach § 405 I 2 StPO abgelehnt.

Gründe:

Das Gericht kann in diesem Verfahrensstadium, in dem die Straftat im Sinne des § 264 StGB und damit der Vergleichsgegenstand noch nicht ausreichend bestimmbar ist, keinen Vergleichsvorschlag unterbreiten, der die berechtigten Interessen aller an dem Adhäsionsverfahren Beteiligten in ausreichendem Maße berücksichtigt.

Da der Antrag nach § 405 I 2 StPO erst nach Beginn der Hauptverhandlung gestellt werden kann, ist der Beschluss gem. § 305 StPO nicht anfechtbar. Er hindert die Parteien allerdings nicht, zu einem späteren Zeitpunkt einen neuen Antrag auf Unterbreitung eines gerichtlichen Vergleichsvorschlags zu stellen.

---

226 BR-Drs. 829/03 S. 35.
227 BR-Drs. 829/03, S. 35.
228 Meyer-Goßner, § 406 Rn. 5.
229 Vgl. BR-Drs. 197/04 s. 11; s. Kurth/Pollähne in: Gercke/Julius/Temming § 405 Rn. 3.
230 Löwe-Rosenberg/Hilger, StPO, § 405 Rn. 8 mit weiteren Nachweisen zu Einzelfragen.

2. Die grundlegenden Förmlichkeiten eines gerichtlichen Vergleichs

114 Aus dem Vergleich kann unmittelbar nach § 794 I 1 ZPO vollstreckt werden,[231] daher muss er auch den Anforderungen an einen Titel in diesem Sinne entsprechen. Vollstreckungsgläubiger und -schuldner müssen genau identifizierbar sein.[232]

Der Abschluss eines Vergleichs vor einem deutschen Gericht bedeutet, dass der Vergleich in der für dieses Gericht[233] vorgeschriebenen Form beurkundet werden muss. Daher muss ein Vergleich nach § 405 StPO dem ausdrücklichen Gesetzeswortlaut zufolge protokolliert oder zumindest als Anlage zum Protokoll genommen werden. Anders als die ZPO enthält die StPO aber keine weiteren Regelungen zu den Förmlichkeiten des Vergleichs im Einzelnen. Unter Einbeziehung des Rechtsgedankens des § 273 III StPO und der §§ 162 I, 160 III Ziff. 1 ZPO ist folgende Verfahrensweise bei Protokollierung des Vergleichs zweckdienlich:[234]

- Einleitungssatz, der verdeutlicht, dass die Beteiligten einen Vergleich schließen wollen, diktiert vom Vorsitzenden
- Diktat des von den Parteien vorgeschlagenen oder vom Gericht unterbreiteten Vergleichstextes durch den Vorsitzenden
- Verlesen des diktierten Vergleichstextes aus dem Terminsprotokoll bzw. aus dem schriftlichen Vergleichsvorschlag
- Genehmigung durch den Adhäsionskläger und den (betroffenen) Angeklagten
- Aufnahme der Genehmigungserklärungen im Protokoll

Protokollberichtigungsanträge sind nach § 271 ff. StPO zu behandeln.[235] Sie kommen namentlich in Betracht bei offenkundigen Unrichtigkeiten, Schreibfehlern, vergessener Aufnahme der gesetzlichen Vertreter bei minderjährigen Antragstellern und Ähnlichem. Das Gericht hat dann einen entsprechenden Berichtigungsbeschluss zu erlassen, der allerdings den materiellen Vergleichsinhalt nicht ändern darf. Der Vergleich steht als Ausfluss des Parteiautonomie[236] nicht zur Disposition des Gerichts.[237]

3. Der Inhalt des Vergleichs

a) Vergleichsgegenstand

115 Der Begriff der „aus der Straftat erwachsenen Ansprüche" in § 405 I 1 StPO ist weit auszulegen. So können auch nach den §§ 154, 154a StPO eingestellte Taten in den Vergleich mit einbezogen werden.[238] Der Vergleich kann sowohl vermögensrechtliche als auch nichtvermögensrechtliche Leistungen durch den Angeklagten regeln. In vielen Fällen wird auch eine Kombination von verschiedenen Vergleichsgegenständen

---

[231] Meyer-Goßner, § 406 Rn. 3.
[232] Plüür/Herbst, www.kammergericht.de, S. 19.
[233] S. zB Vorwerk-Dehn, Prozessformularbuch, S. 484.
[234] So auch Plüür/Herbst, www.kammergericht.de, S. 19.
[235] KMR/Stöckel, § 405 Rn. 7.
[236] S. BT-Drs. 15/1976 S. 15.
[237] Plüür/Herbst, www.kammergericht.de, S. 19.
[238] BT-Drs. 15/1976, S. 15.

sinnvoll sein. Dabei kann der Vergleich auch Ansprüche umfassen, die nicht Gegenstand des Adhäsionsantrages waren.[239]

So kann zB (auch) die Verpflichtung zum Widerruf einer ehrverletzenden Äußerung oder zur Abgabe einer Ehrenerklärung erfolgen. Die entsprechende Formulierung könnte dann lauten:

Muster:

Es wird folgender Vergleich zwischen dem Angeklagten ... und der Nebenklägerin ... geschlossen:

1. Der Angeklagte nimmt hiermit seine in seiner Gegenanzeige vom ... aufgestellte Behauptung, die Adhäsionsklägerin habe ihn zu Unrecht einer Vergewaltigung bezichtigt, zurück.[240]
2. ...

Bei fortgesetzten Delikten gegen höchstpersönliche Rechtsgüter liegt das Interesse des Opfers auch vielfach darin, sicherzustellen, dass der Angeklagte zukünftig keinerlei Kontakt zu ihm mehr aufnimmt: auch dies kann in einem Vergleich festgelegt werden. Dabei ist darauf zu achten, dass der Verstoß gegen die Vereinbarung, ähnlich dem Vergleich in einem Unterlassungsklageverfahren, eine entsprechende Sanktion nach sich ziehen muss; dies deshalb, weil ein Verstoß gegen die Vergleichsregelung keine Straftat im Sinne des § 3 GewSchG darstellt.[241]

Muster:

Es wird folgender Vergleich zwischen dem Angeklagten ... und der Adhäsionsklägerin ... geschlossen:

1. Der Angeklagte verpflichtet sich, es zukünftig zu unterlassen, jeden Kontakt zu der Adhäsionsklägerin aufzunehmen, auch nicht über Dritte oder über Kommunikationsmedien.
2. Sollte es zu zufälligem Kontakt kommen, verpflichtet sich der Angeklagte, selbstständig einen Abstand von mindestens 500 Metern herzustellen.
3. für den Fall jeder Zuwiderhandlung verpflichtet sich der Angeklagte zur Zahlung eines Ordnungsgeldes bis zu 10.000 EUR an die Adhäsionsklägerin.

Die Formulierung der Ziff. 3 entspricht § 890 ZPO.

Bei der Protokollierung des Vergleichs ist seitens des Adhäsionsklägers auf folgendes zu achten: Dem Vergleich als solchem fehlt der hoheitliche Charakter. Deshalb ist eine dort vereinbarte Androhung von Ordnungsgeld für sich ohne weiteres nicht vollstreckbar.[242] Hierfür ist eine gerichtliche Genehmigung erforderlich, die deshalb in jedem Fall mit der Protokollierung des Vergleichs zugleich ausdrücklich zu Protokoll erfolgen sollte.[243]

---

239 Löwe-Rosenberg/Hilger, StPO, § 405 Rn. 5 mwN.
240 Wobei der Verteidiger zu beachten hat, dass der Angeklagte sich dann nicht noch erneut des strafrechtlichen Vorwurfs der falschen Verdächtigung aussetzt; deshalb ist die Formulierung „widerruft seine Behauptung" problematisch.
241 OLG Frankfurt, Beschluss vom 6. März 2006 – 6 WF 33/06 –, juris zum Vergleich im Verfahren nach dem GewSchG.
242 HM vgl. OLG Frankfurt, aaO unter Berufung auf Zöller/Stöber, ZPO, 25. Aufl., § 890, Rn. 12 a.
243 OLG Frankfurt, a.a.O.

117 Verfügt der Angeklagte nur über Grundeigentum und nicht über ausreichende Einnahmen, um die Schmerzensgeld- und sonstigen Ersatzansprüche des Adhäsionsklägers zu befriedigen, so kann er sich im Wege des Vergleichs auch zur Eigentumsübertragung mit Auflassungserklärung verpflichten. Dabei dürfen etwaig bestehende Grundschulden und die Höhe des geschuldeten Betrages im Vergleich zum Wert des Grundstücks nicht aus den Augen verloren werden.

Muster:
Der Angeklagte ... und die Adhäsionsklägerin ... schließen folgenden Vergleich:
1. Der Angeklagte verpflichtet sich, das Grundstück Gemarkung ... Flurstück Nr. ... Grundbuch ... an die Adhäsionsklägerin aufzulassen und die Eintragung in das Grundbuch zu bewilligen.
2. In Vollzug der Verpflichtung zu Ziff. 1 erklären die an dem Vergleich Beteiligten: Wir sind darin einig, dass das Eigentum an dem Grundstück Gemarkung ... Flurstück Nr. ... Grundbuch ... auf die Adhäsionsklägerin übergeht.
3. Die Adhäsionsklägerin wird die Entlassung des Angeklagten aus der Haftung für die in Abteilung III des Grundbuchs gesicherten Verbindlichkeiten einholen. Die Haftungsbefreiung ist aber nicht Voraussetzung für die Übertragung des Grundeigentums. Für den Fall, dass die ... Bank die Haftungsentlassung nicht bewilligt, stellt die Adhäsionsklägerin den Angeklagten im Hinblick auf die gesicherten Verbindlichkeiten von der Haftung frei.
4. Die Kosten der Übertragung trägt der Angeklagte.

118 Bei allen Vergleichen ist darauf zu achten, dass der Vergleichsgegenstand aus dem Vergleichstext hinreichend deutlich wird, damit der Umfang des Wegfalls der Rechtshängigkeit der Klage deutlich wird (insoweit siehe unten d) und der Vergleich einen vollstreckbaren Titel darstellen kann.

Problematisch ist bei allen Vergleichen die Angemessenheit der Adhäsionszahlungen. Es gibt Schäden bei Opfern, die materiell kaum ausgeglichen werden können. Andererseits sollte der Angeklagte sich aber auch nicht weit unter die Pfändungsfreigrenzen materiell entäußern, da hierdurch seine Resozialisierung gefährdet sein könnte.

Dem Gericht stehen in diesem Zusammenhang allerdings wenige Interventionsmöglichkeiten zur Verfügung. Der Vergleich ist ein Gestaltungsmittel, das der Privatautonomie der Parteien unterliegt. Er kann auch im Nachhinein nur in den Grenzen der §§ 779, 119 f BGB gerichtlich überprüft werden. Dennoch dürfte es zu den sich aus § 139 ZPO ergebenden Hinweispflichten (zu dessen Anwendbarkeit im Adhäsionsverfahren siehe oben unter Rn. 27) des Gerichts gehören, dass dem Angeklagten die Grenzen der Strafmilderung bei Abschluss eines Vergleichs aufgezeigt und er auf die Pfändungsfreigrenzen hingewiesen wird. Viel zu oft erfolgen neue Strafanzeigen nach einem zivilrechtlichen Vergleich, weil die Beklagten dann doch nicht in der Lage sind, die zugesagten Zahlungen zu erbringen, die Kläger aber im Vertrauen auf diese Zusage auf erhebliche Teile ihrer Forderung verzichtet haben. Dem muss das Gericht entgegen wirken.

b) Ratenzahlungsklauseln

119 Bei einem Zahlungsvergleich ist es zweckmäßig, einen Fälligkeitstermin für die Zahlung aufzunehmen. Außerdem können Ratenzahlungsvereinbarungen abgeschlossen

werden, die es auch der nicht vermögenden Partei ermöglichen, in den Genuss der strafmildernden Wirkung des Vergleichs zu gelangen. Aus der Sicht des Opfers kann es dabei sinnvoll sein, eine Verfallsklausel in den Ratenzahlungsvergleich aufzunehmen, damit der Angeklagte gehalten ist, die Raten pünktlich zu zahlen. Da der Adhäsionskläger einen Anspruch auf Verzinsung seit Rechtshängigkeit hat, sollten auch Zinsregeln in den Ratenzahlungsvergleich mit aufgenommen werden.

Der Vertreter des Adhäsionsklägers sollte auch mit seinem Mandanten besprechen, inwieweit er wünscht, dass der Angeklagte, und sei es nur über monatliche Ratenzahlungen, in Kontakt mit ihm/ihr tritt. Es kommt durchaus die Einschaltung eines Abwicklungstreuhänders in Betracht, zB der Prozessbevollmächtigte, eine Opferschutzorganisation oder eine Vertrauensperson des Adhäsionsklägers.

Ein Ratenzahlungsvergleich könnte zB lauten:

Muster:

Der Angeklagte ... und die Adhäsionsklägerin ... schließen folgenden Vergleich:
1. Der Angeklagte verpflichtet sich, an die Adhäsionsklägerin 25.000 EUR nebst Zinsen in Höhe von 5 %-Punkten über dem Basiszinssatz ab ... (Datum der Rechtshängigkeit) zu zahlen. Ihm wird gestattet, die Zahlung in monatlichen Raten von 1.000 EUR zu leisten. Die Raten sind jeweils, beginnend mit dem 1.10.2007, am 1. eines Monats fällig. Die Zahlung ist nur dann rechtzeitig, wenn sie zu diesem Zeitpunkt auf das Konto des Adhäsionsklägers/seines Abwicklungstreuhänders ... mit der Kontonummer xyz bei der xyz Bank eingegangen ist.
2. Kommt der Angeklagte mit einer Rate mehr als ... Tage in Rückstand, wird der gesamte dann noch offene Betrag sofort fällig.
3. Für den Fall des Zahlungsrückstands verpflichtet sich der Angeklagte, den sofort fälligen Betrag mit einem Zinssatz von 8%-Punkten über dem Basiszinssatz zu verzinsen.

c) Der Erlassvergleich

Es kann einen erheblichen Anreiz für den Angeklagten zur pünktlichen Zahlung des Vergleichsbetrages darstellen, wenn damit ein Erlass verbunden ist. So kann sowohl bei Ratenzahlungen als bei einem einfachen Zahlungsvergleich festgehalten werden, dass der Angeklagte von der Zahlung eines festgelegten Anteils der Vergleichssumme bei pünktlichem Eingang eines konkret angegebenen Betrages enthoben ist.

Die entsprechende Formulierung kann dann lauten:

Muster:

Der Angeklagte ... und die Adhäsionsklägerin ... schließen folgenden Vergleich:
1. ...
2. ...
3. Zahlt der Angeklagte bis zum ... den Betrag von insgesamt ... /pünktlich die Raten bis zu einer Gesamthöhe von ..., so ist er von der Zahlung des bis dahin noch offenen Restbetrages befreit. Der Angeklagte nimmt den Erlass bereits jetzt an.

d) Abgeltungsklauseln

Ein Vergleich beinhaltet ein Nachgeben auf beiden Seiten. Das bedeutet auch, dass er auch hinter den mit der Adhäsionsklage geltend gemachten Ansprüchen zurück bleiben kann. Der Vergleich bindet dennoch den Adhäsionskläger in vollem Umfang; er

B. Das Adhäsionsverfahren in der strafrichterlichen und anwaltlichen Praxis

hat keine Möglichkeit, den rechtswirksam vergleichsweise geregelten Anspruch erneut geltend zu machen. Problematisch könnte dennoch die Frage der Bindungswirkung bei zahleichen unterschiedlichen Ansprüchen des Opfers sein, die ggf. nicht alle von der Adhäsionsklage umfasst waren. Damit deutlich wird, dass letztlich alle Ersatzansprüche des Opfers abgegolten werden sollen, und so zum einen der Wegfall der Rechtshängigkeit eintritt und zum anderen der Angeklagte keinen weitergehenden Zivilprozess befürchten muss, ist es wichtig, eine Abgeltungsklausel in den Vergleich aufzunehmen. Dabei hängt es vom Parteiwillen ab, wie umfassend der Vergleich die gegenseitigen Ansprüche endgültig abgelten soll. Gleichzeitig ist der Adhäsionsklägervertreter gehalten, nicht auf Ansprüche Dritter zu verzichten, namentlich auf Forderungen von Sozialversicherungsträgern,[244] damit der Adhäsionskläger sich insoweit nicht regresspflichtig macht (§ 116 VII SGB X).

Muster:
Der Angeklagte ... und die Adhäsionsklägerin ... schließen folgenden Vergleich:
1. ...
2. ...
3. Mit der Zahlung des Vergleichsbetrages zu Ziff. 1 sind alle gegenseitigen Ansprüche der Vergleichsparteien aus der angeklagten Tat/ aus allen zum Nachteil der Adhäsionsklägerin durch den Angeklagten begangenen Straftaten/unabhängig von deren Rechtsgrund und gleich ob bekannt oder unbekannt, abgegolten und erledigt, soweit sie nicht auf Dritte übergegangen sind oder übergehen werden

123 Etwas anderes kann gelten, wenn die Parteien sich ausdrücklich eine weitergehende Geltendmachung von Schäden vorbehalten wollen. Dies kann insbesondere dann der Fall sein, wenn bei Körperschäden die Behandlung noch nicht abgeschlossen ist und daher der Schadensumfang noch nicht ausreichend konkret beziffert werden kann (zur Problematik des zulässigen Adhäsionsantrages für diese Fälle vgl. Rn. 52 ff.). Da für diesen Fall ein Vergleich dennoch nicht ausgeschlossen werden soll, ist ein sorgfältig formulierter Vorbehalt in der Abgeltungsklausel notwendig. Ein Vorbehalt auch für immaterielle Schäden dürfte dabei aus Sicht der Verteidigung eine sehr große Unsicherheit für den Angeklagten nach sich ziehen, die den übrigen Vorteilen aus einem Vergleich entgegenstehen kann.

Muster:
Der Angeklagte ... und die Adhäsionsklägerin ... schließen folgenden Vergleich:
1. ...
2. ...
3. Mit diesem Vergleich sind alle bisher entstandenen Schadenspositionen aus den angeklagten/und nach § 154 StPO eingestellten Straftaten abgegolten und erledigt.
4. Es wird im Verhältnis des Angeklagten zu der Adhäsionsklägerin ... festgestellt, dass der Angeklagte verpflichtet ist, der Adhäsionsklägerin sämtliche zukünftig noch aus der in der Anklageschrift vom ... konkretisierten Tat entstehenden materiellen/und immateriellen Schäden zu ersetzen, soweit diese Ansprüche nicht auf Sozialversicherungsträger oder sonstige Dritte übergegangen sind bzw. übergehen werden.

---

244 Grundsätzlich hierzu BGH, Beschluss vom 3. Dezember 2013 – 4 StR 471/13 –, juris.

4. Kostenentscheidung und Vollstreckbarkeit

Es ist zweckmäßig, den Vergleich auch auf die Kosten des Adhäsionsverfahrens zu erstrecken. Dies entbindet nicht nur das Gericht von einer Entscheidung nach § 472 a StPO, sondern verdeutlicht auch, dass der Vergleich das Rechtsverhältnis zwischen Adhäsionskläger und Angeklagten abschließend regeln und daher auch so weit als möglich befrieden soll.

124

Die Einigung über die Nebenforderungen im Vergleich sollte dem Sprachgebrauch des Zivilrechts folgen[245] Dies hat zur Folge, dass § 472 a StPO nicht vollumfänglich anzuwenden ist. § 472 a StPO unterscheidet zwischen Kosten, gerichtlichen Auslagen und notwendigen Auslagen der Beteiligten. Danach kommt die Festsetzung der notwendigen Auslagen des Adhäsionsklägers im Kostenfestsetzungsverfahren nach § 464 b StPO nur dann in Betracht, wenn sie dem Adhäsionsbeklagten (ausdrücklich) durch richterlichen Beschluss oder Urteil auferlegt worden sind. Demgegenüber erfasst der auf den Vergleich im Adhäsionsverfahren anzuwendende[246] einheitliche Kostenbegriff in §§ 91 ff. ZPO Gerichtsgebühren, gerichtliche Auslagen und außergerichtliche Kosten. Zu diesen Kosten zählen auch die zur Rechtsverfolgung oder Rechtsverteidigung notwendigen Kosten, insbesondere die gesetzlichen Gebühren und Auslagen der Rechtsanwälte, welche sich nach dem RVG berechnen. Auch § 98 ZPO, der die Erstattung der Vergleichskosten regelt, unterscheidet nicht zwischen Kosten und Auslagen, sodass mit der Auferlegung der "Kosten" des Adhäsionsverfahrens und des Vergleichs zugleich auch eine Regelung über die notwendigen Auslagen des Adhäsionsklägers getroffen wird.[247]

Einigkeit besteht dahingehend, dass im Vergleichsverfahren ein förmlicher Adhäsionsantrag nach § 403 ff. StPO für das Entstehen der Verfahrensgebühr nach Nr. 4143 VV nicht zwingende Voraussetzung ist, weil mit dem Antrag eines der Beteiligten auf Protokollierung eines Vergleichs ein gerichtliches Verfahren im Sinne von Nr. 1003 RVG-VV in Gang gesetzt wird.[248] Jedoch entsteht die Gebühr nur dann, wenn im Vergleich auch vermögensrechtliche Ansprüche miterledigt werden.[249] In diesem Fall stehen dem Prozessvertreter eine 2,0 Verfahrensgebühr nach Nr. 4143 RVG-VV sowie eine einfache Einigungsgebühr nach Nr. 1003 iVm Nr. 1000 RVG-VV zu, auch wenn kein förmliches Adhäsionsverfahren nach § 404 StPO vorausgegangen ist[250] Ein Vergleich nicht vermögensrechtlicher Art, zB über Unterlassensansprüche des Opfers bei fehlendem Adhäsionsantrag reicht für die Verfahrensgebühr nach Nr. 4243 VV nicht aus.[251]

Eine Einigungsgebühr nach Nr. 1000 RVG-VV für die Prozessbevollmächtigten fällt nach allgemeinen Grundsätzen in jedem Fall an, und zwar unabhängig davon, ob der

---

245 KG Berlin, Beschluss vom 29. Mai 2015 – 1 Ws 4/15 –, juris.
246 KG Berlin, aaO mwN.
247 LG Hildesheim, Beschluss vom 23. September 2013 – 22 Qs 7/13 –, juris; KG Berlin aaO mit zustimmender Anmerkung Hansens, ZfSch 2015, 525-526.
248 Thüringer Oberlandesgericht, Beschluss vom 14. September 2009 – 1 Ws 343/09 –, juris.
249 LG Hanau, Beschluss vom 2. September 2014 – 3 Qs 68/14 –, juris mwN.
250 OLG Nürnberg, Beschluss vom 6. November 2013 – 2 Ws 419/13 –, juris.
251 LG Hanau aaO.

Vergleich auf Vorschlag des Gerichts oder auf Initiative der Parteien im Adhäsionsverfahren zustande gekommen ist.[252]

Wenn wegen der Kosten keine Einigkeit erzielt werden kann, kann der Vergleich dennoch abgeschlossen und die Entscheidung über die Kosten dem Gericht auferlegt werden.[253] Das Gericht hat dann im Rahmen billigen Ermessens den Inhalt des Vergleichs bei der Kostenentscheidung mit zu berücksichtigen.[254]

Dabei sollte das Gericht zur Vermeidung späterer Auseinandersetzungen zeitgleich über den Streitwert durch Beschluss entscheiden.

Soweit über die Kosten im Vergleich mitentschieden werden kann, empfiehlt es sich für die Parteien, die Kosten mittels einer einfachen Quote aufzuteilen:

Muster:
Der Angeklagte ... und die Adhäsionsklägerin ... schließen folgenden Vergleich:
1. ...
2. ...
3. Der Angeklagte trägt 3/4 der Kosten des Adhäsionsverfahrens und des Vergleichs, die Adhäsionsklägerin trägt 1/4 dieser Kosten.

oder

3. Die Kosten des Adhäsionsverfahrens trägt der Angeklagte, die Kosten des Vergleichs werden gegeneinander aufgehoben.

Der Vergleich ist ein weiterer Vollstreckungstitel im Sinne von § 794 ZPO und muss daher nicht wie Urteile nach den §§ 708 ff. ZPO mit einer Entscheidung zur vorläufigen Vollstreckbarkeit versehen werden.

5. Der Widerrufsvergleich

125 Der Abschluss eines Widerrufsvergleichs im Adhäsionsverfahren ist grundsätzlich möglich, sollte aber vermieden werden. Sinn des Vergleichs im Adhäsionsverfahren ist die abschließende Regelung der gesamten Problematik. Sind die Parteien in der Hauptverhandlung anwesend, so sollte versucht werden, eine endgültige Befriedung herzustellen.

Sollten triftige Gründe dafür vorliegen, dass die Parteien über den Vergleich noch nicht abschließend entscheiden können, sollte dem Adhäsionskläger und dem Angeklagten ausreichend Zeit zur Erörterung der Vergleichsmodalitäten eingeräumt werden.[255] Da dies innerhalb der laufenden Hauptverhandlung erfolgt, ist auch eine Unterbrechung der Verhandlung zu diesem Zweck – sogar in Haftsachen – unschädlich. Widerrufsvergleiche bergen ansonsten die Gefahr, dass das weitere Strafverfahren das Adhäsionsverfahren quasi überholt. Aufgrund des (Widerrufs)-vergleichs kann die Hauptverhandlung zB wesentlich abgekürzt werden, Zeugen werden entlassen oder

---

252 Vgl. OLG Düsseldorf, Vergleich vom 8. Januar 2007 – I-2 U 78/06 –, juris.
253 Plüür/Herbst, www.kammergericht.de. S. 21; Löwe-Rosenberg/Hilger, StPO, § 405 Rn. 7 mwN.
254 Entspr. OLG Oldenburg, NJW-RR 1992, 1466.
255 Damit würde auch den von Plüür/Herbst, www.kammergericht.de. S. 22, angeführten Gründen, die für einen Widerrufsvergleich sprechen, begegnet werden können.

gar nicht erst geladen und es wird kurzfristig ein Urteil verkündet. Wenn dann die Widerrufsfrist noch nicht abgelaufen ist, kann der Strafprozess nicht mehr aufgenommen werden. Eine Entscheidung über den Adhäsionsantrag innerhalb der Hauptverhandlung kann nicht mehr erfolgen. Da zudem § 404 IV StPO eine Rücknahme des Adhäsionsantrages nur bis zur Verkündung des Urteils vorsieht, kann der Adhäsionskläger auch diesen Weg nicht mehr beschreiten. Es müsste daher eine nachträgliche Absehensentscheidung im Beschlusswege mit negativer Kostenfolge für den Adhäsionskläger ergehen. Damit wäre das eigentliche Ziel eines Adhäsionsverfahrens verfehlt worden. Der Adhäsionskläger müsste den Zivilrechtsweg beschreiten und einzig der Angeklagte hätte vom Vergleich profitiert, indem dieser strafmildernd in das Urteil mit eingeflossen wäre.

6. Einwendungen gegen die Wirksamkeit des Vergleichs

Nach § 405 II StPO ist ein Rechtsstreit über die Wirksamkeit des Vergleichs zulässig. Die Vorschrift regelt allerdings nur die Zuständigkeiten, nicht die materiellrechtlichen Voraussetzungen. Hier ist § 779 BGB anzuwenden.

126

§ 405 II StPO entbindet den Strafrichter von der Pflicht, sich mit den zivilrechtlichen Fragen der Wirksamkeit des Vergleichs auseinanderzusetzen[256] und weist den Rechtsstreit den Zivilgerichten zu, unabhängig davon, ob der Strafprozess beendet ist oder nicht. Eine Ausnahme hiervon bilden lediglich Einwendungen gegen die Richtigkeit der Protokollierung, die nach strafprozessualen Regeln zu behandeln sind.[257]

Strittig ist die Frage, welches Gericht sachlich zuständig ist. Teilweise wird vertreten, dass hier die Streitwertgrenze der §§ 23, 71 GVG keine Bedeutung habe und das Zivilgericht gemeint sei, das der Ordnung das Strafgerichts des ersten Rechtszuges entspreche.[258] Dieser allein auf einen Vergleich der §§ 405 II und 406 III 4 StPO begründeten Auffassung stehen aber gewichtigere Argumente entgegen. Der Gesetzgeber hat auch in § 406 b StPO die Formulierung des § 405 II StPO verwendet und die Streitigkeiten über die Vollstreckbarkeit des Urteils den Zivilgerichten zugewiesen, in deren Bezirk das Strafgericht des ersten Rechtszuges seinen Sitz hat. Es wäre aber gänzlich systemwidrig, mit der Vollstreckungsabwehrklage gegen ein Adhäsionsurteil ein anderes Gericht zu befassen als das, das auch bei einer Vollstreckungsabwehrklage gegen ein „normales" Zivilurteil zuständig wäre. Die Formulierung der §§ 405 II und 406 b StPO macht vielmehr deutlich, dass lediglich die örtliche Zuständigkeit abweichend von der ZPO festgelegt werden soll. So richtet sich diese nach dem Ort der Anhängigkeit der Anklage, also ggf. dem Tatort, unabhängig vom Wohnort des Beklagten etc. Hätte der Gesetzgeber auch eine Abweichung von den §§ 23, 71 GVG gewollt, so hätte er nicht nur den Bezirk genannt, sondern dies mit einer Formulierung wie zB „an demselben Gericht" festgelegt. Auch die Gesetzesmaterialien bilden keine Grundlage für eine Abweichung von den üblichen für die sachliche Zuständigkeit der Zivilgerichte geltenden Regelungen.

---

256 BT-Drs. 15/1976, S. 16; Ferber, NJW 2004, 2562 (2565).
257 *Hilger* Löwe-Rosenberg, StPO, § 405 Rn. 10.
258 Plüür/Herbst, www.kammergericht.de. S. 24; Hilger aaO.

127 Für die Klage gegen die Wirksamkeit des Vergleichs im Adhäsionsverfahren ist also gem. § 405 II StPO streitwertabhängig der Zivilrichter des Amtsgerichts bzw. die Zivilkammer des Landgerichts zuständig. Die örtliche Zuständigkeit richtet sich nach dem Sitz des mit der Sache befassten Strafgerichts.

Die Formulierung der entsprechenden Klage richtet sich nach den allgemeinen Vorschriften des Zivilprozessrechts, mit der Ausnahme, dass eine Klage auf Fortsetzung des alten Prozesses[259] nicht möglich ist, weil durch die ausdrückliche Zuweisung vor das Gericht der bürgerlichen Rechtspflege das Strafgericht nicht zuständig ist.[260]

VII. Das Absehen von der Entscheidung
1. Fehlende Erfolgsaussicht

128 Ein Absehen von der Entscheidung gem. § 406 I 3 StPO ist nach der ausdrücklichen Formulierung des Gesetzes nur dann möglich, wenn der Antrag unzulässig ist oder soweit er unbegründet erscheint.

a) Unzulässigkeit des Antrags

129 Die Unzulässigkeit des Antrags kann sich aus zivilprozessualen oder strafprozessualen Gesichtspunkten ergeben. Zu beachten sind hier alle Gesichtspunkte, die oben unter Rn. 33 ff. „Zulässigkeit des Adhäsionsverfahrens" aufgeführt worden sind, also insbesondere die Tatbestandsvoraussetzungen des § 403 StPO. Weitere Zulässigkeitsvoraussetzungen sind das Vorliegen der deutschen Gerichtsbarkeit sowie keine anderweitige Rechtshängigkeit und keine entgegenstehende Rechtskraft.[261]

Wenn der Verletzte seinen Anspruch nach der Stellung des Antrags abgetreten hat, was insbesondere dann relevant wird, wenn an ihn mittlerweile eine Versicherungssumme ausgezahlt worden ist, wird der Antrag dadurch nicht unzulässig. § 403 StPO schließt es nämlich nicht aus, zur Leistung an den Zessionar zu verurteilen. Vielmehr verlangt § 403 nur, dass der Antragsteller der Verletzte sein muss, und schreibt daher vor, dass der Zessionar nicht Antragsteller sein kann. § 403 StPO setzt nicht voraus, dass der Antragsteller auch im Zeitpunkt der Entscheidung noch Inhaber des Anspruchs ist. Der Antrag muss in solchen Fällen lediglich dahin gehend umgestellt werden, dass Leistung an den Zessionar verlangt wird.[262]

b) Unbegründetheit des Antrags

130 Auch die Unbegründetheit des Antrags kann sich sowohl aus strafrechtlichen als auch aus zivilrechtlichen Gesichtspunkten ergeben.

aa) Unbegründetheit aus strafrechtlichen Gesichtspunkten

Die Unbegründetheit des Adhäsionsantrages kann sich zunächst daraus ergeben, dass der Angeklagte weder schuldig gesprochen noch gegen ihn eine Maßregel der Besserung und Sicherung angeordnet wird, vgl. § 406 I 1 StPO. Schuldig gesprochen wird

---

259 Vgl. Zöller, ZPO, § 794 Rn. 15 a.
260 Insoweit s. auch Meyer-Goßner, § 405 Rn. 6.
261 KMR/Stöckel, § 403 Rn. 10; Löwe-Rosenberg/Hilger, § 405 Rn. 3.
262 Löwe-Rosenberg/Hilger, § 405 Rn. 4; KK StPO/Zabeck, § 406 Rn. 7.

ein Angeklagter auch in den Fällen, in denen das Gericht von Strafe absieht (etwa in den Fällen der §§ 60, 157, 158, 199, 233 StGB). Wird der Angeklagte von der Straftat freigesprochen, aber eine Maßregel der Besserung und Sicherung wegen der Straftat angeordnet, führt dies ebenfalls nicht zur Unbegründetheit des Adhäsionsantrages. Entscheidend ist demnach nicht, wie dies vielfach formuliert wird,[263] der Schuldspruch, sondern die Rechtsgutsverletzung durch ein tatbestandsmäßiges und rechtswidriges Verhalten.

Aus § 406 I 1 StPO folgt weiter, dass der Adhäsionsantrag aus strafrechtlicher Sicht unbegründet ist, wenn die Verurteilung oder Maßregelanordnung nicht wegen derjenigen Straftat erfolgt, aus der sich der Adhäsionsanspruch ergibt. Zu der Frage, welche Voraussetzungen an diese Identität zwischen Straftat und Anspruchsgrund zu stellen sind, kann aus der Rechtsprechung die Entscheidung des BGH vom 28.11.2002[264] herangezogen werden. Der BGH hat dort entschieden, dass der Strafrichter nur solche zivilrechtlichen Ansprüche zu überprüfen hat, die sich unmittelbar aus der strafrechtlichen Verurteilung ergeben, also dass der Angeklagte der Straftat im Sinne des § 264 StPO überführt werden müsse, aus der der geltend gemachte Anspruch erwachsen sein soll. Der BGH zitiert in diesem Zusammenhang die Kommentare von Löwe-Rosenberg, KMR und den Heidelberger Kommentar zur StPO. Insbesondere bei Löwe-Rosenberg heißt es aber, dass bereits dann von einer Entscheidung abgesehen werden müsse, wenn der Angeklagte nur wegen einer anderen Straftat verurteilt werde, die in Tatmehrheit zu der Straftat stehe, aus der der Anspruchsgrund folge.[265] Zu dieser Frage, also ob es auf Identität im Sinne von § 264 StPO oder von § 52, 53 StGB ankommt, findet sich bei KMR/Stöckel[266] keine konkrete Aussage. Hier heißt es lediglich, dass nicht eine Verurteilung ausreiche, die mit dem geltend gemachten Anspruch nicht im Zusammenhang stehe. Bei KK StPO/Zabeck heißt es hingegen ausdrücklich, dass es darauf ankommt, ob eine Verurteilung wegen der Tat im Sinne des § 264 StPO erfolgt.[267] Aus der zitierten BGH-Entscheidung selbst ergibt sich kein Hinweis, ob der BGH auch solche Fälle ausklammern wollte, in denen zwar Tatidentität im prozessualen Sinne, nicht aber im materiellrechtlichen Sinne besteht. In dem der Entscheidung zugrunde liegenden Fall bestand offenbar bereits keine Tatidentität im prozessualen Sinne, so dass für den BGH keine Veranlassung bestand, sich auch mit der Frage auseinander zusetzen, ob Tatidentität auch im materiellrechtlichen Sinne Voraussetzung ist.

131

Noch enger ist die Auffassung von Velten in SK-StPO[268] zu der Frage, auf welchen Tatbegriff es ankommt. Dort heißt es ausdrücklich, dass der Begünstigte Träger des durch die abgeurteilte Norm verletzten Rechtsguts sein muss. Der Angeklagte muss gerade wegen der materiellrechtlichen Tat verurteilt werden, aus der der Anspruch

132

---

263 Vgl. nur SK-StPO/Velten, § 405 Rn. 5.
264 BGH, NStZ 2003, 321.
265 Löwe-Rosenberg/Hilger, § 405 Rn. 7.
266 KMR/Stöckel, § 406 Rn. 13.
267 KK StPO/Zabeck, § 403 Rn. 2.
268 SK-StPO,§ 406 Rn. 4.

abgeleitet wird.²⁶⁹ Demnach dürfte eine Beschränkung nach § 154a StPO (etwa wegen einer tateinheitlichen Sachbeschädigung) dazu führen, dass nach dieser Auffassung ein aus der Sachbeschädigung resultierender Anspruch nicht im Adhäsionsverfahren geltend gemacht werden kann.

133 Nach hiesiger Auffassung muss es auf Tateinheit im Sinne von § 52 StGB ankommen. Wenn bereits durch die Staatsanwaltschaft oder das Gericht die Entscheidung getroffen wurde, die strafrechtliche Verfolgung aus prozessökonomischen Gründen auf eine bestimmte materiellrechtliche Tat zu beschränken, dann darf diese Entscheidung nicht dadurch ausgehebelt werden, dass der Adhäsionskläger das Strafgericht durch seinen Antrag dazu zwingt, diese materiellrechtliche Straftat doch zu verhandeln. Zwar ist durch das Opferrechtsreformgesetz die Möglichkeit des Strafgerichtes eingeschränkt worden, von einer Entscheidung über den Adhäsionsanspruch wegen fehlender Eignung abzusehen, es ist jedoch nicht erkennbar, dass der Gesetzgeber auch die Möglichkeiten des Strafgerichtes beschränken wollte, den Prozessstoff in strafrechtlicher Hinsicht nach prozessökonomischen Gesichtspunkten zu bestimmen.

134 Daraus folgt, dass wegen einer Straftat, hinsichtlich derer von § 154 StPO Gebrauch gemacht wurde, ein Adhäsionsverfahren nicht durchgeführt werden kann. Sofern wegen der dem zivilrechtlichen Anspruch zugrunde liegenden Straftat von § 154a StPO Gebrauch gemacht wurde, kommt es darauf an, ob die Tat in Tateinheit gem. § 52 StGB oder in Tatmehrheit gem. § 53 StGB zu der angeklagten und verurteilten Tat steht. Sofern Tateinheit besteht und es zur Verurteilung kommt, bleibt auch der Adhäsionsantrag zulässig. Sofern Tatmehrheit besteht und es wegen der dem zivilrechtlichen Anspruch zugrunde liegenden Straftat nicht zu einer Verurteilung kommt, ist der Adhäsionsantrag unbegründet. Auch diese Gesetzesauslegung schränkt zwar noch die Entscheidungsbefugnis des Strafgerichtes zur Bestimmung des Prozessstoffes ein, da nach der hier vertretenen Auffassung verlangt wird, dass sich das Strafgericht mit den zivilrechtlichen Folgen einer Gesetzesverletzung befasst, die strafrechtlich nach § 154a StPO behandelt wurde. Diese Einschränkung erscheint jedoch vertretbar, da das Strafgericht ohnehin gezwungen ist, sich mit der Tat im materiellrechtlichen Sinne zu befassen.

135 **Beispielsfall:** Das Gericht hat mit Zustimmung der Staatsanwaltschaft das Verfahren, in dem dem Angeklagten ein Raub in Tateinheit mit einer gefährlichen Körperverletzung vorgeworfen wurde, auf den Vorwurf des Raubes beschränkt. Im Rahmen des Adhäsionsverfahrens ist es nunmehr gleichwohl gezwungen, sich auch mit dem Vorwurf der Körperverletzung auseinander zu setzen, da Tateinheit im Sinne von § 52 StGB vorliegt. Falls Feststellungen zum Ausmaß der Verletzungen problematisch sind, hat das Gericht die Möglichkeit zum Erlass eines Grundurteils.

bb) Unbegründetheit aus zivilrechtlichen Gesichtspunkten

136 Die Unbegründetheit des Adhäsionsantrages kann sich auch aus zivilrechtlichen Gesichtspunkten ergeben. Dies kann beispielsweise dann gegeben sein, wenn geltend ge-

---

269 SK-StPO/Velten, § 406 Rn. 14.

machter Verdienstausfall nicht nachgewiesen wird. Eine zivilrechtliche Abtretung des Anspruchs nach Antragstellung führt nicht zur Unbegründetheit des Anspruchs, vielmehr muss dann Leistung an den Zessionar verlangt werden.[270]

2. Fehlende Eignung

Ein Absehen von der Entscheidung ist gem. § 406 I 4, 5 und 6 StPO neben den Fällen der Unzulässigkeit oder Unbegründetheit des Antrags bei Schmerzensgeldansprüchen gar nicht und in allen übrigen Fällen nur dann möglich, wenn sich der Antrag „auch unter Berücksichtigung der berechtigten Belange des Antragstellers zur Erledigung im Strafverfahren nicht eignet". Durch diese Neuformulierung im (Ersten) Opferrechtsreformgesetz sollte in Abkehr von der bisherigen Praxis die Entscheidung über den Adhäsionsantrag zur Regel und das Absehen von der Entscheidung zur Ausnahme gemacht werden.[271] 137

Die Entscheidung über die Eignung oder Nichteignung des Adhäsionsantrages gem. § 406 I 4 StPO ist eine Ermessensentscheidung.[272] Dies ergibt sich aus der Formulierung des Gesetzes in § 406 I 4 StPO „kann" im Gegensatz zu Satz 3 „sieht ... ab". Aus dieser unterschiedlichen Formulierung der beiden Sätze folgt eindeutig, dass die Entscheidung über die Eignung oder Nichteignung in Satz 4 als Ermessensentscheidung zu treffen ist.

Zu der Frage, welche Kriterien im Rahmen dieser Ermessensentscheidung zu berücksichtigen sind, existiert bislang wenig Rechtsprechung und kaum Literatur. Das OLG Hamburg hat jedoch in einer grundlegenden Entscheidung vom 29.7.2005[273] ausgeführt, dass im Rahmen dieser Ermessensentscheidung eine Abwägung zwischen den Interessen der Geschädigten, ihre Ansprüche in einem Adhäsionsverfahren durchzusetzen, und den Interessen des Staates, seinen Strafanspruch möglichst effektiv zu verfolgen, sowie dem Interesse des Angeklagten an einem fairen und schnellen Verfahrensfortgang vorzunehmen ist. Den Opferinteressen komme danach ein hohes, aber nicht von vornherein ein überwiegendes Gewicht zu. Dabei wird die Verfahrensverzögerung zwar als der wichtigste, nicht jedoch als der einzig denkbare Fall einer Nichteignung angesehen. Dem gegenüber heißt es bei KMR/Stöckel,[274] dass es fraglich sei, ob es auch Fälle der Nichteignung geben könne, die nicht mit einer Verfahrensverzögerung verbunden seien. Stöckel erkennt ausdrücklich nur die Geltendmachung eines Anspruchs von so außergewöhnlicher Höhe, dass sich der Angeklagte in seiner wirtschaftlichen Existenz bedroht fühlen müsse, als gesonderten Fall einer Nichteignung an. 138

Aus der Gesetzesformulierung in § 406 I 5 StPO, in dem die Verfahrensverzögerung nur als ein Beispiel für die Nichteignung aufgeführt wird („insbesondere") folgt jedoch, dass es auch aus Sicht des Gesetzgebers weitere Kriterien geben kann, die eine

---

270 KK StPO/Zadeck, § 406 Rn. 7.
271 KMR/Stöckel, § 406 Rn. 14.
272 OLG Hamburg, NStZ-RR 2006, 347; LG Hildesheim, NdsRpfl 2007, 187, bestätigt durch OLG Celle, Beschluss v. 22.2.2007, – 1 Ws 74/07 –.
273 OLG Hamburg, NStZ-RR 2006, 347.
274 KMR/Stöckel, § 406 Rn. 20.

Nichteignung begründen. Entsprechend ist auch im Gesetzgebungsverfahren die Verzögerung als der wichtigste, ausdrücklich jedoch nicht als der einzig denkbare Fall einer Nichteignung bezeichnet worden.[275]

Dieser Auffassung entsprechend sollen im Folgenden einzelne Gesichtspunkte aufgezeigt werden, die eine Nichteignung begründen können, wobei sich eine Nichteignung auch daraus ergeben kann, dass möglicherweise jeder einzelne Gesichtspunkt für sich allein noch nicht zur Nichteignung führen würde, sich bei einer Gesamtbetrachtung aber die Nichteignung des Adhäsionsantrages zur Erledigung im Strafverfahren ergibt.[276]

a) Höhe und Umfang der Klageforderung

139 Höhe und Umfang der Klageforderung können zur Nichteignung des Adhäsionsantrages führen. In dem der Entscheidung des OLG Hamburg zugrunde liegenden Fall war gegen die Angeklagten eine Schadensersatzforderung von über 763 Mio. EUR geltend gemacht worden. Die Sonderbände, ausschließlich zum Adhäsionsverfahren, hatten einen Umfang von über 3000 Seiten, allein die Adhäsionsantragsschrift umfasste 368 Seiten. In solchen Fällen, also wenn Ansprüche von so außergewöhnlicher Höhe geltend gemacht werden, dass sich der Angeklagte in seiner wirtschaftlichen Existenz bedroht fühlen muss und ihm daher die Konzentration auf eine effektive Strafverteidigung nicht mehr möglich ist, kann dies zur fehlenden Eignung führen. Dabei kommt es nicht darauf an, ob dies mit einer wesentlichen Verfahrensverzögerung verbunden ist.[277]

b) Haftungsgefahr für Pflichtverteidiger

140 Ein weiterer Gesichtspunkt, der zur fehlenden Eignung des Adhäsionsantrages führen kann, sind die Haftungsrisiken, die sich für den Pflichtverteidiger daraus ergeben, dass sich seine Beiordnung nach der von einigen Oberlandesgerichten vertretenen Auffassung auch auf die Abwehr der im Adhäsionsverfahren geltend gemachten Ansprüche erstreckt, siehe dazu oben Rn. 43 ff. Diese Haftungsrisiken können dazu führen, das Verteidigungsverhalten mehr auf den zivilrechtlichen Aspekt als auf die strafrechtlichen Fragen auszurichten. Eine solche Gewichtung würde wiederum den Interessen des Angeklagten an einem fairen Verfahren entgegenstehen.[278]

c) Schwierige Rechtsfragen

141 Nach der Rechtsprechung des BGH zum Adhäsionsverfahren, die auch durch die Änderung der Adhäsionsvorschriften nicht obsolet geworden ist, kann ein Adhäsionsantrag dann ungeeignet sein, wenn schwierige bürgerlich-rechtliche Fragestellungen zu klären wären, insbesondere in Fällen eines Forderungsüberganges oder bei Anwen-

---

275 BR-Drs. 829/03, S. 37.
276 Zu dieser Verfahrensweise auch OLG Hamburg, NStZ-RR 2006, 347.
277 LG Mainz, Strafverteidiger 1997, 627; LG Hildesheim, NdsRpfl 2007, 187, bestätigt durch OLG Celle, Beschluss v. 22.2.2007, – 1 Ws 74/07 –; KMR/Stöckel, § 406 Rn. 20; anderer Ansicht: LG Wuppertal, NStZ 2003, 176; Kuhn, JR 2004, 397 (400).
278 OLG Hamburg, NStZ-RR 2006, 347 (349); LG Hildesheim, NdsRpfl 2007, 187, bestätigt durch OLG Celle, Beschl. v. 22.2.2007, – 1 Ws 74/07 –, auch zu dem Aspekt, dass die Verletzten eine Übernahme des Haftungsrisikos anbieten.

dung ausländischem Rechts.²⁷⁹ Der BGH hat auch zur neuen Gesetzeslage einen Fall der Nichteignung angenommen, in dem von verfahrensübergreifender (Teil-)Gesamtschuldnerschaft auszugehen war.²⁸⁰

d) Strafgericht als Gericht der Hauptsache gem. § 927 II ZPO

Ein weiterer Gesichtspunkt, der in die Ermessensentscheidung einfließen kann, ergibt sich daraus, dass das Strafgericht durch den Adhäsionsantrag, der die Wirkungen einer Zivilklage hat, zum Gericht der Hauptsache im Sinne von § 927 II 2. Hs. ZPO wird. Dies kann zur Folge haben, dass sich das Strafgericht ständig mit Anträgen auf Einstellung oder Abänderung von Entscheidungen im Rahmen der Zwangsvollstreckungen befassen muss.²⁸¹ 142

e) Friktionen mit dem Schweigerecht des Angeklagten

Ein weiterer Grund, der zur Nichteignung führen kann, soll das Schweigerecht des Angeklagten sein, insbesondere zur Schadenshöhe. Da hier grundsätzlich die Möglichkeit der Schadensschätzung gemäß § 287 I ZPO bestehe, könne auf den grundsätzlich schweigenden Angeklagten ein unzulässiger Druck ausgeübt werden, sein Schweigen zu brechen. Sofern dieser Druck nicht dadurch aufgefangen werden könne, dass das Gericht ein Grundurteil erlässt, müsse von der Durchführung des Adhäsionsverfahrens abgesehen werden.²⁸² 142a

f) Verfahrensverzögerung

Abgesehen von diesen Kriterien, deren Aufzählung nicht abschließend gemeint ist, ist in § 406 I 5 StPO die erhebliche Verfahrensverzögerung als weiterer Grund genannt, der zur Nichteignung führen kann. Die Frage, wann eine Verfahrensverzögerung als erheblich anzusehen ist, dürfte ebenfalls nach einer Abwägung der verschiedenen Interessen zu entscheiden sein. Insbesondere kommt es dabei auf den Umfang der jeweiligen Strafsache an sowie den Umstand, ob der Angeklagte in Untersuchungshaft sitzt (s. dazu auch unten Rn. 282). Dementsprechend wird die Verlängerung einer Hauptverhandlung um das Doppelte dann als vertretbar angesehen, wenn die Hauptverhandlung ohne das Adhäsionsverfahren nur eine Stunde dauern würde, nicht aber, wenn im Anschluss an eine an sich ausreichende eintägige Hauptverhandlung ein neuer Termin mit einer weiteren Beweisaufnahme über den zivilrechtlichen Anspruch notwendig werden würde.²⁸³ Dagegen sei die Verlängerung einer ohnedies mehrtägigen Hauptverhandlung um einen weiteren Termin als noch erträglich zu betrachten.²⁸⁴ Das LG Hildesheim hat entschieden, bestätigt durch das OLG Celle, dass angesichts des verfassungsrechtlichen Beschleunigungsgebots in Haftsachen schon eine 143

---

279 Vgl. OLG Hamburg, NStZ-RR 2006, 347 (349); ebenso LG Hildesheim, NdsRpfl 2007, 187, bestätigt durch OLG Celle, Beschluss v. 22.2.2007, – 1 Ws 74/07 –; KK/Zabeck, § 406 Rn. 8.
280 BGH v. 29.6.2006, – 5 StR 77/06 –.
281 OLG Hamburg, NStZ-RR 2006, 347 (349).
282 SK-StPO/Velten, § 406 Rn. 22.
283 KMR/Stöckel, § 406 Rn. 19.
284 KMR/Stöckel, § 406 Rn. 19.

Verzögerung der Hauptverhandlung um einige Tage als erheblich anzusehen sein dürfte.[285]

144 Ein früher bei Plüür/Herbst[286] zitiertes Beispiel betrifft einen Fall mit 50 eBay-Geschädigten, die alle gehört werden müssten und denen allen ein Recht auf einen Schlussvortrag zustehe. Dabei können im Rahmen der Ermessensentscheidung auch logistische Probleme eine Rolle spielen. Ein weiteres bei Plüür/Herbst zitiertes Beispiel betrifft die umfangreichen Weiterungen in einer Beweisaufnahme, die dadurch notwendig werden können, dass der Angeklagte mit verschiedenen Gegenansprüchen die Aufrechnung erklärt. Auch hier sei prinzipiell von einer Ungeeignetheit auszugehen, zumal bei einer Aufrechnung regelmäßig nicht der Ausweg über eine Kombination von Grund- und Vorbehaltsurteil möglich ist, da die §§ 403 ff. StPO die Möglichkeit eines Vorbehaltsurteils nicht vorsehen.

g) Schmerzensgeldansprüche

145 Bei Schmerzensgeldansprüchen darf gem. § 406 I 6 StPO nicht wegen fehlender Eignung von einer Entscheidung abgesehen werden. Dabei ging der Gesetzgeber davon aus, dass in diesen Fällen der Erlass eines Grundurteils für das Strafverfahren nicht zu einer unzumutbaren Belastung führen würde. Daraus folgt zugleich, dass der Gesetzgeber ein Absehen von der Entscheidung der Höhe nach auch bei Schmerzensgeldansprüchen für zulässig hält, solange zugleich ein Grundurteil ergeht.[287] Grundsätzlich gilt jedoch, dass bei Schmerzensgeldansprüchen die fehlende Eignung kein Grund für ein Absehen von der Entscheidung ist.

Etwas anderes dürfte auch nicht aus dem Beschluss des 3. Strafsenates des BGH vom 7.2.2013 – 3 StR 468/12 – folgen. Der BGH hat hier im Revisionsverfahren, nachdem er das angefochtene Urteil im Rechtsfolgenausspruch teilweise aufgehoben hat, von einer Entscheidung über den Adhäsionsantrag abgesehen, weil hinsichtlich des Schmerzensgeldanspruchs noch schwierige zivilrechtliche Fragen zu klären sein würden, die zu einer Verzögerung des Strafverfahrens führen würden. Dies ist nach § 406 I 6 StPO kein Grund, von einer Entscheidung über einen Schmerzensgeldanspruch abzusehen. Der 3. Senat hätte allerdings deshalb von einer Entscheidung absehen können, weil die getroffene Entscheidung fehlerhaft war und nach der Zurückverweisung nur zum Rechtsfolgenausspruch vom Landgericht kein „Urteil" mehr im Sinne von § 406 I 1 StPO zu sprechen war.

Plüür/Herbst schlagen eine Ausnahme vom Grundsatz des § 406 I 6 StPO vor, wenn der Adhäsionskläger einen Schmerzensgeldanspruch im Wege einer Feststellungsklage für die Zukunft verfolgt und daher kein Grundurteil ergehen kann. Wenn in einem solchen Fall eine umfangreiche Beweisaufnahme erforderlich würde, im strafrechtlichen Teil aber eine schnelle Verurteilung möglich wäre (etwa bei einem geständigen Angeklagten), dann soll jedenfalls dann, wenn der Angeklagte in Untersuchungshaft

---

285 LG Hildesheim, NdsRpfl 2007, 187, bestätigt durch OLG Celle, Beschl. v. 22.2.2007, – 1 Ws 74/07 –.
286 Plüür/Herbst, Das Adhäsionsverfahren, S. 37.
287 So auch KK StPO/Zabeck, § 406 Rn. 9.

sitzt, ein Absehen von der Entscheidung möglich sein.²⁸⁸ Dem ist zuzustimmen, denn der Gesetzgeber dürfte diese Konstellation – was sich aus dem oben zitierten Hinweis auf das mögliche Grundurteil ergibt – nicht im Auge gehabt haben, als er die Möglichkeiten zum Absehen von einer Entscheidung bei Schmerzensgeldansprüchen eingeschränkt hat. Eine entsprechende teleologische Reduktion dürfte also zulässig sein.

h) Hinweispflicht und Beschluss
Gem. § 406 V StPO hat das Gericht die Verfahrensbeteiligten so früh wie möglich darauf hinzuweisen, wenn es erwägt, von einer Entscheidung über den Antrag abzusehen. Aus Satz 2 folgt dann die Verpflichtung des Gerichtes, durch Beschluss von einer Entscheidung über den Antrag abzusehen, sobald es die Voraussetzungen für eine Entscheidung über den Antrag für nicht gegeben erachtet. Diese Regelung wird so ausgelegt, dass sie sich nur auf den Fall beziehen soll, in dem das Gericht ein Absehen von der Entscheidung insgesamt erwägt, also weder eine Grund- noch eine Teilentscheidung erlassen will.²⁸⁹ Diese Auffassung wird mit dem Sinn der Regelung, aus der ausdrücklichen Erwähnung des Grund- und Teilurteils in I 2 u. 5 und aus der Differenzierung in § 472 a II 1 StPO hergeleitet sowie aus dem Umstand, dass der Antragsteller bei Teilablehnung erst nach Kenntnis der abschließenden Entscheidung des Gerichtes beurteilen könne, ob und inwieweit er seine weitergehenden Ansprüche im Zivilverfahren verfolgen soll. Dies überzeugt jedoch nicht. Der Adhäsionsantragsteller kann gerade auch in den Fällen, in denen das Gericht nur einen Teil des Anspruchs zusprechen will, ein erhebliches Interesse daran haben, davon frühzeitig zu erfahren, um ggf. das Rechtsmittel des § 406 a StPO einzulegen. Dies beruht insbesondere auch auf den kostenrechtlichen Konsequenzen, die mit einem Absehen von der Entscheidung verbunden sein können. Dem entsprechend wird hier die Auffassung vertreten, dass ein entsprechender Hinweis wie nach § 139 ZPO auch dann zu erteilen ist, wenn nur teilweise von der Entscheidung abgesehen werden soll.

3. Sofortige Beschwerde gem. § 406 a I StPO
Gegen den Beschluss, mit dem nach § 406 V 2 StPO von einer Entscheidung über den Antrag abgesehen wird, ist die sofortige Beschwerde zulässig, wenn der Antrag vor Beginn der Hauptverhandlung gestellt wurde und solange keine den Rechtszug abschließende Entscheidung ergangen ist, § 406 a I StPO. Dies bedeutet, dass die sofortige Beschwerde unzulässig wird, wenn eine den Rechtszug abschließende Entscheidung ergeht. Es tritt dann prozessuale Überholung im Beschwerdeverfahren ein.²⁹⁰

4. Kostenentscheidungen
Bei jeder Absehensentscheidung ist auch eine Kostenentscheidung zu treffen. Diese richtet sich nach § 472 a Abs. 2 StPO. Für die teilweise Absehensentscheidung im Urteil kann auf Rn. 182 ff. verwiesen werden. Ergeht eine vollständige Absehensentscheidung liegt die Kostenentscheidung zwar auch im pflichtgemäßen Ermessen,

---

288 Plüür/Herbst, Das Adhäsionsverfahren, S. 100.
289 Meyer-Goßner, § 406 Rn. 14; KMR/Stöckel, § 406 Rn. 28; KK StPO/Zabeck, § 406 a Rn. 1.
290 Meyer-Goßner, § 406 a Rn. 3.

§ 472a Abs. 2 StPO. Eine vollständige Auferlegung der gerichtlichen Auslagen und notwendigen Auslagen des Antragstellers auf den Angeklagten dürfte aber selten vertretbar sein.[291] Denkbar wäre eine solche Entscheidung etwa im Falle einer Erfüllung des Anspruchs durch den Angeklagten nach Rechtshängigkeit.

Einen Orientierungsmaßstab für die Kostenentscheidung bietet der Beschluss des Verfassungsgerichtshofs des Landes Berlin vom 20.6.2014:[292] Nach dieser Entscheidung liegt ein Verstoß gegen die Unschuldsvermutung vor, wenn bei einer Einstellung nach § 153a StPO die gerichtlichen Auslagen des Adhäsionsverfahrens sowie die Auslagen des Geschädigten dem Angeklagten auferlegt werden, dies mit einer hohen Verurteilungswahrscheinlichkeit begründet wird und diese „gänzlich unbelegt" ist. Selbst die eigenen Auslagen des Angeklagten sollen diesem nur auferlegt werden dürfen, wenn er „einen nachvollziehbaren Anlass für den Adhäsionsantrag gegeben hat".

Letzteres dürfte etwa dann anzunehmen sein, wenn der Angeklagte geständig war und nach § 153a Abs. 1 Satz 2 Nr. 1 StPO zur Schadenswiedergutmachung eine Leistung an den Geschädigten erbracht hat, die zur endgültigen Einstellung des Verfahrens führt. Nach der hier vertretenen Auffassung dürfte auch sonst, wenn der Angeklagte geständig ist, eine Kostenentscheidung nach § 472a Abs. 2 StPO zu seinem Nachteil vertretbar sein, da die Verurteilungswahrscheinlichkeit dann gerade nicht „gänzlich unbelegt" ist.

5. Muster

a) Absehensentscheidung bei zivilprozessualer Unzulässigkeit

148 Folgendes Muster mag als Vorlage für einen Hinweis und entsprechenden Beschluss nach § 406 V StPO dienen:

Muster:

Beschluss

In dem Strafverfahren

gegen

wegen

ergeht folgender gerichtlicher Hinweis zum Adhäsionsverfahren:

Das Gericht erwägt, von einer Entscheidung über den Adhäsionsantrag abzusehen.

Der Adhäsionsantrag dürfte gem. § 406 I 3 StPO unzulässig sein.

Unzulässig ist die Geltendmachung eines Anspruchs im Adhäsionsverfahren insbesondere dann, wenn über den Anspruch bereits eine rechtskräftige Entscheidung ergangen ist (vgl. dazu Zöller-Vollkommer, ZPO, vor § 322 Rn. 19). Der Angeklagte hat die Ablichtung eines Versäumnisurteils vorgelegt, woraus sich ergibt, dass der Adhäsionskläger wegen der Körperverletzung vom 1.3.2006 und der daraus resultierenden Schmerzensgeldforderung bereits den Zivilrechtsweg beschritten hat. Damit ist über den Anspruch bereits eine rechts-

---

291 Aber auch nicht ausgeschlossen: vgl. etwa BGH, Beschl. v. 18.9.2012, – 3 StR 348/12 – (ohne Begründung).
292 NJW 2014, 3358.

kräftige Entscheidung ergangen und kann nicht mehr im Adhäsionsverfahren geltend gemacht werden.

Es besteht Gelegenheit zur Stellungnahme bis zum ...

Nach Ablauf der Stellungnahmefrist könnte sodann folgender Beschluss ergehen: 149

Muster:
Beschluss

In dem Strafverfahren

gegen

wegen

sieht das Gericht von einer Entscheidung über den Adhäsionsantrag des ... vom (Datum) ab.

Der Adhäsionskläger trägt die durch das Adhäsionsverfahren entstandenen besonderen Kosten sowie die notwendigen Auslagen des Angeklagten.

Gründe:

Von einer Entscheidung über den Adhäsionsantrag war gem. § 406 I 3 StPO abzusehen, da er unzulässig ist. Über den Adhäsionsantrag ist bereits eine rechtskräftige Entscheidung ergangen. Der Adhäsionskläger hat über den von ihm geltend gemachten Schmerzensgeldanspruch aus der Körperverletzung vom (Datum) bereits ein Versäumnisurteil (Az.) erwirkt. Daher kann der Anspruch nicht erneut rechtshängig gemacht werden.

Die Kostenentscheidung beruht auf § 472 a II StPO und beruht auf der Erwägung, dass der Adhäsionskläger einen unzulässigen Adhäsionsantrag erhoben hat, was auf einem Umstand beruht, der ihm zuzurechnen war.

b) Absehensentscheidung bei Einstellung des Verfahrens

Beschluss 149a

In dem Strafverfahren

gegen

wegen

sieht das Gericht von einer Entscheidung über den Adhäsionsantrag des ... vom (Datum) ab.

Die durch das Adhäsionsverfahren entstandenen gerichtlichen Auslagen trägt die Landeskasse. Die durch das Adhäsionsverfahren entstandenen notwendigen Auslagen des Adhäsionsklägers und des Angeklagten tragen diese jeweils selbst.

Gründe:

Nachdem das Strafverfahren gegen den Angeklagten nach § 153 StPO eingestellt worden ist, konnte ein Urteil gemäß § 406 Abs. 1 StPO in einem Strafverfahren gemäß § 403 StPO nicht mehr ergehen, der Antrag ist daher jetzt unzulässig.

Nach § 472 a Abs. 2 StPO waren die besonderen gerichtlichen Auslagen im Adhäsionsverfahren aus Billigkeitsgründen der Landeskasse aufzuerlegen, da die Einstellung auch aus prozessökonomischen Gründen erfolgt ist. Ihre notwendigen Auslagen hat jede Partei selbst zu tragen, da der Ausgang des gerichtlichen Verfahrens zwar offen gewesen ist, aber der Angeklagte unstreitig den Adhäsionskläger geschlagen hat und im Hinblick auf die im wesentlichen Ergebnis der Ermittlungen zutreffend zusammengefasste Beweislage von einer hohen Verurteilungswahrscheinlichkeit auszugehen ist.

c) Absehensentscheidung bei Ungeeignetheit wegen Verfahrensverzögerung

149b **Beschluss**

In dem Strafverfahren

gegen

wegen

sieht das Gericht von einer Entscheidung über den Adhäsionsantrag des ... vom (Datum) ab.

Die durch das Adhäsionsverfahren entstandenen gerichtlichen Auslagen trägt die Landeskasse. Die durch das Adhäsionsverfahren entstandenen notwendigen Auslagen des Angeklagten werden dem Adhäsionskläger auferlegt.

Gründe:

Der Adhäsionskläger begehrt mit seinem Adhäsionsantrag einen Verdienstausfallschaden in fünfstelliger Höhe. Es handelt sich um eine Haftsache, der Angeklagte ist geständig. Zur Berechnung des Verdienstausfallschadens wären komplizierte Berechnungen und eine weitere, längere Beweisaufnahme erforderlich, die für die strafrechtliche Beurteilung nicht erforderlich wäre. Der Antrag eignet sich daher gemäß § 406 Abs. 1 Satz 4 StPO nicht zur Erledigung im Strafverfahren.

Nach § 472 a Abs. 2 StPO waren die besonderen gerichtlichen Auslagen im Adhäsionsverfahren aus Billigkeitsgründen der Landeskasse aufzuerlegen, da von einer Entscheidung auch aus prozessökonomischen Gründen abgesehen worden ist. Dies war für den Antragsteller jedoch vorhersehbar, da es sich um eine Haftsache handelt und der Angeklagte die Höhe des Schadens vor dem Verfahren bereits bestritten hatte. Daher waren dem Antragsteller auch die notwendigen Auslagen des Angeklagten aufzuerlegen.

VIII. Die Adhäsionsentscheidung im Urteil
1. Rubrum bei Geheimhaltungsinteresse

150 Nach § 275 III StPO sind u.a. auch die Personen die an der Sitzung teilgenommen haben, in das Urteil aufzunehmen. In dem Urteilskopf (Rubrum) sind mithin die Namen der Mitwirkenden aufzuführen. Hierhin gehört also auch der Adhäsionskläger, soweit er erschienen ist bzw. und/oder sein Vertreter, und zwar bei der Auflistung der Personen, die an der Sitzung/Hauptverhandlung teilgenommen haben.[293]

Das Rubrum könnte etwa wie folgt lauten:

Muster: Rubrum

Amtsgericht/Landgericht

Az.: ...

Im Namen des Volkes

Urteil

---

[293] Meyer-Goßner, § 275 Rn. 26.

VIII. Die Adhäsionsentscheidung im Urteil

In der Strafsache

gegen ...
        geb. am ...,
        wohnhaft in ...
        ...
Verteidiger: Rechtsanwalt/in ...,
wegen   Körperverletzung u.a.

hat das Amtsgericht/Landgericht ...
in der öffentlichen Sitzung am ...
an der teilgenommen haben
Richter/in ... als Strafrichter/in,
Oberstaatsanwalt/in/Staatsanwalt/in ... als Vertreter/in der Anklagebehörde,
Rechtsanwalt/in ... als Verteidiger/in,
... als Urkundsbeamter der Geschäftsstelle sowie
als Neben- und Adhäsionskläger Name, wohnhaft ..., ... mit Nebenklägervertreter/in ... aus
...

für Recht erkannt:

...

Zu beachten ist, dass der Adhäsionskläger bei (teilweisem) Erfolg seines Adhäsionsantrages einen Titel erhält, der vollstreckbar sein muss. Deshalb sind zusätzlich die §§ 313, 750 ZPO zu beachten. § 313 I Nr. 1 ZPO schreibt daher für das zivilrechtliche Urteil die Bezeichnung der Parteien, ihrer gesetzlichen Vertreter und der Prozessbevollmächtigten vor. Nach § 750 I ZPO darf die Zwangsvollstreckung nur beginnen, wenn Gläubiger und Schuldner in dem Urteil oder in der ihm beigefügten Vollstreckungsklausel namentlich bezeichnet sind. Der Vollstreckungstitel muss nämlich vollstreckungsfähig sein, dh mit genügender Bestimmtheit Inhalt und Umfang sowie die Parteien der Zwangsvollstreckung festlegen. Dementsprechend müssen die Parteien – hier also der Adhäsionskläger – (Gläubiger) und der Angeklagte (Schuldner) – im Titel selbst oder in der Vollstreckungsklausel aufgeführt sein. Grundsätzlich geschieht dies dadurch, dass der Adhäsionskläger nicht nur mit seinem Namen, sondern auch mit seiner Adresse genannt wird. Dies bedeutet: der Familienname, Vorname, Wohnort mit Straße und Hausnummer sind zu nennen.2 Soweit der Adhäsionskläger aber ein besonderes Interesse an der Geheimhaltung seiner Anschrift hat, z.B. bei Stalking-Fällen oder im Bereich organisierter Kriminalität, kann von der Angabe der Anschrift des Adhäsionsklägers abgesehen werden. Die Bezeichnung der Person muss nur so genau sein, dass die Identität eindeutig festgestellt werden kann.[294] Die Identität kann z.B. dadurch zum Ausdruck gebracht werden, dass das Geburtsdatum und der Geburtsort des Adhäsionsklägers mit aufgenommen wird oder auch dadurch, dass dieser seine Arbeitsstelle[295] angibt.

---

[294] Thomas/Putzo-Seiler, § 750 Rn. 3.
[295] BGH Urteil v. 31.10.2000, – VI ZR 198/99.

2. Zahlungsurteil

Da im Adhäsionsverfahren nur vermögensrechtliche Ansprüche gegen den Beschuldigten geltend gemacht werden können, wird idR – soweit der Antrag nach dem Ergebnis der Hauptverhandlung begründet ist – ein Zahlungsurteil ergehen. Diese Entscheidung wird gemäß § 406 I 1 StPO im Strafurteil mit getroffen. Sie muss den Antragsteller, dem der Anspruch zugesprochen wird, benennen, klar zum Ausdruck bringen, zu welcher Leistung der Angeklagte verpflichtet wird und hierzu die tatsächliche Anspruchsgrundlage und die zivilrechtlichen Normen angeben[296] (anderer Ansicht KK-Zabeck § 406 Rn. 2).

Der Angeklagte wird also in der Regel zur Zahlung von Schadensersatz und/oder Schmerzensgeld verurteilt werden.

Die Kostenentscheidung richtet sich nach § 472 a StPO. Sie ist ebenfalls im Urteil mit zu treffen (s. Rn. 179 ff.).

Die Adhäsionsentscheidung ist weiter zur Hauptsache (nicht hinsichtlich der Kosten) für vorläufig vollstreckbar zu erklären (vgl. hierzu Rn. 189 ff.).

152 **Muster: Grundtypen von Hauptsacheentscheidungen bei Zahlungsurteilen**

Beispiel 1: Normalfall – Zahlungsanspruch des Adhäsionsklägers hat in vollem Umfang Erfolg

1. Strafrechtliche Verurteilung des Angeklagten
2. Der Angeklagte wird verurteilt, an den Adhäsionskläger 5.000 EUR nebst Zinsen hieraus in Höhe von 5 Prozentpunkten über dem Basiszinssatz seit dem 3.4.2015 zu zahlen.
3. Der Angeklagte hat die Kosten des Verfahrens sowie die durch das Adhäsionsverfahren entstandenen besonderen Kosten und die dem Adhäsionskläger entstandenen notwendigen Auslagen zu tragen [§§ 465, 472 a I StPO].
4. Das Urteil ist im Zahlungsausspruch für den Adhäsionskläger gegen Sicherheitsleistung in Höhe von 110 % des gegen den Angeklagten zu vollstreckenden Betrages vorläufig vollstreckbar [§ 709 S 1 ZPO].

Beispiel 2: Verurteilung abzgl. einer Teilzahlung gemäß Antrag

1. Strafrechtliche Verurteilung des Angeklagten
2. Der Angeklagte wird verurteilt, an den Kläger 1.000 EUR nebst Zinsen hieraus in Höhe von 5%-Punkten über dem Basiszinssatz. seit dem 3.4.2015 abzüglich am 11.5 2014 gezahlter 500 EUR zu zahlen.
3. Der Angeklagte hat die Kosten des Verfahrens sowie die durch das Adhäsionsverfahren entstandenen besonderen Kosten und die dem Adhäsionskläger entstandenen notwendigen Auslagen zu tragen [§§ 465, 472 a I StPO].
4. Das Urteil ist im Zahlungsausspruch für den Adhäsionskläger vorläufig vollstreckbar. Der Angeklagte darf die Vollstreckung durch Sicherheitsleistung in Höhe von 110 % des gegen den Angeklagten aus Ziffer (2) des Urteils zu vollstreckenden Betrages abwenden, wenn nicht der Adhäsionskläger vor der Vollstreckung Sicherheit in gleicher Höhe leistet [§§ 708 Nr. 11, 711 ZPO].

---

296 KMR/Stöckel, § 406, Rn 2, 3 m.w.N.

VIII. Die Adhäsionsentscheidung im Urteil

Beispiel 3: Herausgabe eines Pkw gemäß Antrag.
1. Strafrechtliche Verurteilung des Angeklagten
2. Der Angeklagte wird verurteilt, an den Adhäsionskläger den Pkw Marke ..., Typ ..., Baujahr ..., amtliches Kennzeichen ..., Fahrgestellnummer ... nebst dazugehörigem Kraftfahrzeugschein und Kraftfahrzeugbrief herauszugeben.
3. Der Angeklagte trägt die Kosten des Verfahrens sowie die durch das Adhäsionsverfahren entstandenen besonderen Kosten und die dem Adhäsionskläger entstandenen notwendigen Auslagen [§§ 465, 472 a I StPO].
4. Das Urteil ist für den Adhäsionskläger gegen Sicherheitsleistung in Höhe von 3.000 EUR vorläufig vollstreckbar [§ 709 S 1 u. 2 ZPO].

3. Feststellungsurteil

Nach ganz herrschender Meinung ist im Adhäsionsverfahren auch ein Feststellungsantrag zulässig, wenn der Verletzte beispielsweise seinen Schaden noch nicht beziffern kann, er aber – etwa wegen drohender Verjährung – ein rechtliches Interesse im Sinne des § 256 I ZPO an der baldigen Entscheidung zum Anspruchsgrund hat.[297] In der Regel wird der Feststellungsantrag nicht allein gestellt werden, sondern im Zusammenhang mit einem Leistungsantrag. Meistens wird der Kläger einen Antrag auf Zahlung eines Schmerzensgeldes (Leistungsantrag) mit einem Antrag auf Feststellung der Verpflichtung zum Ersatz aller weiteren Schäden, welche auf das Schadensereignis zurückgehen, verbinden. Auf diese häufig vorkommende Verbindung von Leistungsklage und Feststellungsklage wird im nächsten Abschnitt unter 4. gesondert eingegangen.

153

Muster Feststellungsurteil
1. Strafrechtliche Verurteilung des Angeklagten.
2. Es wird festgestellt, dass der Angeklagte verpflichtet ist, dem Adhäsionskläger alle infolge der Schlägerei vom 11. Mai 2015 in der Gaststätte „Zur Emsbrücke" Wiesenstraße 12 in Meppen erwachsenen materiellen und immateriellen Schäden, soweit sie nicht auf Sozialversicherungsträger übergegangen sind, zu ersetzen.
3. Der Angeklagte hat die Kosten des Verfahrens sowie die durch das Adhäsionsverfahren entstandenen besonderen Kosten und die dem Adhäsionskläger entstandenen notwendigen Auslagen zu tragen

[§ 465, 472 a I StPO].

[Ein Ausspruch zur vorläufigen Vollstreckbarkeit entfällt, weil der Feststellungstenor keinen vollstreckungsfähigen Inhalt hat].

4. Grund- und Teilurteil

§ 406 I 2 StPO eröffnet die Möglichkeit bezüglich des im Adhäsionsverfahren geltend gemachten Anspruchs ein Grundurteil (§ 304 ZPO) oder/und ein Teilurteil (§ 301 ZPO) zu erlassen. Das nach § 304 II ZPO durchzuführende Betragsverfahren überlässt die Vorschrift dem zuständigen Zivilgericht (§ 406 III 3 StPO). Diese Verzahnung mit dem zivilprozessualen Verfahren bedeutet, dass im Adhäsionsverfahren für

154

---

297 Plüür/Herbst, NJ 2005, 153.

die Zulässigkeit des Grundurteils grundsätzlich dieselben rechtlichen Voraussetzungen vorliegen müssen, die auch nach der Zivilprozessordnung gelten.[298]

Es sollen im Folgenden zunächst die Voraussetzungen und Wirkungen eines Grund- und Teilurteils dargelegt werden:

a) Grundurteil

Nach § 304 I ZPO kann das Gericht vorab über den Grund entscheiden, wenn ein Anspruch nach Grund und Betrag streitig ist und lediglich der Streit über den Anspruchsgrund entscheidungsreif ist.

aa) Voraussetzungen

155
- Anspruch auf Zahlung bezifferter Geldschuld oder auf Leistung anderer vertretbarer der Höhe nach summenmäßig bestimmter Sachen.
- Grund und Betrag müssen streitig sein.
- Der Streit über den Grund muss entscheidungsreif sein; die Höhe darf noch nicht spruchreif sein.[299]

Dieser Grundsatz (Entscheidungsreife zum Grund des Anspruchs bei fehlender Spruchreife zur Höhe) muss auch im Adhäsionsverfahren gelten.

Zum Grund gehören:
- Die Zulässigkeit der Klage (hier auch des Adhäsionsantrages)
- Alle anspruchsbegründenden Tatsachen
- Gegen den Anspruchsgrund dürfen keine berechtigten Einwendungen bestehen (Aufrechnung, Verjährung, mitwirkendes Verschulden).[300]

156 Soweit die vorgenannten Voraussetzungen für den Erlass eines Grundurteils nicht vorliegen, darf der Strafrichter dennoch ein Grundurteil erlassen, soweit das Absehen von einer Entscheidung nach § 406 I 3 – 6 StPO möglich ist. Insofern dürfte der Erlass eines Grundurteils auch dann möglich sein, wenn die Voraussetzungen des § 304 ZPO, z.B. die fehlende Spruchreife, nicht vorliegen. Der Erlass eines Grundurteils dürfte möglich sein, soweit ansonsten das Absehen von einer Entscheidung in Betracht käme.[301] Der Bundesgerichtshof hat in seinem Beschluss vom 21.8.2002[302] ausgeführt, der allg. zivilprozessuale Grundsatz – kein Grundurteil bei Entscheidungsreife – würde durch § 405 StPO (a.F.) modifiziert, falls der Tatrichter auch dann, wenn Entscheidungsreife bestehe, einen Ausspruch über den Betrag ablehnen könne, die Ablehnung der Durchführung des Betragsverfahrens stelle sich unter dem Gesichtspunkt des „ErstRecht-Schlusses" als der geringere Eingriff dar. Wenn dem Tatrichter schon erlaubt sei, bei fehlender Eignung von einer Entscheidung über den Entschädigungsantrag im Strafverfahren insgesamt abzusehen, dann könne ihm die

---

298 SK-StPO/Velten, § 406 Rn. 7.
299 Thomas/Putzo-Reichold, § 304 Rn. 2–4.
300 Thomas/Putzo-Reichold, § 304 Rn. 5–10.
301 BGH, Beschl. v. 21.8.2002, – 5 StR 291/02.
302 BGH, – 5 StR 291/02.

weniger weitgehende Ablehnung der Bestimmung nur der Anspruchshöhe nicht verwehrt werden.

Diese Ausführungen des Bundesgerichtshofes dürften – zumindest was die Geltendmachung von Schmerzensgeldansprüchen betrifft – überholt sein. Nach § 406 I 6 StPO ist das Absehen von einer Entscheidung bei vom Antragsteller geltend gemachten Schmerzensgeldansprüchen nur zulässig, soweit die Voraussetzungen des § 406 I 3 StPO vorliegen. Der Antrag muss also unzulässig oder unbegründet sein. Dementsprechend kommt jedenfalls bei Schmerzensgeldansprüchen der Erlass eines Grundurteils nur dann in Betracht, wenn die Höhe des Anspruchs noch nicht feststellbar, mithin noch nicht spruchreif ist.

157

Muster: Grundurteile

Beispiel 1: Volle Haftung des Angeklagten dem Grunde nach
1. Strafrechtliche Verurteilung des Angeklagten
2. Es wird festgestellt, dass der Adhäsionsantrag des Adhäsionsklägers dem Grunde nach gerechtfertigt ist, soweit der Anspruch nicht auf Sozialversicherungsträger oder sonstige Dritte übergegangen ist.

   Im Übrigen wird von einer Entscheidung abgesehen.[303]
3. Der Angeklagte hat die Kosten des Verfahrens und seine notwendigen Auslagen sowie die notwendigen Auslagen des Nebenklägers zu tragen. Die Entscheidung über die durch den Adhäsionsantrag angefallenen Kosten und Auslagen bleibt dem Schlussurteil des Zivilgerichts vorbehalten. [§ 465, 472 a II StPO, vgl. hierzu Ziff. 7 e dieses Abschnitts – Kosten]

[Ein Ausspruch zu vorläufigen Vollstreckbarkeit entfällt, da kein vollstreckungsfähiger Inhalt vorliegt.]

Beispiel 2: Mithaftung des Verletzten
1. Strafrechtliche Verurteilung des Angeklagten.
2. Der Adhäsionsantrag ist dem Grunde nach zur Hälfte (zu einem Drittel) gerechtfertigt, soweit der Anspruch nicht auf Sozialversicherungsträger oder sonstige Dritte übergegangen ist.

   Im Übrigen wird von einer Entscheidung abgesehen.
3. Der Angeklagte hat die Kosten des Verfahrens und seine notwendigen Auslagen sowie die Auslagen des Nebenklägers zu tragen. Die Entscheidung über die durch den Adhäsionsantrag entstandenen besonderen Kosten und den dem Adhäsionskläger und dem Angeklagten wegen des Adhäsionsantrages entstandenen notwendigen Auslagen bleibt dem zivilgerichtlichen Schlussurteil vorbehalten. [§ 472 a II StPO]

[Der Ausspruch zur vorläufigen Vollstreckbarkeit entfällt, da die Entscheidung in Ziff. 2. des Urteils keinen vollstreckungsfähigen Inhalt hat.]

§ 254 BGB ist im Grundverfahren in der Weise zu berücksichtigen, dass der Grund des Anspruchs nur zu einer bestimmten Quote zugesprochen wird; dies gilt auch bei der Entscheidung nach § 406 I 2 StPO.[304] Geht das Gericht auf die Frage des mitwir-

---

[303] Eine Absehensentscheidung ist nach der Rspr. des BGH notwendig: BGH Urteil vom 23. Juli 2015 Az. 3 StR 470/14.
[304] Zöller/Vollkommer, § 304 Rn. 8.

kenden Verschuldens im rechtskräftigen Grundurteil überhaupt nicht ein, ist es nach § 318 ZPO gehindert, es im weiteren Verlauf des Rechtsstreits zu berücksichtigen.[305]

bb) Wirkung des Grundurteils

158 Dem Grundurteil kommt die Bindungswirkung des § 318 ZPO zu. Das Zivilgericht, das über die Höhe des Anspruchs des Verletzten zu entscheiden hat, ist an das strafgerichtliche Urteil über den Grund gebunden. Bindend ist auch die rechtliche Einordnung. Der Umfang der Bindungswirkung richtet sich danach, worüber das Strafgericht wirklich entschieden hat, was durch Auslegung von Urteilsformel und Entscheidungsgründen zu ermitteln ist.[306] Gegenstand des Betragsverfahrens ist mithin die Höhe des Anspruchs. Einwendungen, die den Grund des Anspruchs betreffen, sind im Betragsverfahren ausgeschlossen. Zu berücksichtigen sind allerdings Einwendungen, die erst nach Schluss der mündlichen Verhandlung über den Grund entstanden sind.[307]

b) Teilurteil

159 Das Teilurteil gemäß § 301 ZPO ist ein Endurteil über einen Teil des Streitgegenstandes. Es ist zulässig, wenn dieser Teil selbstständig zur Endentscheidung reif ist. Ein Teilurteil kommt insbesondere in Betracht bei

- kumulativer Anspruchshäufung
- einem einheitlichen Anspruch nur, wenn wegen des Restes ein Grundurteil ergeht. Damit ist die Gefahr widersprüchlicher Entscheidungen beseitigt.
- Der einheitliche Anspruch muss teilbar, der zugesprochene Teil muss quantitativ abgrenzbar und eindeutig individualisierbar sein.[308]

c) Problem: Grundurteil und unbezifferter Feststellungsantrag für die Zukunft (Schmerzensgeldansprüche)

160 Gerade im Adhäsionsverfahren, in dem der Verletzte häufig Schmerzensgeldansprüche geltend macht, entsteht die besondere Fallkonstellation, dass der Verletzte einen unbezifferten Leistungsantrag mit einem unbezifferten Feststellungsantrag verbindet. Hier stellt sich dann für den Strafrichter die Frage, ob – und wenn ja – für welchen Antrag der Erlass eines Grundurteils in Frage kommt. Wichtig ist hier zunächst, zwischen einem unbezifferten Feststellungsantrag und einem unbezifferten Zahlungsantrag zu unterscheiden.[309] Im Adhäsionsverfahren wäre dann im Übrigen gemäß § 406 I 3 StPO von einer Entscheidung abzusehen. Da der Adhäsionskläger in der Regel nur einen Mindestbetrag nennt, aber keine Obergrenze angibt, ist das Gericht in seinem Ermessen nach oben frei und an der Zuerkennung eines die Mindestsumme auch erheblich übersteigenden Betrages nicht gehindert.[310]

---

305 OLG Karlsruhe BeckRS 2011, 14155 Rn. 5.
306 Zöller/Vollkommer § 304 Rn. 20.
307 Zöller/Vollkommer, § 304 Rn. 24 m.w.N.
308 Thomas/Putzo-Reichold, § 301 Rn. 1–2 a.
309 PWW/Medicus, § 253 Rn. 2, BGH, NJW 2002, 3769.
310 BGHZ 132, 341, 352 in NJW 1996, 2425, 2427.

VIII. Die Adhäsionsentscheidung im Urteil

Ein Grundurteil bezüglich des geltend gemachten Schmerzensgeldanspruchs auf Zahlung eines in das Ermessen des Gerichts gestellten Schmerzensgeldes ist mithin – bei Vorliegen der Voraussetzungen des § 304 I ZPO (lediglich der Streit über den Anspruchsgrund ist entscheidungsreif) – zweifelsfrei zulässig. Das Prozessziel ist hier nämlich eindeutig auf Zahlung gerichtet. Ein unbezifferter Zahlungsantrag ist nämlich ein lediglich in der Höhe nicht bestimmter Leistungsantrag. Hier bleibt nur der Klageantrag, nicht aber der Anspruch selbst unbeziffert.[311]

Probleme bereitet ein unbestimmter Feststellungsantrag. Ein Grundurteil über einen unbezifferten Feststellungsantrag scheidet schon wesensmäßig aus.[312] Hier fehlt es nämlich an einem Streit zur Höhe des Anspruchs.

Nach der Rechtsprechung des Bundesgerichtshofes kommt der Erlass eines Grundurteils demnach in Betracht, wenn die Klage auch zu einem Ausspruch über die Höhe führen soll. Maßgeblich ist das Prozessziel. Ist dieses – jedenfalls auch – auf einen Zahlbetrag gerichtet, ist der Erlass eines Grundurteils möglich.[313] Hat der Kläger mit der Leistungsklage auf bezifferten Schadensersatz zugleich den Antrag auf Feststellung der Verpflichtung zum Ersatz allen weiteren Schadens verbunden, kann kein umfassendes Grundurteil ergehen; richtig ist hier der Erlass eines Grundurteils hinsichtlich der Leistungsklage und gegebenenfalls ein stattgebendes Teilendurteils hinsichtlich der Feststellungsklage.

Das für den Feststellungsantrag erforderliche Feststellungsinteresse (§ 256 ZPO) ist stets vom Gericht zu prüfen, selbst dann, wenn der Angeklagte den Feststellungsanspruch anerkannt hat.[314] Grundsätzlich muss das Gericht zum Zwecke der einheitlichen Bemessung und Abgeltung eine Prognose über die künftige Entwicklung treffen, deren Ergebnis in die Festsetzung des Schmerzensgeldbetrages einzufließen hat. Dies kann zu dem Ergebnis führen, dass der Kläger kein Interesse an der Feststellung der Ersatzpflicht für immaterielle Schäden hat. Ein Feststellungsinteresse ist dann zu bejahen, wenn in Zukunft Spätfolgen der Verletzungen des Klägers nicht ausgeschlossen werden können. Besteht die Möglichkeit eines weiteren Schadenseintritts, so reicht dies für das nach § 256 ZPO erforderliche Feststellungsinteresse grundsätzlich aus.[315]

Mithin ist der Erlass eines Grundurteils möglich, wenn der Adhäsionskläger einen Leistungsantrag mit einem Feststellungsantrag kombiniert: Der Adhäsionskläger kann den Antrag auf Zahlung eines angemessenen, in das Ermessen des Gerichts gestellten Schmerzensgeldes verbinden mit einem Antrag auf Feststellung, dass der Angeklagte verpflichtet ist, dem Adhäsionskläger alle aus dem Vorfall vom ... künftig noch entstehende Schäden zu ersetzen, soweit dieser Anspruch nicht auf Sozialversicherungsträger oder sonstige Dritte (z. B nach VVG oder § 6 EntgeltFortZG) übergegangen ist. Dann kann bzgl. des Klageantrags zu 1) (Zahlung von Schmerzensgeld)

---

311 BGH, Beschl. v. 21.8.2002, – 5 StR 291/02.
312 BGH, NJW 2000, 1572.
313 BGH, Beschl. v. 21.8.2002, – 5 StR 291/02 –.
314 BGH NJW 2001, 3414.
315 BGH NJW 2001, 3414, 3415 mit Hinweis auf BGH NJW 2001, 1431.

ein Grundurteil und bzgl. des Klageantrags zu 2) (Feststellungsantrag) ein Endurteil ergehen. In diesem Fall fließen nämlich beide Klageziele, wenn nur über den Grund über eine Haftung für Schmerzensgeld entschieden werden soll, in das dann zu erlassende Grundurteil ein.

Die Entscheidung über einen Feststellungsantrag ist im Adhäsionsverfahren neben einem auf demselben tatsächlichen Vorgang beruhenden Grundurteil über Schmerzensgeld geboten, um ein unzulässiges Teilurteil wegen der Gefahr einander widersprechender Entscheidungen zu vermeiden. Weil im Betragsverfahren vom Zivilgericht auf Antrag des Adhäsionsklägers ein Schmerzensgeld festgesetzt werden wird, das nicht nur die bereits eingetretenen und erkennbaren, sondern auch alle im Entscheidungszeitpunkt objektiv vorhersehbaren zukünftigen Folgen abdeckt, erfasst der Feststellungsanspruch lediglich die nicht vorhersehbaren, aber möglichen immateriellen Verletzungsfolgen.[316] Der Feststellungsausspruch muss daher im Adhäsionsverfahren auf die weiteren immateriellen Schäden beschränkt werden.[317]

d) Problem: Mitverschulden und Grundurteil/Feststellungsurteil

161 Schmerzensgeld ist grundsätzlich gemäß § 253 II BGB nach Billigkeitsgesichtspunkten zu bestimmen. Im Rahmen der Entschädigungsfestsetzung ist ein mitwirkendes Verschulden des Geschädigten zu berücksichtigen. Eine Quotierung im Urteilstenor erfolgt grundsätzlich nicht, weil ein etwaiges Mitverschulden lediglich als ein Gesichtspunkt in die umfassende Billigkeitsabwägung einfließt. Das Mitverschulden findet im Rahmen der Bemessung der Höhe des Schmerzensgeldes Berücksichtigung, ohne dass es dazu eines ausdrücklichen Ausspruchs im Tenor bedarf.

Eine Ausnahme hiervon wird jedoch dann zugelassen, wenn durch Grundurteil entschieden wird. Hier fehlt es nämlich an einer Feststellung zur Höhe des Schmerzensgeldes im Tenor, so dass das Mitverschulden im Tenor – ohne gesonderten Ausspruch – nicht berücksichtigt werden kann. Soweit also im Grundurteil über einen unbezifferten Feststellungsantrag entschieden wird, ist es so, dass die Festlegung des Mitverursachungsanteils nicht dem für das Betragsverfahren zuständigen Zivilgericht übertragen werden darf.[318] Dies gilt insbesondere für den Schmerzensgeldanspruch, der in seiner Höhe ganz wesentlich durch die Vorgeschichte der Verletzungshandlung und die Persönlichkeitsstruktur der an der Auseinandersetzung beteiligten Personen beeinflusst wird. Schon aus Gründen der Prozessökonomie wird deshalb die für das Grundurteil notwendige Aufklärung des Tathergangs auch zu einer Bewertung der Verantwortlichkeitsbereiche führen müssen. Die eingehende Untersuchung der Tat durch das Strafgericht, die nach § 244 II StPO auf alle für die Entscheidung bedeutsamen Beweismittel zu erstrecken ist, bietet dafür eine optimale Tatsachengrundlage. Eine Verteilung von Verschuldens- und Mitverschuldensanteilen kann deshalb am sinnvollsten hier wahrgenommen werden. Alle in Betracht kommenden Bemessungselemente sind deshalb auch im Adhäsionsverfahren für die Bestimmung des Mitver-

---

316 OLG Braunschweig, Beschluss vom 28.5.2013 – 1 Ss14/13 amtlicher Leitsatz, BeckRS 2014, 07758.
317 OLG Braunschweig, BeckRS 2014, 07758, S. 3.
318 OLG Karlsruhe, Beschluss vom 26.5.2011, BeckRS 2011, 14155 Rn. 5.

schuldens mit heranzuziehen.[319] Geht das Strafgericht auf die Frage des mitwirkenden Verschuldens im rechtskräftigen Grundurteil nicht ein, ist das nachfolgende Zivilgericht nach §§ 406 Abs. 3 S. 1 StPO, 318 ZPO gehindert ein mitwirkendes Verschulden bei der Schmerzensgeldbemessung zu berücksichtigen. Eine Berücksichtigung wäre nur dann noch möglich, wenn das Strafgericht – möglichst im Tenor – die Berücksichtigung des Einwands des Mitverschuldens ausdrücklich dem Zivilgericht vorbehalten hätte.

Möglich wäre nach der Rechtsprechung des Bundesgerichtshofes mithin nachfolgende Tenorierung:

Muster: Grund- und Teilurteil – Schmerzensgeld- und Zukunftsschaden –
1. Strafrechtliche Verurteilung des Angeklagten
2. Die Klage ist hinsichtlich des Klageantrages zu 1. dem Grunde nach unter Berücksichtigung eines Mitverschuldens des Adhäsionsklägers von 1/4 gerechtfertigt.
3. Es wird festgestellt, dass der Angeklagte verpflichtet ist, dem Adhäsionskläger künftig noch aus dem Vorfall vom 1.1.2015 entstehende immaterielle Schäden nach einer Haftungsquote von fb zu fj zulasten des Angeklagten zu ersetzen, soweit der Anspruch nicht auf Sozialversicherungsträger oder sonstige Dritte übergegangen ist.
   Im Übrigen wird von einer Entscheidung abgesehen.
4. Der Angeklagte trägt die Kosten des Verfahrens, die notwendigen Auslagen des Nebenklägers und seine notwendigen Auslagen. Die Entscheidung über die durch den Adhäsionsantrag des Adhäsionsklägers angefallenen Kosten und Auslagen bleibt dem Schlussurteil vorbehalten.

[Ein Ausspruch zur vorläufigen Vollstreckbarkeit entfällt, da die Entscheidung keinen vollstreckungsfähigen Inhalt hat].

5. Anerkenntnisurteil

a) Voraussetzungen für den Erlass eines Anerkenntnisurteils und Tenorierung

Durch das am 1.9.2004 in Kraft getretene OpferRRG wurde gem. § 406 II StPO der Erlass eines Anerkenntnisurteils – in Anlehnung an § 307 ZPO – ermöglicht. Damit ist die frühere Rechtsprechung des Bundesgerichtshofes überholt, wonach im Adhäsionsverfahren der Erlass eines Anerkenntnisurteils als unzulässig angesehen wurde.[320]

Soweit der Angeklagte den im Adhäsionsverfahren geltend gemachten Anspruch anerkennt, ist er dem Anerkenntnis gemäß zu verurteilen, § 406 II StPO. Zu prüfen hat der Strafrichter lediglich die Prozessvoraussetzungen, im Strafverfahren also die Zulässigkeit des Adhäsionsantrages; nicht dagegen die Schlüssigkeit und Begründetheit der mit dem Adhäsionsantrag geltend gemachten Schadensersatz- und/oder Schmerzensgeldklage.[321] Auch der Erlass eines Teilanerkenntnisurteils über einen selbstständig anerkannten Teil des Streitgegenstandes ist bereits nach dem Gesetzeswortlaut möglich. Es bestehen auch keine Bedenken, wenn ein im Adhäsionsverfahren geltend

---

319 BGH, Beschl. v. 21.8.2002, – 5 StR 291/02 –, S. 3 mit Hinweis auf BGH, NJW 1997, 3176 f. und BGH, VersR 1970, 624, 625.
320 BGH, NStZ 1991, 198.
321 Thomas/Putzo-Reichold, § 307 Rn. 10.

gemachter Anspruch durch Anerkenntnis dem Grunde nach außer Streit gestellt wird (Anerkenntnis-Grundurteil).[322]

Wegen des Rubrums, des Tenors und der Kosten besteht kein Unterschied zu einem streitigen Urteil. Insbesondere die Kosten des anerkannten Teils sind dem Angeklagten aufzuerlegen, da er verurteilt wird, § 472 a I StPO. Die Kostenregelung des § 472 a StPO ist abschließend. Für eine analoge Anwendung des § 93 ZPO (sofortiges Anerkenntnis) ist daher kein Raum. Eines Antrages eines Adhäsionsklägers auf Erlass eines Anerkenntnisurteils bedarf es nicht. Der Adhäsionskläger hat – genauso wie im Zivilprozess der Kläger – keinen Anspruch auf eine streitige Entscheidung. Ein Anerkenntnisurteil kann ohne Antrag des Klägers erlassen werden.[323]

Das Anerkenntnisurteil ist nach § 708 Nr. 1 ZPO immer ohne Sicherheitsleistung für vorläufig vollstreckbar zu erklären; eine Abwendungsbefugnis nach § 711 ZPO ist nicht zugunsten des Angeklagten auszusprechen.

In den Entscheidungsgründen reicht der Hinweis, dass der Angeklagte gemäß dem Anerkenntnis zu verurteilen war (§ 313 b I ZPO entsprechend). Einer weiteren Begründung der Entscheidung bedarf es nicht.[324]

Fraglich ist ob das Anerkenntnisurteil in entsprechender Anwendung des § 313 b I ZPO als solches bezeichnet werden muss. Dies dürfte im Ergebnis zu verneinen sein. Das Anerkenntnisurteil ergeht im Strafverfahren. Im Strafverfahren ist das Urteil nach §§ 260, 267, 268, 275 StPO abzufassen. Hierbei bleibt es. Das Strafurteil ist gem. § 268 I StPO im Namen des Volkes zu verkünden. Es gelten die Formvorschriften der Strafprozessordnung und nicht die der Zivilprozessordnung; auch gegen den bürgerlich rechtlichen Teil des Urteils sind nur die Rechtsmittel nach der Strafprozessordnung zulässig, § 406 a II StPO.

b) Probleme, welche im Zusammenhang mit dem Erlass eines Anerkenntnisurteils im Adhäsionsverfahren entstehen können

164 Im Schrifttum werden immer wieder Bedenken gegen den Erlass eines Anerkenntnisurteils im Strafverfahren geäußert.[325] Die Bedenken gegen den Erlass eines Anerkenntnisurteils im Strafverfahren haben letztlich ihre Ursache darin, dass das Anerkenntnisurteil Ausfluss der im Zivilverfahren geltenden Dispositionsmaxime ist, während im Strafprozess die Offizialmaxime gilt. Der Zivilprozess unterliegt der Parteiherrschaft. Dies bedeutet, die Partei bestimmt ua auch den Umfang der rechtlichen Nachprüfung durch die Sachanträge, ua auch durch ein Anerkenntnis nach § 307 ZPO. Dieses ist grundsätzlich im Strafprozess nicht möglich. Der Gang und Inhalt des Verfahrens ist der Herrschaft der Beteiligten im Strafprozess weitgehend entzogen.

---

322 Zöller/Vollkommer, § 307 Rn. 7.
323 Thomas/Putzo-Reichold, § 307 Rn. 11.
324 BGH, Beschluss vom 21.1.2014 – 2 StR 434/13, BeckRS 2014, 07956 Rn. 12.
325 Hilger, Berichte über das Opferrechtsreformgesetz, GA 2004, 478 ff., S. 485, Neuhaus, Das Opferrechtsreformgesetz 2004, StV 2004, 620 ff., 626.

aa) Anerkenntnis als Geständnis des Angeklagten?

Für den Strafrichter kann sich somit die Frage stellen, ob das Anerkenntnis des Angeklagten ein Geständnis der ihm zur Last gelegten Tat darstellt. Dies ist im Ergebnis zu verneinen. Sowohl das Anerkenntnis als auch das Geständnis sind Prozesshandlungen. Das Anerkenntnis bezieht sich auf den geltend gemachten prozessualen Anspruch, es nimmt dem Gericht die rechtliche Prüfung des Anspruchs ab.[326] Das Geständnis bezieht sich auf Tatsachen – es nimmt dem Gericht im Zivilprozess die Prüfung der Wahrheit einer Behauptung ab (§ 288 ZPO). Im Strafprozess unterliegt das Geständnis dem Grundsatz der freien Beweiswürdigung. Das Anerkenntnisurteil im Adhäsionsverfahren bezieht sich – so wie im Zivilprozess – nur auf den geltend gemachten prozessualen Anspruch im Adhäsionsverfahren, hat also keinesfalls zur Folge, dass die dem Angeklagten zur Last gelegte Tathandlung als zugestanden gilt.[327]

165

In der Regel wird das Anerkenntnis des geltend gemachten Adhäsionsantrages allerdings damit einhergehen, dass der Angeklagte wenigstens einen Teil der ihm zur Last gelegten Taten einräumen wird, wobei diese bereits die Tatbestandsmerkmale der §§ 823, 253 II BGB erfüllen. Möglicherweise räumt der Angeklagte ein, die Tatbestandsmerkmale nach § 823 I BGB erfüllt zu haben, nicht aber die der gefährlichen Körperverletzung gem. § 224 StGB. Insofern wäre hierüber trotz des Anerkenntnisses des mit dem Adhäsionsantrag geltend gemachten Anspruchs Beweis zu erheben. In Bezug auf die strafrechtliche Verurteilung des Angeklagten bleibt es bei dem Grundsatz der Amtsaufklärung sowie der freien Beweiswürdigung (§§ 244 II, 262 StPO). Nur in Bezug auf die Anerkennung des Adhäsionsantrages wird dem Gericht – ohne jedes Ermessen – auferlegt, den Angeklagten nach dem Anerkenntnis zu verurteilen. Da im Falle des Anerkenntnisses die Schlüssigkeit und Begründetheit des geltend gemachten Schadensersatz- und/oder Schmerzensgeldanspruchs durch das Gericht nicht geprüft wird, ist der Angeklagte bei Vorliegen der prozessualen Voraussetzungen dem Anerkenntnis gemäß zu verurteilen. Bezüglich der ihm zur Last gelegten Tat ist, soweit der Angeklagte den Tatvorwurf nicht eingestanden hat, Beweis zu erheben. In ein Geständnis bezüglich des Tatvorwurfs kann ein Anerkenntnis nicht umgedeutet oder ausgelegt werden. Etwas anderes gilt auch dann nicht, wenn der Angeklagte den geltend gemachten Schmerzensgeld- oder Schadensersatzanspruch nur „dem Grunde nach" anerkennt.

166

bb) Verhältnis § 406 I 1 und 3 StPO zu § 406 II StPO – isoliertes Anerkenntnisurteil –

Weitere Bedenken gegen den Erlass eines Anerkenntnisurteils können sich dann ergeben, wenn der Angeklagte letztlich wegen der ihm zur Last gelegten Tat freigesprochen wird, den geltend gemachten Schadensersatz- oder Schmerzensgeldanspruch aber anerkannt hat. Hier stellt sich die Frage, ob § 406 I 1 StPO dem Erlass eines Anerkenntnisurteils entgegensteht. Bereits aus dem Gesetzeswortlaut des § 406 I 1 StPO ergibt sich aber, dass der Erlass eines Anerkenntnisurteils gem. § 406 II StPO auch dann möglich ist, wenn der Angeklagte wegen der Tat freigesprochen wird. § 406 I 1

167

---

326 Thomas/Putzo-Reichold, § 307 Rn. 1 sowie § 288 Rn. 1.
327 AA: Loos, GA 2006, 195 ff., 202.

StPO setzt eine Begründetheitsprüfung voraus. Danach gibt das Gericht dem Antrag statt, soweit der Antrag wegen der Straftat, wegen derer der Angeklagte schuldig gesprochen oder gegen ihn eine Maßregel der Besserung oder Sicherung angeordnet wird, begründet ist. Im Fall des Anerkenntnisurteils findet gerade keine Begründetheitsprüfung statt. Hieraus folgt, dass beide Vorschriften unabhängig voneinander unterschiedliche Fallgestaltungen regeln. Dies bedeutet, dass im Falle des Anerkenntnisses § 406 I 1 StPO nicht zur Anwendung kommt. Dasselbe gilt für § 406 I 3 StPO. Im Falle des Anerkenntnisses prüft das Gericht die Begründetheit des mit dem Adhäsionsantrag geltend gemachten Anspruches gerade nicht. Die strafrechtliche Beurteilung des Sachverhalts ist daher bei einem Anerkenntnis des Adhäsionsanspruchs – als Ausdruck der im Zivilprozess geltenden Dispositionsmaxime – regelmäßig ohne Bedeutung.[328]

cc) Strafrahmenverschiebung aufgrund eines Anerkenntnisses

167a Die Voraussetzungen des § 46 a Nr. 1 StGB sind allein deshalb, weil der Angeklagte, den im Adhäsionsverfahren geltend gemachten Schadensersatz- und/oder Schmerzensgeldanspruch anerkannt hat, nicht zu erörtern. Allein eine solche prozessuale Erklärung legt eine solche Strafrahmenverschiebung nicht nahe. Allein die Annahme eines Schmerzensgeldangebotes ist – zumindest bei einem schwerwiegenden Sexualdelikt – noch kein ausreichendes Indiz dafür, das Opfer wolle sich damit auch auf den nach § 46 a Nr. 1 StGB erforderlichen kommunikativen, auf umfassenden, friedensstiftenden Ausgleich der Tatfolgen angelegten Prozess mit dem Täter einlassen.[329] In einem solchen Fall findet das Anerkenntnis im Rahmen des § 46 StGB Berücksichtigung. Insofern kann sich das Anerkenntnis strafmildernd auswirken, soweit es mit einem reumütigen Geständnis und einer Entschuldigung einhergegangen ist.

dd) Das Anerkenntnis in der Rechtsmittelinstanz

168 Schließlich stellt sich die Frage, unter welchen Voraussetzungen die Verurteilung des Angeklagten zur Zahlung von Schadensersatz und/oder Schmerzensgeld aufgrund eines von ihm erklärten Anerkenntnisses im Adhäsionsverfahren wieder aufgehoben werden kann. Die einschlägige Vorschrift hierzu ist § 406 a II StPO. Danach kann der Angeklagte das Urteil nur mit den Rechtsmitteln der Strafprozessordnung anfechten, wobei die Anfechtung insgesamt oder unter Beschränkung auf den strafrechtlichen oder den ihn beschwerenden bürgerlich-rechtlichen Teil erfolgen kann.[330] Diese Vorschrift gilt auch für das im Adhäsionsverfahren ergangene Anerkenntnisurteil. In diesem Zusammenhang ist zu bedenken, dass es sich bei dem Anerkenntnis um eine grundsätzlich unwiderrufliche Prozesshandlung handelt. Anfechtung und Kondiktion des Anerkenntnisses sind nicht möglich.[331] Ein Anerkenntnis kann nach ständiger Rechtsprechung des Bundesgerichtshofes nur widerrufen werden, wenn es von einem Restitutionsgrund im Sinne des § 580 ZPO betroffen ist, aufgrund dessen das Urteil,

---

328 BGH Beschluss vom 21.1.2014 – 2 StR 434/13, BeckRS 2014, 07956 mit Hinweis auf AG Berlin-Tiergarten, NStZ-RR 2011, 383.
329 BGH, Urteil vom 3.11.2011 – 3 StR 267/11, BeckRS 2011, 26780, Rn. 2.
330 Meyer/Goßner, § 406 a Rn. 5.
331 Thomas/Putzo-Reichold, § 307 Rn. 8, Zöller/Vollkommer, Vor 306 Rn. 6.

das auf dem Anerkenntnis beruht, mit der Wiederaufnahmeklage beseitigt werden könnte.[332] In der Literatur wird auch die Meinung vertreten, dass ein Anerkenntnis widerrufen werden kann, wenn die Voraussetzungen einer Abänderungsklage nach § 323 ZPO vorliegen.[333]

Teilweise wird in der Rechtsprechung und Literatur die Auffassung vertreten, § 406 a III StPO käme dann zur Anwendung, wenn die strafrechtliche Verurteilung des Angeklagten in der Rechtsmittelinstanz aufgehoben wird. Im Falle widersprüchlicher zivil- und strafrechtlicher Entscheidungen müsse die strafrechtliche Beurteilung dem Anerkenntnis im Adhäsionsverfahren vorgehen.[334] Dieser Auffassung wird hier nicht gefolgt. Aus den bereits dargelegten Gründen (keine Begründetheitsprüfung und keine streitige Entscheidung über den Adhäsionsantrag) dürfte eine entsprechende Anwendung des § 406 a III StPO auf das Anerkenntnisurteil ausscheiden. § 406 a III StPO setzt eine streitige Entscheidung voraus. Diese liegt im Falle des Anerkenntnisurteils gerade nicht vor. Das Anerkenntnisurteil stützt sich auch nicht auf die Verurteilung wegen der Straftat, sondern steht selbstständig neben ihr. Das Anerkenntnisurteil stützt sich allein auf die Prozesshandlung, nämlich das Anerkenntnis. Aus hiesiger Sicht liegt ein Widerspruch nicht vor: Der Angeklagte, der sich in erster Instanz nicht geständig eingelassen, aber dennoch den Schmerzensgeldanspruch des Opfers anerkannt hat, war sich von Anfang an darüber im Klaren, dass das Anerkenntnis auch dann bindend ist, wenn er (nach einer Beweisaufnahme) freigesprochen wird. Hierauf hat er sich eingelassen. Der Angeklagte war bereit ein Schmerzensgeld zu zahlen, und zwar auch dann, wenn er freigesprochen wird. Ein „bedingtes Anerkenntnis" (nur für den Fall der strafrechtlichen Verurteilung) hat er nicht abgegeben. An ein wirksames Anerkenntnis ist die Partei im Zivilprozess gebunden.[335] Nichts anderes kann für ein im Strafprozess abgegebenes Anerkenntnis gelten. Genau wie im Zivilprozess ist auch im Strafprozess Grundlage des Anerkenntnisurteils der Sachantrag des Adhäsionsklägers und das Anerkenntnis des Angeklagten. Das Gericht prüft im Hinblick auf die Adhäsionsentscheidung auch nur die Wirksamkeit des Anerkenntnisses und die unverzichtbaren Prozessvoraussetzungen, nicht aber, ob der Adhäsionsantrag zulässig und begründet ist. Hieran ändert sich auch in der Rechtsmittelinstanz nichts.

Muster: Anerkenntnisurteil
1. Strafrechtliche Verurteilung des Angeklagten.
2. Der Beklagte wird verurteilt, an den Adhäsionskläger ein Schmerzensgeld in Höhe von 2.000 Euro zu zahlen.
3. Der Angeklagte trägt die Kosten des Verfahrens sowie die dem Adhäsionskläger entstandenen besonderen Kosten und notwendigen Auslagen.
4. Das Urteil ist für den Adhäsionskläger wegen des vom Angeklagten zu zahlenden Schmerzensgeldes vorläufig vollstreckbar.

---

332 BGH, NJW 1993, 1717 ff., 1719.
333 BGH, NJW 1993, 1719.
334 So Neuhaus, StV 2004, 620 ff., 626, Meyer-Goßner/Klein, § 406, Rn. 4, OLG Koblenz, Beschluss vom 9.7.2014 – 2 OLG 3 Ss 198/13, BeckRS 2014, 17571, Rn. 12.
335 Zöller-Vollkommer, § 306, Rn. 3 a.

6. Tatbestand und Entscheidungsgründe

170 Die dem Adhäsionsantrag stattgebende Entscheidung kann nur in einem Strafurteil ergehen, § 406 I 1, 2 StPO. Dies kann ein Endurteil, Anerkenntnisurteil, Grundurteil, Teilurteil oder Feststellungsurteil bzw. eine Kombination der genannten Urteilstypen sein.

Eines Tatbestandes wie in einem zivilrechtlichen Urteil bedarf es nicht. Für die Abfassung des Urteils gelten nämlich die strafprozessrechtlichen Regeln, nicht die Zivilprozessordnung. Die Urteilsgründe müssen demgemäß nach § 267 I StPO die Tatsachen angeben, die das Gericht für erwiesen erachtet.[336] Darüber hinaus sind alle weiteren Feststellungen zu treffen, die für die Entscheidung des Adhäsionsantrages notwendig sind. Dies ist insbesondere auch deshalb unumgänglich, damit eine revisionsrechtliche Überprüfung möglich ist. Ausführungen über Behauptungen und Bestreiten, Unstreitigkeit und Beweislast sind entbehrlich.[337] Entsprechend § 267 II StPO müssen zudem die angewendeten zivilrechtlichen Rechtsvorschriften angegeben werden, das heißt anspruchsbegründende und – hindernde Vorschriften. Die in § 267 I, III 1 StPO für strafrechtliche Verurteilungen normierte Begründungspflicht gilt auch für die im Strafurteil getroffene Entscheidung über zivilrechtliche Ansprüche.[338] Die Parteien sollen im Adhäsionsverfahren nicht schlechter gestellt werden als im Zivilprozess. Im Zivilprozess ist gemäß § 313 I Nr. 6 ZPO in den Entscheidungsgründen der Rechtssatz anzugeben, der die Entscheidung trägt.

Dies bedeutet: In den den Adhäsionsantrag betreffenden zusprechenden Entscheidungsgründen hat der Strafrichter darzulegen, warum die nach strafprozessualen Grundsätzen festgestellten Tatsachen die anspruchsbegründenden Voraussetzungen der zivilrechtlichen Anspruchsgrundlage ausfüllen. Hier kann auf die strafrechtliche Subsumtion verwiesen werden. Im Übrigen sind die Anspruchsvoraussetzungen, soweit sich die zivilrechtlichen Tatbestandsmerkmale von den strafrechtlichen unterscheiden bzw. über diese hinaus gehen, zu erörtern. Schließlich muss der Strafrichter sich mit etwaigen Einwendungen des Angeklagten (Aufrechnung, Zurückbehaltungsrecht etc.) auseinandersetzen.

171 Da in der Praxis die revisionsfeste Begründung von Schmerzensgeldansprüchen besondere Schwierigkeiten bereitet, soll im Nachfolgenden auf diese eingegangen werden:

Der Schmerzensgeldanspruch folgt auch im Rahmen des Adhäsionsverfahrens aus § 253 II BGB. Danach kann wegen einer Verletzung des Körpers, der Gesundheit, der Freiheit oder der sexuellen Selbstbestimmung wegen des Schadens, der nicht Vermögensschaden ist, eine billige Entschädigung in Geld gefordert werden. Die „Verletzung des Körpers, der Gesundheit oder Freiheit" entsprechen den gleichen Merkmalen wie in § 823 I BGB. Die „Verletzung der sexuellen Selbstbestimmung" entspricht

---

336 SK-StPO/Velten, § 406 Rn. 5.
337 Löwe-Rosenberg/Hilger, § 406 Rn. 4.
338 SK-StPO/Velten, § 406 Rn. 5; KMR-Stöckel, § 406 Rn. 3; aA Meyer-Goßner, § 406 Rn. 2.

dem neugefassten § 825 BGB. Als Anspruchsgrundlagen kommen in Betracht die §§ 823 I sowie § 823 II BGB in Verbindung mit einem Schutzgesetz.

Nach § 823 I BGB ist derjenige zum Schadensersatz verpflichtet, der vorsätzlich oder fahrlässig das Leben, den Körper, die Gesundheit, die Freiheit ... eines anderen verletzt. Danach muss der Schädiger die Verletzung verursacht haben – die Handlung muss für den Verletzungserfolg kausal gewesen sein (haftungsbegründende Kausalität); darüber hinaus muss die Handlung widerrechtlich und schuldhaft sein. Die Widerrechtlichkeit ist grundsätzlich bei Verletzung der genannten Rechtsgüter gegeben, es sei denn, es liegt ein Rechtfertigungsgrund, z.B. Notwehr (§ 227 BGB) vor. Das Verschuldenserfordernis setzt Verschuldensfähigkeit (§§ 827, 828 BGB) sowie bezüglich des Verschuldensgrades Vorsatz oder jede Art von Fahrlässigkeit (§ 276 BGB) voraus. Wichtig ist hier zu beachten, dass sich die Verschuldensfähigkeit nach §§ 827 f. BGB richtet und nicht nach der strafrechtlichen Schuldfähigkeit.

Rechtsfolge ist die Verpflichtung Schadensersatz und/oder Schmerzensgeld zahlen zu müssen. Auch bezüglich des Schadens muss ein Kausalzusammenhang zwischen Rechtsgutverletzung und Schaden gegeben sein (haftungsausfüllende Kausalität). Im Rahmen des Schadensausgleichs nach §§ 249 ff. BGB ist ein Mitverschulden des Geschädigten gem. § 254 BGB zu berücksichtigen.

Im Adhäsionsverfahren liegt als Anspruchsgrundlage § 823 II BGB in Verbindung mit einem Schutzgesetz nahe. Zu den Schutzgesetzen zählen nämlich insbesondere viele Normen des Strafrechts, insbesondere die Strafnormen über vorsätzliche und fahrlässige Tötung, §§ 211 ff. StGB, sowie die Vorschriften betreffend die Körperverletzungsdelikte, §§ 223 ff. StGB. Soweit der Angeklagte sich strafbar gemacht hat, sind die haftungsbegründende Kausalität sowie die Rechtswidrigkeit gegeben.

Zu beachten ist auch hier, dass die Verurteilung wegen eines Schmerzensgeldes auch dann in Betracht kommt, wenn eine Verurteilung in Ermangelung einer Schuldfähigkeit des Täters nicht erfolgen konnte. Die Verschuldensfähigkeit richtet sich nämlich nach den §§ 827, 828 BGB. Bei der Subsumtion des Sachverhalts unter die zivilrechtlichen Anspruchsgrundlagen ist stets zu beachten, dass das Gericht an die materiell-zivilrechtliche Beweislastverteilung gebunden ist. Damit kommt eine Übertragung des Grundsatzes „in dubio pro reo" auf das Adhäsionsverfahren nicht in Betracht, denn dies hieße letztlich zweierlei Recht im Adhäsionsverfahren und im Zivilverfahren zu praktizieren.[339] Der Angeklagte kann also nach §§ 823, 827 BGB auch dann für den Schaden verantwortlich sein, wenn er nicht beweisen kann, dass er zum Tatzeitpunkt unzurechnungsfähig war. Insoweit trägt er die Beweislast. Dies bedeutet, dass der Angeklagte auch bei Freispruch wegen nicht ausschließbarer Schuldunfähigkeit zur Zahlung eines Schmerzensgeldes an den Verletzten verurteilt werden kann.[340]

Bei der Bemessung der Höhe des Schmerzensgeldes, welche nach Billigkeitsgesichtspunkten zu bestimmen ist, sollten nachfolgende Aspekte mit in die Ermessensentscheidung einfließen:

172

---

339 SK-StPO/Velten, § 404 Rn. 12.
340 LG Berlin, NZV 2006, 389–400.

B. Das Adhäsionsverfahren in der strafrichterlichen und anwaltlichen Praxis

173 ▪ Die Doppelfunktion des Schmerzensgeldes
- Das Schmerzensgeld hat nach der Rechtsprechung des Bundesgerichtshofes eine doppelte Funktion.[341] Der Verletzte soll einen Ausgleich für erlittene Schmerzen und Leiden erhalten (Ausgleichsfunktion). Das Schmerzensgeld soll den Verletzten in die Lage versetzen, sich Erleichterungen und Annehmlichkeiten zu verschaffen, die die erlittenen Beeinträchtigungen jedenfalls teilweise ausgleichen. Darüber hinaus soll das Schmerzensgeld dem Verletzten Genugtuung für das verschaffen, was ihm der Schädiger angetan hat (Genugtuungsfunktion). Dieser Funktion kommt bei Vorsatztaten besonderes Gewicht zu.[342] Der vorsätzliche Täter schuldet wegen der Genugtuungsfunktion auch bei unerheblichen Beeinträchtigungen Schmerzensgeld.[343]
- Im Rahmen der Ausgleichsfunktion kommt es auf die Intensität und die Dauer der erlittenen Beeinträchtigungen und Verletzungen an. Das Maß und die Dauer der Lebensbeeinträchtigung, Dauer der Schmerzen, Dauer der Behandlung und der Arbeitsunfähigkeit, die Übersehbarkeit des weiteren Krankheitsverlaufes, Fraglichkeit der endgültigen Heilung sind mögliche zu berücksichtigende Aspekte.

174 ▪ Ein mitwirkendes Verschulden des Geschädigten
- Ein mitwirkendes Verschulden des Geschädigten ist nach § 254 BGB stets zu berücksichtigen. § 254 BGB liegt der allgemeine Rechtsgedanke zugrunde, dass der Geschädigte für jeden Schaden mitverantwortlich ist, bei dessen Entstehung er in zurechenbarer Weise mitgewirkt hat. Den Geschädigten trifft ein Mitverschulden, wenn er diejenige Sorgfalt außer Acht lässt, die jedem ordentlichen und verständigen Menschen obliegt, um sich vor Schaden zu bewahren. Der Geschädigte muss die ihm in eigenen Angelegenheiten obliegende Sorgfaltspflicht vorsätzlich oder fahrlässig verletzt haben. Voraussetzung ist aber grundsätzlich Vorhersehbarkeit und Vermeidbarkeit der Schädigung. Zum Verschulden gehört Zurechnungsfähigkeit, §§ 827, 828 BGB.[344]
- Bei einem Mitverschulden des Geschädigten hängt der Umfang der Ersatzpflicht bzw. des Schmerzensgeldes, welches der Angeklagte zu zahlen hat, davon ab, inwiefern die Verletzung überwiegend von dem einen oder anderen Teil verursacht worden ist. Die Umstände des Falles sind zu würdigen und abzuwägen.[345]
- Eine Quotierung erfolgt nur im Rahmen eines Grundurteils, ansonsten fließt der Aspekt des Mitverschuldens lediglich als ein Gesichtspunkt in die umfassende Billigkeitsabwägung ein.[346]

---

341 BGH, NJW 1995, 781.
342 Palandt-Grüneberg, § 253, Rn. 4.
343 Palandt-Grüneberg, § 253, Rn. 14.
344 PalandtGrüneberg, § 254 Rn. 8-9.
345 Palandt-Grüneberg, § 254 Rn. 59, BGH, NJW 1998, 1137 [ständige Rechtsprechung].
346 BGH, NJW 2002, 3561.

- Mehrere Schädiger können als Gesamtschuldner verurteilt werden; Vorsatz oder andere nur zulasten eines Schädigers vorliegende Umstände können zu unterschiedlichen Beträgen führen.[347]
- Auf Seiten des Schädigers kann im Rahmen der Ermessensentscheidung noch ein vorsätzliches oder grob fahrlässiges Verhalten, eine bes. brutale Ausführung der Tat Berücksichtigung finden.

- Die wirtschaftlichen Verhältnisse von Täter und Opfer   175
  - Nach der bisherigen Rechtsprechung des Bundesgerichtshofes waren die wirtschaftlichen Verhältnisse von Täter und Opfer stets zu erörtern.[348] Hiervon ist der 2. Strafsenat mit seinem Vorlagebeschluss vom 8.10.2014 abgewichen.[349] Bisher hat nur der 3. Strafsenat hierzu eine Stellungnahme abgegeben.[350] Der Rechtsauffassung des 2. und 3. Strafsenats wird hier gefolgt: Danach sind die wirtschaftlichen Verhältnisse von Täter und Opfer zu erörtern, wenn sich dies nach den Feststellungen oder Umständen im Einzelfall aufdrängt. Die wirtschaftlichen Verhältnisse haben die Funktion eines Korrektivs für besonders gelagerte Fälle. Dieses Regel-Ausnahme-Verhältnis ist für die Beurteilung der tatrichterlichen Darlegungspflichten maßgebend.[351]
  - Besonders günstige oder ungünstige Vermögensverhältnisse des Verletzten sind also grundsätzlich kein Grund, das Schmerzensgeld zu erhöhen oder zu mindern.[352] Eine unterschiedliche Bewertung von körperlichen oder seelischen Leiden danach, ob der Betroffene finanziell besser oder schlechter gestellt ist, lässt sich unter dem Blickwinkel des Art. 1 Abs. 1 Satz 1 GG nicht rechtfertigen. Eine Anknüpfung an die Vermögensverhältnisse ist mit dem jeden Menschen in gleichem Maße, ohne Rücksicht auf seine Eigenschaften, seine Leistungen und sozialen Status zukommenden sozialen Wert- und Achtungsanspruch und dem jedem Menschen in gleichem Maße zustehenden Recht auf Leben, körperliche Unversehrtheit und Freiheit nicht vereinbar.[353]
  - Die Vermögens- und Einkommensverhältnisse der Beteiligten sind aber dann festzustellen, wenn das Schmerzensgeld sehr hoch ist. Die Verpflichtung zur Zahlung des zuerkannten Betrages darf für den Angeklagten keine unbillige Härte bedeuten.[354] Besteht kein Versicherungsschutz können schlechte Vermögensverhältnisse des Schädigers eine maßvolle Reduzierung des Schmerzensgeldes rechtfertigen. Allerdings darf die fehlende Leistungsfähigkeit des Schädigers vor allem bei Vorsatztaten auch nicht dazu führen, dass dem Verletzten keine oder nur eine symbolische Entschädigung zuerkannt wird.[355]

---

347 PalandtGrüneberg, § 253 Rn. 17.
348 BGHSt 44, 202; NJW 1999, 437.
349 Vorlagebeschluss der 2. Strafsenats des BGH vom 8.10.2014, BeckRS 2014, 23585.
350 BGH 3. Strafsenat, Beschluss vom 5.3.2015, BeckRS 2015, 06204.
351 BGH 3. Strafsenat, Beschluss vom 5.3.2015, BeckRS 2015, 06204, Seite 3.
352 Palandt-Grüneberg, § 253, Rn. 16 mit Hinweis auf Schlesw NJW-RR 2000, 470.
353 Vorlagebeschluss des 2. Strafsenats des BGH vom 8.10.2014 – 2 StR 337/14, BeckRS 2014, 23585.
354 BGH, Beschl. v. 14.10.1998, NJW 1999, 437.
355 Palandt-Grüneberg, § 253 Rn. 17 mit Hinweis auf Köln, VersR 2002, 56.

- Ist die Tat durch ein brutales Vorgehen mit erheblichen psychischen Folgen, die zum Abbruch der Ausbildung geführt haben, begangen worden, sind die wirtschaftlichen Verhältnisse des Schädigers sowie des Geschädigten nicht zu berücksichtigen.[356]

176 ■ Schmerzensgeld bei Tötungsdelikten
- Dem Erben des Getöteten steht ein Schmerzensgeldanspruch zu, soweit der Getötete vor dem Tod Schmerzen erlitten hat. Dies setzt voraus, dass der tödlich Verletzte zunächst noch eine nennenswerte Zeit gelebt hat.[357] Es kann dann kein eigener, sondern der vererbliche Schmerzensgeldanspruch für die vor dem Tod erlittenen Schmerzen durch den Erben geltend gemacht werden.
- Angehörigen von Opfern steht ein eigener Anspruch auf Schmerzensgeld zu, wenn sie durch den Schock eine eigene Gesundheitsbeeinträchtigung erlitten haben.[358]

177 ■ Geringfügigkeitsgrenze
- Der Anspruch auf Schmerzensgeld entfällt, wenn das Wohlbefinden des Verletzten nur kurzfristig und unerheblich beeinträchtigt worden ist, allerdings – wegen der Genugtuungsfunktion – nicht bei Vorsatztaten.
- Unerhebliche Beeinträchtigungen sind in der Regel geringfügige Platz- und Schürfwunden,[359] Schleimhautreizungen,[360] leichte Prellungen und Blutergüsse, kurze Freiheitsentziehungen.[361]

178 ■ Feststellungsanspruch
- Ein Feststellungsanspruch ist begründet, dh das Feststellungsinteresse ist zu bejahen, wenn die Entstehung eines zukünftigen materiellen und immateriellen Schadens möglich ist und der Schaden insoweit noch nicht anschließend beziffert werden kann. Für die Bejahung des Feststellungsinteresses genügt drohende Verjährung; wenn ein Schaden durch die schädigende Handlung bereits entstanden ist, die bloße, auch nur entfernte Möglichkeit künftiger, weiterer Folgeschäden.[362] Am erforderlichen Feststellungsinteresse fehlt es, wenn der Adhäsionskläger weder geltend macht, noch sonst aus seinem Vortrag ersichtlich ist, welche Schäden bereits entstanden sein könnten und warum er nicht in der Lage ist, diese Schäden schon jetzt zu beziffern.[363]

---

356 BGH, Beschluss vom 11.5.2015, NStZ-RR 2015, 319.
357 PWW-Medicus,/Luckey § 253 Rn. 17.
358 Palandt-Grüneberg, § 253 Rn. 11.
359 BGH, NJW 1993, 2173–2175.
360 BGH, NJW 1992, 1043.
361 Palandt-Grüneberg, § 253 Rn. 14.
362 Thomas/Putzo-Reichold, § 256 Rn. 14.
363 BGH, 4. Strafsenat, Beschluss vom 5.5.2015 – 4 StR 605/14, BeckRS 2015, 09886.

7. Kosten

Die Kostentragungspflicht regelt § 472 a StPO.

Die Rechtsfolgen des § 472 a I und II StPO sind in der Entscheidung, also in der Regel im Urteil besonders auszusprechen; im Fall der Ermessensentscheidung nach Rücknahme des Antrages gem. § 472 a II 1 i.V.m. § 404 IV StPO durch selbstständigen Beschluss.

a) § 472 a I StPO

Hat der Verletzte mit seinem Adhäsionsantrag in vollem Umfang Erfolg, so hat der Angeklagte die durch den Adhäsionsantrag entstandenen besonderen Kosten und die notwendigen Auslagen des Verletzten zu tragen. Die besonderen Verfahrenskosten folgen aus § 472 a I StPO iVm Nr. 3700 KV GKG. Die Gebühr Nr. 3700 KV GKG wird mit einem Satz von 1,0 nach dem Wert des durch das Gericht zuerkannten Betrages erhoben. Die notwendigen Auslagen ergeben sich aus §§ 464 a II StPO iVm Nr. 4143, VV RVG..

Zu beachten ist, dass ein voller Erfolg des Adhäsionsantrages bereits dann nicht mehr gegeben ist, wenn statt eines begehrten Leistungsurteils nur ein Feststellungs- /oder Teilurteil ergeht. Soweit also das Urteil hinter dem Antrag des Adhäsionsklägers zurückbleibt und das Urteil dementsprechend die Formulierung gem. § 406 I 3 StPO „im Übrigen wird von einer Entscheidung abgesehen" enthält, hat die Kostenentscheidung nach § 472 a II StPO zu erfolgen.[364]

Muster: Kostenentscheidung nach § 472 a I StPO
1. Strafrechtliche Verurteilung
2. Verurteilung des Angeklagten entsprechend dem Adhäsionsantrag
3. Der Angeklagte hat die Kosten des Verfahrens sowie die durch das Adhäsionsverfahren entstandenen besonderen Kosten und die dem Adhäsionskläger entstandenen notwendigen Auslagen zu tragen.
4. Ausspruch zur vorläufigen Vollstreckbarkeit: vgl. Muster Ziff. 8 dieses Abschnitts.

b) § 472 a II StPO

Soweit dem Antrag des Adhäsionsklägers nicht vollumfänglich stattgegeben wird, kommt § 472 a II StPO zur Anwendung. Zu beachten ist, dass keine Gerichtsgebühren anfallen, soweit das Gericht von einer Entscheidung abgesehen (§ 406 Abs. 1 Satz 3-5 StPO) oder der Adhäsionskläger den Antrag zurückgenommen hat.

Wird dem Antrag des Adhäsionsklägers nur zum Teil entsprochen, so entscheidet das Gericht nach pflichtgemäßem Ermessen, wer die insoweit entstandenen Auslagen des Gerichts und der Beteiligten trägt. Dies gilt auch soweit das Gericht mit einem Teilurteil oder Feststellungsurteil hinter dem Antrag des Adhäsionsklägers zurückgeblieben ist.

Soweit dem Antrag des Adhäsionsklägers nicht entsprochen wird, hat eine dementsprechende Quotelung zu erfolgen. Bei unbezifferten Klageanträgen, zB Schmerzens-

---

[364] Meyer-Goßner § 472 a, Rn. 3.

geldklagen ist zunächst der Streitwert festzusetzen. Eine Streitwertfestsetzung hat spätestens jetzt, bei Erlass des Urteils zu erfolgen, da sich nur so das Verhältnis des gegenseitigen Obsiegens und Unterliegens feststellen lässt. Auch für Verfahren, die sich nach der Strafprozessordnung richten, ist nämlich das Gerichtskostengesetz anzuwenden, §§ 1, 25 GKG. Die Streitwertfestsetzung folgt mithin nach §§ 3 ff. ZPO iVm 12 ff. GKG. Bei Ermessensanträgen (Schmerzensgeld) ist maßgebend der nach § 3 ZPO zu schätzende Betrag, der aufgrund des vom Kläger vorgetragenen Sachverhalts zuzusprechen wäre, wenn die Klage begründet ist. Ob ein angegebener Mindestbetrag die untere Grenze bildet, ist umstritten.[365] Eine Kostenquotelung erfolgt, soweit der zugesprochene Betrag unter dem vom Kläger (notwendigerweise)[366] angegebenen Mindestbetrag oder Eckwert oder außerhalb der von ihm angegebenen Größenordnung liegt.

§ 92 II ZPO kann entsprechend herangezogen werden.

183 Der Rechtsgedanke des § 92 II ZPO (bei verhältnismäßig geringfügiger Zuvielforderung trägt die im Wesentlichen unterlegene Partei die Kosten allein) sollte im Adhäsionsverfahren großzügig herangezogen werden, da der Adhäsionskläger im Adhäsionsverfahren, anders als im Zivilverfahren, nicht unterliegt. Vielmehr wird lediglich „im Übrigen von einer Entscheidung abgesehen." Vertretbar wäre, dem Angeklagten die gesamten Kosten des Adhäsionsverfahrens aufzuerlegen, soweit der Adhäsionskläger mit wenigstens 2/3 seines Adhäsionsantrages durchdringt. Ansonsten hätte der Adhäsionskläger evtl. die Kosten des Adhäsionsverfahrens teilweise zu tragen, obwohl er letztendlich im nachfolgenden Zivilverfahren doch noch den von ihm bereits im Adhäsionsverfahren geltend gemachten Betrag voll zugesprochen bekommt. Dieses für den Adhäsionskläger unbillige Ergebnis der widersprüchlichen Kostenentscheidungen im Adhäsionsverfahren und im Zivilverfahren könnte durch eine großzügige Anwendung des § 92 II ZPO vermieden werden. Dem Angeklagten kann die Übernahme der Kosten zugemutet werden, da er das Verfahren durch sein Verhalten veranlasst hat. Es dürfte vertretbar sein, ihm die gesamten Kosten des Adhäsionsverfahrens aufzuerlegen, da dieses auch dem Grundsatz des § 465 StPO entspricht, welcher bestimmt, dass der Angeklagte die Kosten des Verfahrens insoweit zu tragen hat, als sie durch das Verfahren wegen einer Tat entstanden sind, wegen derer er verurteilt worden ist.

Auch bei Erlass eines Grundurteils (entgegen dem vom Adhäsionskläger gestellten Leistungsantrag) dürfte es vertretbar sein, den Rechtsgedanken des § 92 II ZPO großzügig heranzuziehen. Dem Adhäsionskläger sollte zugute kommen, dass er einen, auch für den Angeklagten günstigen Weg der Rechtsverfolgung gewählt hat, indem er seine Schadensersatz- und/oder Schmerzensgeldansprüche mit dem Adhäsionsverfahren im Strafprozess geltend macht.

---

365 Thomas/Putzo-Hüßtege, § 3 Rn. 63.
366 Vgl. BGH, NJW 1982, 340 f., BGH, NJW 1996, 2425 f.

Muster: Kostenentscheidung nach § 472 a II StPO 184
1. Strafrechtliche Verurteilung des Angeklagten
2. Teilweise Verurteilung des Angeklagten nach Adhäsionsantrag (z.B. Antrag auf Zahlung eines Schmerzensgeldes in Höhe von „mindestens" 7.000 EUR (2.300 EUR werden zugesprochen).
   Im Übrigen Absehen von einer Entscheidung über den Adhäsionsantrag des Klägers.
3. Der Angeklagte hat die Kosten des Verfahrens, die durch den Adhäsionsantrag angefallenen besonderen gerichtlichen Kosten und seine notwendigen Auslagen zu tragen.
   Von den dem Adhäsionskläger und dem Angeklagten wegen des Adhäsionsantrages entstandenen notwendigen Auslagen trägt der Adhäsionskläger 70 % und der Angeklagte 30 %.
4. Das Urteil zu 2. ist für den Adhäsionskläger gegen Sicherheitsleistung in Höhe von 110 % des gegen den Angeklagten zu vollstreckenden Betrages vorläufig vollstreckbar [§ 709 S. 1 ZPO].

Diese Art der Kostenverteilung dürfte die häufigste bei „Teilabweisung" (im Adhäsionsverfahren Absehen von einer Entscheidung) sein, da sie zu einer gerechten Kostenverteilung führt. Die Quote kann nach Bruchteilen oder Prozenten angegeben werden.

Die durch den Adhäsionsantrag angefallenen besonderen gerichtlichen Kosten sind auch, wenn es zu einer teilweisen Verurteilung kommt, immer vollständig dem Angeklagten aufzuerlegen, denn sie fallen nur nach dem Wert des zugesprochenen Betrages an.[367]

c) Auferlegung der gerichtlichen Auslagen auf die Staatskasse

Nach § 472 a II 2 StPO ist die Belastung der Staatskasse mit den gerichtlichen Auslagen möglich, soweit eine Belastung der Beteiligten „unbillig" wäre. Zu denken ist in erster Linie an die Fälle des § 406 I 4 – 5 StPO (§ 405 S. 2 a.F.). Soweit das Gericht eine Entscheidung über den Adhäsionsantrag ablehnt, weil es eine Entscheidung über diesen im Strafverfahren z.B. wegen zu befürchtender erheblicher Verfahrensverzögerung für ungeeignet hält, erscheint es angemessen, dass die Staatskasse die gerichtlichen Auslagen übernimmt. 185

Beispiel für eine Kostenentscheidung nach § 472 a II S 2 StPO Der Angeklagte hat die Kosten des Verfahrens und seine notwendigen Auslagen zu tragen. Die gerichtlichen Auslagen für das Adhäsionsverfahren trägt die Staatskasse. Im Übrigen tragen von den dem Adhäsionskläger entstandenen besonderen Kosten und den dem Adhäsionskläger und dem Angeklagten wegen des Adhäsionsverfahrens entstandenen notwendigen Auslagen 1/4 der Adhäsionskläger und 3/4 der Angeklagte. 186

d) Kostenentscheidung beim Grundurteil

In der Literatur wird überwiegend die Auffassung vertreten, bei einem Grundurteil sei über Kosten des Verfahrens sowie die dem Adhäsionskläger entstandenen besonderen Kosten und notwendigen Auslagen nach § 472 a Abs. 1 StPO (falls nur ein Grundurteil begehrt wurde) oder sonst nach § 472 a Abs. 2 StPO zu entscheiden.[368] Diese Auffassung wird hier nicht geteilt. Bei einer Vorabentscheidung über den Grund ist die Kostenentscheidung dem für das Betragsverfahren zuständigen Zivilgericht vorzubehalten. Das Grundurteil als materielles Zwischenurteil der besonderen 186a

---

367 Plüür/Herbst, Script „Das Adhäsionsverfahren, http.www.berlin.de, Seite 71.
368 Meyer-Goßner, § 472 a, Rn. 3. BeckOK-Weiner StPO § 472 a, Rn. 1.

Art entscheidet nicht, wie das Teilurteil über einen selbstständigen verbescheidbaren Teil des Streitgegenstandes. Es entscheidet nur über den Grund des Anspruchs, beendet also den Rechtsstreit nicht. Dies geschieht erst durch das Endurteil im Betragsverfahren.[369] Das Grundurteil enthält keinen Ausspruch über Kosten und Vollstreckbarkeit. Über die Kosten wird erst im Endurteil über den Betrag entschieden.[370] Eine Kostenquote kann nicht gebildet werden, weil der Grad des Obsiegens und Unterliegens nicht feststeht: Ungeachtet des Grundurteils ist die Klage im Betragsverfahren abzuweisen, wenn sich hier ergibt, dass überhaupt kein Schaden entstanden oder noch zu erwarten ist.[371] Auch § 472a StPO stellt als Verteilungsmaßstab für die Kostentragung auf das Obsiegen bzw. Unterliegen ab. Dies steht aber erst am Ende des Betragsverfahrens fest. Um dem Risiko von erheblichen Brüchen zwischen strafrechtlicher Kostenentscheidung (nach Erlass eines Grundurteils) und Ergebnis des Betragsverfahrens zu begegnen, muss das Strafgericht von einer Kostenentscheidung im Hinblick auf den Adhäsionsantrag absehen.[372]

e) Rechtsmittel

187 Der Angeklagte kann die Kostenentscheidung nach § 464 III S 1 StPO mit der sofortigen Beschwerde anfechten, soweit ihm Kosten und Auslagen auferlegt worden sind.

Für die Adhäsionskläger ist eine Anfechtung ausgeschlossen, §§ 406a I S 2 iVm 464 III S 1 2. Hs. StPO (s.v. Rn. 217). Dies gilt auch bei Antragsrücknahme nach § 404 IV StPO.[373] Danach kann der Verletzte eine nach § 472a II StPO ergehende Auslagenentscheidung nicht mit der sofortigen Beschwerde anfechten, und zwar auch dann nicht, wenn er seinen Antrag auf Entscheidung im Adhäsionsverfahren zurückgenommen hat. Auch in diesem Fall liegt ein verfahrensabschließendes Urteil vor, dass in der Hauptsache für ihn unanfechtbar ist, § 406a Abs. 1 S. 2 StPO.

8. Festsetzung von Streit- und Gegenstandswert

187a Das Gericht hat den Streitwert für die Anwalts- und Gerichtsgebühren nach § 63 Abs. 2 i.V.m. Abs. 1 GKG von Amts wegen festzusetzen. Gemäß Nr. 3700 des Kostenverzeichnisses zum GKG wird die Gebühr mit einem Satz von 1,0 für jeden Rechtszug nach dem Wert des durch das Gericht zuerkannten Anspruchs erhoben. Der Wert ist also festzusetzen nach dem Betrag, zu dessen Zahlung der Angeklagte verurteilt worden ist und nicht nach dem Betrag, den er verlangt hat. Ist der Angeklagte zur Zahlung eines Schmerzensgeldes in Höhe von 10.000,- EUR verurteilt worden, obwohl er 15.000,- EUR verlangt hat, ist der Gegenstandswert auf 10.000,- EUR festzusetzen.

Auf Antrag des Anwalts ist der Gegenstandswert nach § 33 Abs. 1 RVG i.V.m. Nrn. 4143, 4144 VVRVG festzusetzen. Diese Gebühren für den Anwalt fallen unabhängig von einer Verurteilung an. Sie richten sich nach dem Auftrag und der Tätigkeit des

---

369 Zöller-Vollkommer ZPO § 304, Rn. 1.
370 Zöller-Vollkommer, ZPO, § 304, Rn. 18, 26.
371 Zöller-Vollkommer, ZPO, § 304, Rn. 24.
372 Plürr/Herbst, Script Das Adhäsionsverfahren, http.www.berlin.de S. 75.
373 OLG Düsseldorf v. 29.8.1988, – 1 WS 820/88 –, MDR 1989, 5ff.

Anwalts. Er kann hiernach im Falle der Antragsrücknahme oder bei Abschluss eines Vergleichs seine Gebühren geltend machen. Der Gegenstandswert für die Anwaltsgebühren im Adhäsionsverfahren richtet sich gemäß §§ 2 Abs. 1, 23 Abs. 1 RVG, 48 Abs. 1 S. 1 GKG nach dem Wert des Streitgegenstandes, also bei einem bezifferten Klageantrag nach dem geltend gemachten Betrag.

Dem Anwalt ist daher anzuraten, eine Wertfestsetzung nach § 33 RVG zu beantragen, wenn die Werte für die Gerichts- und Anwaltsgebühren auseinanderfallen. Der Wert für die Gerichtsgebühr ist nur der zuerkannte Anspruch. Gegenstandswert für die Anwaltsgebühren ist jedoch die Höhe des geltend gemachten (Rechtsanwalt des Verletzten) bzw. des abgewehrten (Verteidiger) Anspruchs. Wird im Adhäsionsverfahren dem Antrag des Verletzten in voller Höhe stattgegeben, decken sich die Werte des geltend gemachten und des zuerkannten Anspruchs, so dass der in diesem Fall festgesetzte Streitwert gemäß § 32 Abs. 1 RVG für die Anwaltsgebühren maßgebend ist; § 33 RVG ist nicht einschlägig, weil sich die Werte für Gerichts- und Anwaltsgebühren decken.[374]

9. Rechtskraft und vorläufige Vollstreckbarkeit
a) Rechtskraft

Nach § 406 III 1 StPO steht die Entscheidung über den Adhäsionsantrag einem im bürgerlichen Rechtsstreit ergangenen Urteil gleich. Dies bedeutet: Der Eintritt der Rechtskraft richtet sich nach der Strafprozessordnung, also zum Beispiel der Ablauf der Rechtsmittelfrist, Verzicht oder Rücknahme des Rechtsmittels; die Wirkung der Rechtskraft bestimmt sich dagegen nach der Zivilprozessordnung, das heißt die §§ 322, 323, 325 ZPO finden Anwendung.[375] Die §§ 322 ff. ZPO regeln die materielle Rechtskraft eines Urteils und seine Wirkung (§ 322 ZPO), die Voraussetzungen einer Abänderung des Urteils (§ 323) sowie die subjektive Rechtskraftwirkung des Urteils (§ 325).

188

Die Wirkung der materiellen Rechtskraft (§§ 322, 325 Abs. 1 ZPO) ist grundsätzlich auf die am Verfahren beteiligten Parteien beschränkt. Eine im Adhäsionsverfahren auf Antrag des Verletzten (Geschädigten) gegen den Beschuldigten (Schädiger) ergangene Entscheidung entfaltet weder Rechtskraft gegenüber dem Haftpflichtversicherer des Schädigers noch bindet sie das in einem Folgeprozess zur Entscheidung berufene Gericht. Hat der Adhäsionskläger im Strafprozess ein Grundurteil erwirkt, so entfaltet dieses weder Rechtskraft gegenüber dem Haftpflichtversicherer des Schädigers noch bindet es das in einem Folgeprozess zur Entscheidung berufene Gericht.[376] Der Versicherer ist an dem Adhäsionsverfahren nicht beteiligt. Er kann – anders als in einem gegen seinen Versicherungsnehmer (Schädiger) vor dem Zivilgericht geführten Haftungsprozess – das Verfahren weder als Prozessvertreter des Beschuldigten führen, noch hat er die Möglichkeit, zur Wahrung seiner Interessen dem Verfahren als

---

374 OLG Celle, Beschluss vom 19.2.2014 – 2 Ws 19/14, BeckRS 2014, 22358 mit Anmerkung Hans-Jochem Mayer, Bühl in FD-RVG 2014, 364472 – beck online.
375 KMR/Stöckel, § 406 Rn. 23.
376 BGH, Urteil vom 18.12.2012 – VI ZR 55/12, BeckRS 2013, 02365, Rn. 14.

Nebenintervenient beizutreten. Aus diesem Grunde ordnet § 124 VVG zum Schutz des Versicherers eine begrenzte Rechtskrafterstreckung an. Diese Vorschrift darf nicht unterlaufen werden.

§ 406 a III StPO enthält eine besondere Beschränkung der Rechtskraftwirkung (s. auch Rn. 212). Diese Regelung beinhaltet eine Einschränkung der Rechtskraft und zwar unabhängig davon, wer das Rechtsmittel eingelegt hat. Wenn in der neuen Verhandlung ein Freispruch oder eine Einstellung ergeht, so ist die Adhäsionsentscheidung aufzuheben. Eine vom Strafverfahren unabhängige Prüfung des Anspruchs soll nicht erfolgen.[377] (Dies gilt nicht für das im Adhäsionsverfahren ergangene Anerkenntnisurteil, vgl. hierzu Rn. 169).

b) Vorläufige Vollstreckbarkeit

189 Nach § 406 III 2 StPO muss das Gericht die Entscheidung für vorläufig vollstreckbar erklären; die §§ 708 bis 712, 714 und 716 der Zivilprozessordnung gelten entsprechend.

Der Ausspruch zur vorläufigen Vollstreckbarkeit bezieht sich – anders als im Zivilverfahren – immer nur auf die Adhäsionsentscheidung zur Hauptsache. Die Kostenentscheidung über den Adhäsionsantrag beruht allein auf den strafprozessualen Kostenvorschriften, § 465 ff., insbesondere § 472 a StPO.

Der Ausspruch zur vorläufigen Vollstreckbarkeit hat für den Adhäsionskläger zur Folge, dass er vor Rechtskraft des Urteils vollstrecken kann. Soweit nur ein Feststellungsurteil ergeht, kommt ein Ausspruch zur vorläufigen Vollstreckbarkeit nicht in Betracht, da der Tenor keinen vollstreckungsfähigen Inhalt hat und eine vorläufige Vollstreckbarkeit in Bezug auf die Kostenentscheidung entfällt.

§ 708 ZPO regelt die Vollstreckung des Adhäsionsklägers ohne Sicherheitsleistung.

§ 709 ZPO regelt die Vollstreckung des Adhäsionsklägers mit Sicherheitsleistung.

Im Falle der Vollstreckung nach § 708 ZPO darf der Schuldner – im Adhäsionsverfahren also der Angeklagte – die Vollstreckung (soweit diese nach § 708 Nr. 4 bis 11 erfolgt) nach § 711 ZPO durch Sicherheitsleistung in Höhe des von ihm geschuldeten Betrages abwenden.

Die Höhe der Sicherheitsleistung ist immer in Geld zu bestimmen. Es gilt § 108 ZPO. Die Höhe des Geldbetrages richtet sich nach dem, was aus dem Titel vollstreckt werden kann und was zur Sicherung eines etwaigen Schadensersatzanspruchs des Angeklagten gegen den Adhäsionskläger nötig ist (§ 717 ZPO). Entscheidend ist der Wert des vollstreckbaren Hauptanspruchs zuzüglich Zinsen. Soweit wegen einer Geldforderung vollstreckt werden kann, kann die Höhe der Sicherheitsleistung in einem bestimmten Verhältnis zur Höhe des jeweils zu vollstreckenden Betrages (§ 709 S. 2 ZPO) bzw. in einem bestimmten Verhältnis zur Höhe des aufgrund des Urteils vollstreckbaren Betrages (§ 711 S. 2 ZPO) angegeben werden. Dieses Verhältnis liegt durchschnittlich bei 110 bis 120 %.

---

377 KMR/Stöckel, § 406 a Rn. 7.

VIII. Die Adhäsionsentscheidung im Urteil

Muster: Ausspruch zur vorläufigen Vollstreckbarkeit 190
Beispiel 1: Verurteilung in der Hauptsache unter 1.250 EUR (§ 708 Nr. 11 ZPO iVm § 711 ZPO)
1. Strafrechtliche Verurteilung des Angeklagten
2. Verurteilung zur Zahlung von 1.000 EUR (evtl. im Übrigen Absehen von einer Entscheidung)
3. Das Urteil zu 2. ist für den Adhäsionskläger vorläufig vollstreckbar. Der Angeklagte darf die Vollstreckung durch Sicherheitsleistung oder Hinterlegung in Höhe von 110 % des gegen ihn zu vollstreckenden Betrages abwenden, wenn nicht der Adhäsionskläger vor der Vollstreckung Sicherheit in gleicher Höhe leistet.
4. Kostenentscheidung

Beispiel 2: Verurteilung in der Hauptsache über 1.250 EUR (§ 709 I ZPO)
1. Strafrechtliche Verurteilung des Angeklagten
2. Verurteilung zur Zahlung von 7.000 EUR (evtl. im Übrigen Absehen von einer Entscheidung)
3. Das Urteil zu 2. ist für den Adhäsionskläger gegen Sicherheitsleistung in Höhe von 110 % des gegen den Angeklagten zu vollstreckenden Betrages vorläufig vollstreckbar.
4. Kostenentscheidung

Beispiel 3: Herausgabevollstreckung
1. Strafrechtliche Verurteilung
2. Verurteilung des Angeklagten, an den Adhäsionskläger, zum Beispiel einen Pkw (genaue Bezeichnung) herauszugeben. (evtl. im Übrigen Absehen von einer Entscheidung)
3. Das Urteil zu 2. ist für den Adhäsionskläger gegen Sicherheitsleistung in Höhe von 10.000 EUR vorläufig vollstreckbar. (Entscheidend ist hier der Zeitwert der herauszugebenden Sache; hier also, da der Wert über 1.250 EUR liegt, Vollstreckung nach § 709 S. 1 ZPO).
4. Kostenentscheidung

Die Begründung der Entscheidung zur vorläufigen Vollstreckbarkeit beschränkt sich im Regelfall auf das Aufführen der maßgeblichen Vorschriften. Insbesondere wird die Höhe der Sicherheitsleistung nicht näher begründet.

10. Vollstreckung, § 406 b StPO

Nach § 406 b StPO richtet sich die Vollstreckung des Adhäsionsurteils nach den einschlägigen Vorschriften der Zivilprozessordnung. 191

Die bedeutet: Die Zwangsvollstreckung erfolgt aufgrund einer vollstreckbaren Ausfertigung des Urteils nach § 724 I ZPO oder des nach § 405 I StPO geschlossenen Vergleichs nach § 795 ZPO. Die vollstreckbare Ausfertigung erteilt der Urkundsbeamte des Strafgerichts nach §§ 724 II, 725 bis 730, 733, 734 ZPO.

Für Nachtragsentscheidungen, etwa einer Abänderungsklage, ist das Zivilgericht zuständig. Das Gleiche gilt für eine Vollstreckungsgegenklage (§ 767 ZPO) und eine Klage gegen die Zulässigkeit der Vollstreckungsklausel (§ 768 ZPO).

Zu beachten ist, dass das Zivilgericht nur für die Verfahren zuständig ist, die in § 406 b S. 2 StPO ausdrücklich genannt sind. Die nach der Zivilprozessordnung dem Prozessgericht vorbehaltenen Entscheidungen (vgl. § 732 ZPO) sind durch das Strafgericht zu treffen.[378]

---

378 KMR/Stöckel, § 406 b Rn. 3 m.w.N.

Schneckenberger

Einwendungen gegen die Vollstreckung, die den im Urteil festgestellten Anspruch selbst betreffen, können nach § 406 b S. 3 StPO nur auf Tatsachen gestützt werden, die nach der letzten tatrichterlichen Verhandlung entstanden sind. Soweit im Berufungsrechtszug keine Hauptverhandlung stattgefunden hat, ist der Schluss der Hauptverhandlung des ersten Rechtszuges maßgebend.

11. Absehen von einer Entscheidung im Übrigen

192 Soweit der Adhäsionsantrag nur teilweise Erfolg hat, kommt dennoch eine Klageabweisung – anders als im Zivilprozess – nicht in Betracht. Es darf also in der Tenorierung nicht die Formulierung verwendet werden „Im Übrigen wird die Klage abgewiesen", sondern es muss vielmehr die Formulierung verwendet werden „Im Übrigen wird von einer Entscheidung abgesehen".

Dies folgt aus § 406 III 3 StPO. Danach kann der Anspruch, soweit er nicht zuerkannt ist, anderweit geltend gemacht werden. Der im Adhäsionsverfahren geltend gemachte Anspruch kann also, soweit er nicht zuerkannt worden ist, vor einem Zivilgericht oder auch erneut nach §§ 403 ff. StPO eingeklagt werden. Es tritt somit keine Rechtskraft zu Ungunsten des Adhäsionsklägers ein und er hat auch kein Rechtsmittel gegen das Urteil, § 406 a I 2 StPO.

In der Urteilsformel wird deshalb von einem Ausspruch über den weitergehenden Antrag abgesehen (§ 405 I 1, 2. Alt. StPO). Die Tenorierung „Im Übrigen wird von einer Entscheidung über den Adhäsionsantrag abgesehen" dient allein der Verdeutlichung. Mit dieser Formulierung wird klar, dass über den Adhäsionsantrag noch nicht in vollem Umfang entschieden worden ist und der Angeklagte evtl. noch mit einem weiteren Verfahren vor dem Zivilgericht zu rechnen hat. Außerdem beendet dieser Ausspruch die Rechtshängigkeit des vermögensrechtlichen Anspruchs. Die Entscheidung des Strafrichters im Adhäsionsverfahren ist somit de facto ein Teilendurteil.[379] Zu beachten ist, dass auch dann von einer Entscheidung im Übrigen abgesehen werden muss, wenn das Gericht durch Grund- und/oder Teilurteil entschieden hat.

12. Besonderheit: Mehrere Täter

193 Soweit mehrere Angeklagte für den aus einer unerlaubten Handlung (zum Beispiel §§ 823 ff. BGB) entstandenen Schaden nebeneinander verantwortlich sind, haften sie nach § 840 I BGB als Gesamtschuldner. Dies bedeutet, dass als Mittäter oder Anstifter/Gehilfe oder aufgrund einer Nebentäterschaft verantwortliche Angeklagte als Gesamtschuldner zur Zahlung von Schadensersatz oder Schmerzensgeld – auch im Adhäsionsverfahren – verurteilt werden können.[380] Soweit also mehrere Personen jeweils für sich für denselben Schaden haften, kommt § 840 BGB zur Anwendung. § 840 BGB enthält keine eigene Anspruchsgrundlage, sondern setzt die Haftung mehrerer voraus.[381]

---

379 BGH v. 13.5.2003, NStZ 2003, 565.
380 BGH v. 13.5.2003, NStZ 2003, 565.
381 PWW/Kramarz/Schaub, § 840 Rn. 1.

VIII. Die Adhäsionsentscheidung im Urteil

a) **Verantwortlichkeit mehrerer nebeneinander**

- § 830 I 1, II BGB. Mittäter, Anstifter und Gehilfen sind nebeneinander für einen Schaden verantwortlich. Die Begriffe Mittäterschaft und Teilnahme sind grundsätzlich wie im Strafrecht (§§ 25 – 27 StGB) zu bestimmen. Mittäterschaft im Sinne des § 830 I 1 BGB setzt dementsprechend bewusstes und gewolltes Zusammenwirken zur Herbeiführung des Verletzungserfolges voraus. Die Verurteilung zur Zahlung von Schadensersatz und/oder Schmerzensgeld als Gesamtschuldner wird dementsprechend zumeist einhergehen mit einer Verurteilung der Angeklagten als Mittäter bzw. als Täter und Anstifter oder Gehilfe. Nach § 830 II BGB sind den Mittätern gleichgestellt der Anstifter und der Gehilfe, so dass im Rahmen der Feststellung der gesamtschuldnerischen Haftung eine genaue Abgrenzung zwischen Täterschaft und Teilnahme nicht erforderlich ist.

- Eine Verantwortlichkeit mehrerer nebeneinander kann sich weiterhin ergeben aus § 830 I 2 BGB. Diese Bestimmung regelt die Verantwortlichkeit, wenn mehrere Personen unabhängig voneinander unerlaubte Handlungen begangen haben, von der jede den Schaden verursacht haben könnte, die Kausalität aber nicht aufklärbar ist.[382] Die Anwendung des § 830 I 2 BGB kann dazu führen, dass ein Angeklagter – trotz Freispruchs – nach § 830 I 2 zur Zahlung von Schadensersatz und Schmerzensgeld verurteilt wird. Dass sein Handeln nicht ursächlich für den Erfolg sein konnte, muss der Beteiligte nämlich im Zivilprozess beweisen.[383]

- Die Verantwortlichkeit mehrerer nebeneinander kann sich weiterhin aufgrund einer Nebentäterschaft ergeben. Nebentäterschaft liegt vor, wenn mehrere Täter durch selbstständige Einzelhandlungen ohne bewusstes Zusammenwirken einen Schaden verursacht haben. Es muss ein einheitlicher Schaden vorliegen, Nebentäterschaft wird nicht angenommen bei Verursachung separater Teilschäden.[384]

194

b) **Die Höhe der gesamtschuldnerischen Haftung**

Gesamtschuldnerische Haftung bedeutet nicht zwingend, dass alle Schädiger gesamtschuldnerisch in genau derselben Höhe haften. Vielmehr kann die Haftung mehrerer Schädiger unterschiedlich sein, zB bei unterschiedlicher Bemessung des Schmerzensgeldes wegen unterschiedlicher wirtschaftlicher und persönlicher Verhältnisse, Vorsatz und Fahrlässigkeit. Das Gesamtschuldverhältnis besteht dann nur bis zum gemeinsamen – geringeren – Betrag.[385]

195

Ein Mitverschulden des Geschädigten führt zur Kürzung der gesamtschuldnerischen Haftung gemäß § 254 BGB. Soweit der Adhäsionskläger nur gegenüber einem einzelnen Schädiger ein Mitverschulden vorzuwerfen ist, wird – soweit es sich um eine gemeinschaftlich begangene unerlaubte Handlung handelt (§ 830 I 1 und II BGB) – eine Gesamtwürdigung vorgenommen. Dies bedeutet: Die Gesamtschuld beschränkt sich auf den gemäß § 254 BGB gekürzten Betrag. Jeder Mittäter muss sich den Tatbeitrag

---

382 PWW/Schaub, § 830 Rn. 1.
383 PWW/Schaub, § 830 Rn. 10.
384 PWW/Schaub, § 840 Rn. 2.
385 Palandt/Sprau, § 840 Rn. 3.

des anderen zurechnen lassen. Bei der Abwägung ist der Verursachungs- und Schuldbeitrag sämtlicher Mittäter dem Schuldbeitrag des Geschädigten gegenüber zu stellen. Das gilt entsprechend bei Anstiftung und Beihilfe. Für Mittäter, Teilnehmer und Alternativtäter wird also stets eine einheitliche Quote gebildet.[386]

196 Soweit eine Haftung nach § 830 BGB nicht in Betracht kommt, ist zu differenzieren:

Wenn alle Nebentäter für den vollen Schaden haften, bereitet die gesamtschuldnerische Haftung keine Schwierigkeiten. Dann ist nämlich die für die Gesamtschuld charakteristische Situation gegeben, dass durch die Leistung eines Schuldners das volle Gläubigerinteresse befriedigt wird.

Problematisch wird die gesamtschuldnerische Haftung von Nebentätern, wenn den Geschädigten ein Mitverschuldensvorwurf trifft und die nach § 254 BGB vorzunehmende Einzelabwägung zwischen dem Geschädigten und den jeweiligen Schädigern eine jeweils andere Mithaftungsquote ergibt, welche der jeweilige Schädiger, also Nebentäter, dem Geschädigten entgegenhalten kann. In einem solchen Fall umfasst die Gesamtschuld nicht den gesamten Schaden. Nach der Rechtsprechung des Bundesgerichtshofes sind die Einzelabwägungen zwischen dem Geschädigten und den jeweiligen Schädigern mit einer aus der Gesamtschau gewonnenen Solidarabwägung im Sinne einer Gesamtabwägung zu verknüpfen (Kombinierte Einzelabwägung und Gesamtschau).[387]

Soweit der Geschädigte seinen Verantwortungsanteil selbst zu tragen hat, kann der jeweilige Schädiger/Nebentäter dem Geschädigten – hier Adhäsionskläger – dessen Mithaftungsquote entgegenhalten. Dabei haftet jeder Schädiger bis zu dem Betrag (Einzelquote), der dem jeweiligen Verhältnis seiner eigenen Verantwortung im Vergleich zur Mitverantwortung des Geschädigten entspricht (Einzelbetrachtung). Insgesamt kann der Geschädigte, hier also der Adhäsionskläger, von allen Schädigern/Nebentätern jedoch nicht mehr fordern, als den Anteil an dem zu ersetzenden Schaden (Gesamtquote), der im Wege einer Gesamtschau des Schadensereignisses den zusammenaddierten Verantwortungsanteilen sämtlicher Schädiger im Verhältnis zur Mitverantwortung des Geschädigten entspricht (Gesamtbetrachtung).[388]

197 Dem Grundsatz der „Gesamtschau" liegt die Erwägung zugrunde, dass es bei Beteiligung mehrerer Schädiger nicht sachgerecht wäre, wenn der Geschädigte im Ergebnis nicht über die Höchstquote hinauskäme, die sich bei der Einzelabwägung im Verhältnis zu dem am stärksten beteiligten Schädiger ergibt. Nach ihrem Sinn soll verhindert werden, dass der Geschädigte, der sich einen eigenen Tatbeitrag entgegenhalten lassen muss, gegenüber mehreren ersatzpflichtigen Schädigern im Ergebnis einen größeren Teil des Schadens zu tragen hat, als seinem Verursachungsbeitrag entspricht.[389]

---

386 MüKo-Wagner, § 840, Rn. 23.
387 BGH v. 16.6.1958 – V/ZR 95/58 –, NJW 1959, 1772 ff., 1774. – str.: Ermau-Schiemann § 840 Rn. 6 (Gesamtabwägung).
388 BGH v. 13.12.05, – VI ZR 68/04 –.
389 OLG Düsseldorf, NJW-RR 1995, 281, 283.

Dies bedeutet: Der Geschädigte kann den einzelnen Nebentäter nur in Höhe desjenigen Betrages in Anspruch nehmen, für den dieser nach Maßgabe einer beidseitigen Betrachtung der Verursachungs- und Verschuldensanteile die Verantwortung trägt. Jeder weitere Nebentäter haftet auf den bei Zugrundelegung der Gesamtbetrachtung verbleibenden Restbetrag, soweit dieser nicht seinen eigenen, aufgrund der Einzelabwägung gebildeten Verantwortungsanteil übersteigt.[390]

Beispiel: Nebentäter A und Nebentäter B haben zusammen einen Schaden von 3.000 EUR angerichtet. Ihre Verantwortungsanteile sind gleich hoch; auch der des Geschädigten ist gleich hoch, wiegt also ebenso schwer wie die Verantwortungsanteile von A und B.
Einzelabwägung: Der Geschädigte erhält von A 1.500 EUR und von B 1.500 EUR.
Gesamtabwägung: Der Geschädigte muss sich seinen Schadensersatzanspruch um 1/3 kürzen lassen, er erhält also insgesamt nur 2.000 EUR.
Ergebnis: Zahlt A an den Geschädigten 1.500 EUR kann der Geschädigte von B nur noch 500 EUR verlangen. Im Innenverhältnis schuldet B dem A dann noch 500 EUR, A hat also gegen B einen Regressanspruch in Höhe von 500 EUR.

Bei der Bemessung des Schmerzensgeldes ist die Kombination von Einzelabwägung und Gesamtschau nicht uneingeschränkt anwendbar, weil der Verletzte „angemessen" zu entschädigen ist und es an einem allen gegenüber einheitlichen Schadensumfang fehlt.[391] Die Höhe der Entschädigung bestimmt sich bei jedem einzelnen von mehreren Schädigern nach der besonderen Angemessenheit und kann daher unterschiedlich sein. Hält der Tatrichter unter Berücksichtigung der erheblichen Einzelumstände einen bestimmten Betrag für angemessen, so bringt er zum Ausdruck, dass damit der immaterielle Schaden des Geschädigten angemessen entschädigt und voll ausgeglichen ist.[392]

Soweit allerdings das Mitverschulden des Geschädigten als ein wesentlicher Faktor für die Bemessung des Schmerzensgeldes und für die Zuordnung der Gesamt- und Einzelschulden zu berücksichtigen ist, kann das Haftungsverhältnis nach einer Einzelabwägung und anschließender Gesamtschau ermittelt werden.[393]

Ausnahmsweise wird aber auch bei Nebentätern nur eine Gesamtabwägung vorgenommen, und zwar bei Haftungseinheit, dh wenn die Haftung der Nebentäter auf demselben Lebenssachverhalt beruht oder bei Zurechnungs- bzw. Tatbeitragseinheit.[394]

---

390 MüKo-Wagner, § 840 Rn. 24–25.
391 OLG Düsseldorf, NJW-RR 1995, 283.
392 BGH v. 29.9.1970, – VI ZR 74/69 –, NJW 1971, 33, 35.
393 OLG Düsseldorf, NJW-RR 1995, 281, 283–284.
394 PWW/Schaub, § 840 Rn. 7.

199 **Muster: Hauptsacheentscheidungen bei Verurteilung von zwei Angeklagten als Gesamtschuldner**

Beispiel 1: Gemeinsame Haftung als Gesamtschuldner in voller Höhe
1. Strafrechtliche Verurteilung der Angeklagten
2. Die Angeklagten A und B werden verurteilt, an den Adhäsionskläger als Gesamtschuldner 1.000 EUR Schmerzensgeld zu zahlen.
3. Die Angeklagten haben die Kosten des Verfahrens, ihre notwendigen Auslagen sowie die dem Adhäsionskläger entstandenen besonderen Kosten und notwendigen Auslagen als Gesamtschuldner zu tragen.
4. Das Urteil ist für den Adhäsionskläger vorläufig vollstreckbar. Die Angeklagten dürfen die Vollstreckung durch Sicherheitsleistung oder Hinterlegung in Höhe von 110 % des gegen sie zu vollstreckenden Betrages abwenden, wenn nicht der Adhäsionskläger vor der Vollstreckung Sicherheit in gleicher Höhe leistet [§ 708 Nr. 11 ZPO].

Beispiel 2: Teilweise gemeinsame Haftung als Gesamtschuldner

Der Adhäsionskläger hat die Zahlung eines Schmerzensgeldes von A und B als Gesamtschuldner in Höhe von 6.000 EUR beantragt; er erhält von A und B als Gesamtschuldner 3.000 EUR und von A weitere 3.000 EUR Schmerzensgeld allein.
1. Strafrechtliche Verurteilung der Angeklagten
2. Die Angeklagten A und B werden als Gesamtschuldner verurteilt, an den Adhäsionskläger 3.000 EUR Schmerzensgeld zu zahlen; A wird verurteilt weitere 3.000 EUR Schmerzensgeld zu zahlen.

   Im Übrigen wird von einer Entscheidung abgesehen.
3. Die Angeklagten haben die Kosten des Verfahrens und ihre notwendigen Auslagen zu tragen.

   Von den dem Adhäsionskläger wegen des Adhäsionsverfahrens entstandenen besonderen Kosten und von den dem Adhäsionskläger entstandenen notwendigen Auslagen tragen 1/4 der Adhäsionskläger selbst, die Hälfte die Angeklagten als Gesamtschuldner und 1/4 der A.

   Von den dem B wegen des Adhäsionsantrages entstandenen notwendigen Auslagen und besonderen Kosten trägt der Adhäsionskläger die Hälfte; im Übrigen trägt diese der B selbst.

   Der A trägt seine wegen des Adhäsionsverfahrens entstandenen besonderen Kosten und notwendigen Auslagen selbst.
4. Das Urteil zu 2) ist für den Adhäsionskläger gegen Sicherheitsleistung in Höhe von 110 % des gegen die Angeklagten zu vollstreckenden Betrages vorläufig vollstreckbar [§ 709 S. 1 ZPO].

c) Rechtsfolge im Innenverhältnis

200 Haftung als Gesamtschuldner bedeutet Anwendung der §§ 421 ff. BGB. Jeder Geschädigte ist gegenüber dem Adhäsionskläger zum Ersatz des gesamten Schadens verpflichtet, dieser darf den Ersatz aber nur einmal fordern (§ 421 BGB).

IX. Rechtsmittel und Wiederaufnahme gegen das Adhäsionsurteil

1. Rechtsmittel des Antragstellers

a) Unanfechtbarkeit gem. § 406 a I 2 StPO

201 Gegen das Urteil, mit dem das Gericht von der Entscheidung über den Adhäsionsantrag ganz oder teilweise absieht, stehen dem Antragsteller gem. § 406 a I 2 StPO grundsätzlich keine Rechtsmittel zu. Für den Antragsteller ist die Entscheidung des

Gerichts mangels Beschwer grundsätzlich unanfechtbar, da im Absehen von der Entscheidung keine sachliche Entscheidung liegt, dem Antragsteller vielmehr noch die Möglichkeit bleibt, seinen Anspruch von dem Zivilgericht einzuklagen.

b) Fehlerhafte Gerichtsentscheidung

Eine Ausnahme von diesem Grundsatz der Unanfechtbarkeit der Entscheidung gilt dann, wenn das Gericht fehlerhaft nicht von der Entscheidung abgesehen hat, sondern den Adhäsionsantrag zurück- oder abgewiesen hat. In diesen Fällen ist zunächst zu überprüfen, ob der Urteilsausspruch in ein Absehen von einer Entscheidung umgedeutet werden kann. Ist dies aufgrund der Formulierung oder Begründung der Entscheidung unmöglich, muss für den Antragsteller das sonst – wie bei den Rechtsmitteln des Angeklagten – zulässige Rechtsmittel statthaft sein, also Berufung oder Revision gegen Urteile, sofortige Beschwerde nach § 311 StPO[395] gegen Beschlüsse.[396] Die Art des Rechtsmittels richtet sich dabei nach dem strafrechtlichen Rechtszug.

202

c) Überlegungen aus rechtsanwaltlicher Sicht

Insbesondere in der anwaltlichen Praxis stellt sich bei derartigen fehlerhaften Gerichtsentscheidungen die Frage, mit welchem Rechtsmittel der Rechtsanwalt in solchen Fallgestaltungen zu reagieren hat. Neben Berufung und Revision kommt auch eine Gehörsrüge in Betracht. Die Gehörsrüge entsprechend § 321a ZPO ist auch im Adhäsionsverfahren zulässig.[397]

203

Im Strafverfahren gilt zwar § 300 StPO. Danach ist ein Irrtum in der Bezeichnung des zulässigen Rechtsmittels unschädlich. Wichtig ist aber, dass ein Anfechtungswille deutlich wird. In Zweifelsfällen ist eine Erläuterung des Anfechtenden einzuholen.[398]

Diese Vorschrift ist auch im Adhäsionsverfahren anwendbar, da das Adhäsionsverfahren seiner Natur nach als Anhangverfahren Teil des Strafverfahrens ist. Allerdings hat sich die einschlägige Kommentarliteratur mit dieser Frage, soweit ersichtlich, noch nicht befasst.[399] Es ist daher nicht auszuschließen, dass dem Antragsteller mit der Begründung, dass er im Vergleich zum Angeklagten im Adhäsionsverfahren nur eingeschränkte Rechtsmittel hat, möglicherweise eine Verwerfung des Rechtsbehelfs droht.

Dieser nicht auszuschließenden Gefahr kann der Rechtsanwalt vorbeugen. Generell gilt, dass das Rechtsmittel unverzüglich nach der mündlichen Urteilsverkündung eingelegt werden sollte. Da im Einzelfall auch andere Rechtsmittel wie die Gehörsrüge entsprechend § 321a ZPO in Betracht kommen, empfiehlt es sich hilfsweise alle denkbaren Rechtsbehelfe einzulegen. Dabei ist dann vorsorglich die kürzeste Frist aller denkbaren Rechtbehelfe für alle anderen gleichzeitig mit einzuhalten. Entspre-

204

---

395 Vgl. für dieses Rechtsmittel bei einem Absehensbeschluss nach § 406 V StPO und die taktische Vorgehensweise Rn. 31.
396 Löwe-Rosenberg/Hilger, § 406a Rn. 1; KK StPO/Zabeck, § 406a Rn. 1.
397 OLG Oldenburg, Beschl. v. 2.4.2007, – 1 Ws 124/07 –, nv.
398 BGHSt 2, 63, 67.
399 Vgl. Meyer-Goßner, § 300 Rn. 1 ff.

chende umfassende Anträge sind allein auch schon zur Vermeidung des Haftungsrisikos zu stellen.

Demnach sollte zur Vermeidung eines Haftungsrisikos der Rechtsanwalt in derartigen Fällen ein Rechtsmittel so abfassen, dass damit alle in Betracht kommenden Rechtsbehelfe erfasst sind. Das sachnähere ist voranzustellen und die kürzeste Frist einzuhalten. Dies ist regelmäßig binnen einer Woche nach Verkündung, vgl. §§ 314, 341 StPO. Der sicherste Weg ist somit den Rechtsbehelf, in Anlehnung an die originären Rechtsmittel, sofort nach der mündlichen Verkündung der Entscheidung und der damit verbundenen Kenntnisnahme der möglichen Rechtsverletzung binnen einer Woche einzulegen.

2. Rechtsmittel des Angeklagten

205 Der Angeklagte hat die ihm nach der StPO zustehenden Rechtsmittel. Dabei kann er das Urteil insgesamt anfechten oder sein Rechtsmittel auf den zivilrechtlichen oder den strafrechtlichen Teil beschränken.

a) Einlegung

206 Für die Rechtsmitteleinlegung gelten die Vorschriften der StPO, also insbesondere die Formvorschriften zur Einlegung und Begründung der Revision. Dabei ist zu beachten, dass die bloße Erklärung, gegen die Entscheidung im Adhäsionsverfahren werde Revision eingelegt, zur Begründung der Revision nicht ausreichend ist, da sie nicht erkennen lässt, ob das Urteil wegen einer Verletzung einer Rechtsnorm über das Verfahren oder wegen der Verletzung sachlichen Rechts angefochten wird.[400] Die Revisionseinlegung allein, ebenso wie die Beschränkung auf bestimmte Beschwerdepunkte, also beispielsweise auf das Adhäsionsverfahren, kann nicht als Erhebung der Sachrüge angesehen werden.

b) Anfechtung des gesamten Urteils

207 Sofern der Angeklagte das gesamte Urteil, also sowohl den straf-, als auch den zivilrechtlichen Teil, anfechten möchte, muss er dies mit den Rechtsmitteln der Berufung gem. § 312 StPO oder der Revision gem. § 333, 335 StPO tun.

aa) Berufung

208 Im Berufungsverfahren verhandelt und entscheidet das Berufungsgericht über den Anklagevorwurf und den zivilrechtlichen Anspruch erneut. Dabei stehen dem Berufungsgericht alle Entscheidungsmöglichkeiten offen, die in der ersten Instanz möglich sind. Insbesondere kann das Berufungsgericht die Schuld des Angeklagten feststellen oder eine Maßregel gegen ihn verhängen, hinsichtlich des Adhäsionsanspruchs aber von einer Entscheidung absehen. Wird der Angeklagte freigesprochen, wird gem. 406a III StPO auch die zivilrechtliche Verurteilung aufgehoben.

Im Bereich der Annahmeberufung gem. § 313 StPO ändert der Umstand, dass sich das amtsgerichtliche Urteil nicht darauf beschränkt, eine Geldstrafe von bis zu 15 Ta-

---

400 BGH, NStZ 2000, 388.

gesätzen auszuwerfen, sondern darüber hinaus einen Adhäsionsanspruch zuerkannt hat, nichts daran, dass die Berufung der Annahme durch das Berufungsgericht bedarf. Dies gilt jedenfalls dann, wenn im Adhäsionsverfahren der Angeklagte zur Zahlung einer Geldsumme verurteilt wird, die die zivilprozessuale Berufungssumme nicht erreicht.[401] Das OLG Jena hat die Frage offen gelassen, ob es einer Berufungsannahme bedarf, wenn der Angeklagte zu einer 15 Tagessätze nicht überschreitenden Geldstrafe und einer die zivilprozessuale Berufungssumme überschreitenden Schadensersatzzahlung verurteilt wird. Es führt jedoch aus, dazu zu neigen, diese Frage zu verneinen.

Diese Auffassung dürfte unzutreffend sein. Es ist nicht erkennbar, dass durch das Adhäsionsverfahren das System der strafrechtlichen Rechtsmittel erweitert werden sollte. Dem Angeklagten bleibt weiter die Möglichkeit offen, nur den zivilrechtlichen Teil der Verurteilung anzufechten. Dies muss keinen Einfluss auf die Anfechtbarkeit der strafrechtlichen Verurteilung haben.

bb) Revision

Für den Fall der Revision gilt, dass das Revisionsgericht die Sache nicht allein wegen des zivilrechtlichen Teils der Entscheidung an den Tatrichter zurückverweist. Dies folgt auch nicht aus der im Strafverteidiger veröffentlichten Entscheidung BGH StV 2012, 711, denn hier lag gleichzeitig eine erfolgreiche Revision der Staatsanwaltschaft vor. Will das Revisionsgericht die strafrechtliche Verurteilung bestätigen, nicht aber die zivilrechtliche Entscheidung, hebt das Revisionsgericht diese auf und sieht gem. § 406 III StPO von einer Entscheidung über den Adhäsionsantrag ab. Eine Zurückverweisung allein wegen des zivilrechtlichen Teils der Entscheidung an das Tatgericht kommt nicht in Betracht.[402] Auch das Revisionsgericht hat aber die Grundsätze des § 406 I StPO zu beachten und ggf. die Entscheidung dem Grunde nach aufrecht zu erhalten.[403] Auch eine Zurückverweisung nur wegen der Höhe des Betrages kommt nicht in Betracht; darüber hat nach § 406 III 4 StPO das zuständige Zivilgericht zu entscheiden.[404]

209

Der Tenor der revisionsgerichtlichen Entscheidung lautet in solchen Fällen beispielsweise:[405]

210

Beispiel: Auf die Revision des Angeklagten wird das angefochtene Urteil dahin geändert, dass an die Stelle der Verurteilung des Angeklagten zur Zahlung eines auf 20.000 EUR bezifferten Schmerzensgeldes und der zugehörigen Vollstreckbarkeitsentscheidung der Ausspruch tritt:

Auch der wegen dieser Tat (wegen des Handtaschenraubes vom 1.1.2007 im Stadtpark von Hamburg) von der Nebenklägerin X gegen den Angeklagten erhobene Anspruch auf Schmerzensgeld ist dem Grunde nach gerechtfertigt. Im Ürigen wird von einer Entscheidung abgesehen.

---

401 OLG Jena, NStZ-RR 1997, 274.
402 BGH, NStZ 1988, 237; BGH, Beschl. v. 23.7.2015, – 3 StR 194/15 –.
403 BGHSt 44, 202; Meyer-Goßner, § 406 a Rn. 5; KK StPO/Zabeck, § 406 a Rn. 2.
404 BGHSt 44, 202.
405 Nach BGHSt 44, 202; BGH, NJW 2014, 1544.

Die weitergehende Revision wird verworfen.

Der Angeklagte hat die Kosten seines Rechtsmittels und die der Nebenklägerin im Revisionsverfahren entstandenen notwendigen Auslagen zu tragen (§ 473 IV StPO). Die Entscheidung über die durch das Adhäsionsverfahren entstandenen Kosten und Auslagen bleibt dem Schlussurteil vorbehalten (vgl. zu dieser Kostenentscheidung bei einem Grundurteil Rn. 186 a).

Kann das Revisionsgericht über den strafrechtlichen Teil des Urteils durch Beschluss nach § 349 II StPO entscheiden, dann kann es dabei auch über die Adhäsionsentscheidung mitentscheiden, ohne an den Antrag der Staatsanwaltschaft gebunden zu sein.[406] Aus § 406 a II 2 StPO ergibt sich nämlich, dass das Rechtsmittelgericht ohne Hauptverhandlung entscheiden kann, wenn lediglich über die Zubilligung einer Entschädigung zu befinden ist.[407]

Wird die strafrechtliche Entscheidung aufgehoben und spricht das Revisionsgericht nach § 354 I StPO frei oder stellt das Verfahren ein, so wird zugleich die zivilrechtliche Entscheidung aufgehoben und von der Entscheidung abgesehen.[408]

Wird die strafrechtliche Verurteilung nur im Rechtsfolgenausspruch aufgehoben und ist die Adhäsionsentscheidung nicht zu beanstanden, dann umfasst die Aufhebung und Zurückverweisung im Rechtsfolgenausspruch nicht den Adhäsionsausspruch. Dieser ist neben dem Schuldspruch in Rechtskraft erwachsen. Dies folgt aus einem Umkehrschluss aus § 406 a Abs. 3 StPO. Wenn Adhäsionsverurteilungen bei Wegfall der strafrechtlichen Verurteilung wegen der Tat, die der Adhäsionsverurteilung zugrunde liegt, aufzuheben sind, folgt daraus im Umkehrschluss, dass bei rechtskräftigem Schuldspruch auch die darauf beruhende Adhäsionsverurteilung fortbesteht und damit in Rechtskraft erwächst.[409]

211 Hinsichtlich der Kostenentscheidung im Revisionsverfahren gelten grundsätzlich die allgemeinen Regeln. Wird die Adhäsionsentscheidung im Revisionsverfahren aufgehoben, weil nach der Revisionsentscheidung eine Zurückverweisung nur noch hinsichtlich der Bildung einer Einzel- und Gesamtfreiheitsstrafe zu erfolgen hat und das Verfahren für die Klärung weiterer zivilrechtlicher Zweifelsfragen ungeeignet ist, hat der BGH es gem. § 472 a II StPO als dem billigen Ermessen entsprechend angesehen, der Staatskasse die gerichtlichen Auslagen im Adhäsionsverfahren aufzuerlegen und im Übrigen von einer Auslagenentscheidung abzusehen.[410]

c) Anfechtung nur des strafrechtlichen Teils des Urteils

212 Sofern der Angeklagte sein Rechtsmittel auf den strafrechtlichen Teil des Urteils beschränkt, ist umstritten, ob in diesem Fall der zivilrechtliche Teil in Rechtskraft erwächst. Teilweise wird vertreten, dass der Adhäsionsausspruch zunächst nicht in Rechtskraft erwächst, da nach § 406 a III die Adhäsionsentscheidung selbst dann auf-

---

406 BGH, Beschl. v. 3.4.2007, – 3 StR 92/07 –; Beschl. v. 4.6.2014, – 4 StR 104/14; Beschl. v. 11.5.2015, – 3 StR 115/15.
407 BGH, Beschl. v. 4.6.2014, – 4 StR 104/14 –.
408 SK-StPO/Velten, § 406 a Rn. 5.
409 OLG Celle, Beschl. v. 23.2.2015, 32 Ss 184/14, StraFo 2015, 327.
410 BGH, v. 29.6.2006, – 5 StR 485/05 –.

gehoben werden könne, wenn sie nicht angefochten wurde, sofern das Rechtsmittelgericht den strafrechtlichen Schuldspruch beseitige.[411] Nach anderer Auffassung erwächst die zivilrechtliche Entscheidung in Rechtskraft, sofern der Angeklagte sein Rechtsmittel auf die strafrechtliche Verurteilung beschränkt, da auch die Möglichkeit einer Rechtsmittelerstreckung nach § 357 StPO grundsätzlich der Rechtskraft des Urteils gegenüber dem nicht revidenten grundsätzlich nicht entgegenstehe.[412] Dieser Auffassung ist aus systematischen Erwägungen der Vorzug zu geben.

Auch wenn das Revisionsgericht das Strafurteil zunächst nur aufhebt und zurückverweist, bleibt die Adhäsionsentscheidung zunächst noch bestehen. Erst wenn das Tatgericht in der Strafsache freispricht, findet § 406 a III StPO Anwendung.[413]

Die Adhäsionsentscheidung wird im Revisionsverfahren auch dann aufgehoben, wenn sie nicht revidente Mitangeklagte betrifft, denen über § 357 StPO ein Freispruch des Revisionsführers zugute kommt.[414] § 357 StPO gilt aber auch dann, wenn im Rechtsmittelverfahren nur der Entschädigungsausspruch wegen einer fehlenden Verfahrensvoraussetzung aufgehoben wird.[415] Zwar gilt § 357 StPO nur bei Gesetzesverletzungen bei Anwendung des Strafgesetzes. Es ist aber anerkannt, dass darunter auch das Fehlen von Verfahrensvoraussetzungen fällt, die vom Revisionsgericht von Amts wegen zu prüfen sind. Darunter fällt ua das Antragserfordernis als besondere Verfahrensvoraussetzung für das Adhäsionsverfahren. Ergibt sich demnach im Revisionsverfahren, dass etwa kein Adhäsionsantrag gestellt worden ist, aber dennoch ein Entschädigungsausspruch erfolgt ist, so ist dieser aufzuheben auch hinsichtlich der nicht revisionsführenden und davon betroffenen Mitangeklagten.[416]

213

d) Anfechtung nur des zivilrechtlichen Teils des Urteils

Sofern der Angeklagte nur den zivilrechtlichen Teil des Urteils anficht, wird der strafrechtliche Teil rechtskräftig, sofern dieser nicht von einem anderen Verfahrensbeteiligten angefochten wird. § 406 a II StPO bestimmt für diese Konstellation, also dass der Angeklagte nur den zivilrechtlichen Teil anficht, dass der Angeklagte diesen Teil mit dem sonst zulässigen Rechtsmittel anfechten kann, womit die sonst strafprozessual zulässigen Rechtsmittel gemeint sind. Nach § 406 a II 2 StPO kann in diesem Fall über das Rechtsmittel durch Beschluss in nichtöffentlicher Sitzung entschieden werden. Diese Regelung erweitert die Entscheidungsmöglichkeiten durch Beschluss nur für die Fälle, in denen das Berufungsgericht das Rechtsmittel zurückweisen möchte, denn eine Aufhebung des Adhäsionsausspruches wegen Unbegründetheit des Adhäsionsantrages ist gem. § 406 I 3 StPO ohnehin in Form der Absehensentscheidung außerhalb der Hauptverhandlung durch Beschluss möglich.

214

---

411 OLG Neustadt, NJW 1952, 718; SK-StPO/Velten, § 406 b Rn. 7; Köckerbauer, Die Geltendmachung zivilrechtlicher Ansprüche im Strafverfahren – der Adhäsionsprozeß, NStZ 1994, 305, 310.
412 Löwe-Rosenberg/Hilger, § 406 a Rn. 7; KMR-StPO/Stöckel, § 406 a Rn. 5.
413 SK-StPO/Velten, § 406 a Rn. 7; KMR-StPO/Stöckel, § 406 a Rn. 7, 8.
414 SK-StPO/Velten, § 406 a Rn. 7.
415 BGH, NStZ 1988, 470.
416 BGH, NStZ 1988, 470.

215 Die durch das (erste) Opferrechtsreformgesetz neu eingeführte Regelung in § 406 a II 3 StPO, wonach auf Antrag des Angeklagten oder des Antragstellers eine mündliche Anhörung der Beteiligten statt zu finden hat, wenn das zulässige Rechtsmittel die Berufung ist, wird allgemein als überflüssig kritisiert.[417] Diese Kritik wird damit begründet, dass nach der Neufassung nunmehr neben der Berufungsverhandlung eine weitere mündliche Verhandlung ohne Schöffen vorgesehen sei, was überflüssig sei, da das Berufungsgericht den Antragsteller in der Berufungsverhandlung anhören könne.[418] Tatsächlich dürfte sich § 406 a II 2 StPO jedoch nur auf die Fälle beziehen, in denen der Angeklagte gerade gegen den strafrechtlichen Teil des Urteils keine Berufung eingelegt hat, was sich aus § 406 a II 1 StPO ergibt. § 406 a II 3 StPO ist nach der hier vertretenen Auffassung als Sonderregelung für die Fälle zu verstehen, für die § 406 a II StPO insgesamt eine Regelung trifft.

215a Soll in der Berufungsinstanz oder in der Revisionsinstanz auf das entsprechende Rechtsmittel des Angeklagten die Adhäsionsentscheidung aufgehoben werden, ist darauf zu achten, dass auch die auf der Adhäsionsentscheidung beruhende Kostenentscheidung aufgehoben wird. Dazu bedarf es keiner gesonderten Kostenbeschwerde, denn mit Aufhebung der Adhäsionsentscheidung wird auch der entsprechenden Kostenentscheidung die Grundlage entzogen.[419] Das Berufungs- oder Revisionsgericht sieht dann von einer Entscheidung über den Entschädigungsantrag ab, da allein wegen des zivilrechtlichen Teils nicht zurückverwiesen wird (s. o. Rn. 209), und muss eine eigene Kostenentscheidung nach § 472 a II StPO treffen. Der BGH hat es in einem solchen Fall für angemessen angesehen, die durch das Adhäsionsverfahren entstandenen gerichtlichen Auslagen der Staatskasse aufzuerlegen und hinsichtlich der im Adhäsionsverfahren entstandenen notwendigen Auslagen auszusprechen, dass diese jeder selbst trägt.[420]

3. Wiederaufnahme des Verfahrens

216 Gem. § 406 c StPO kann der Angeklagte auch den Antrag auf Wiederaufnahme des Verfahrens allein gegen den zivilrechtlichen oder den strafrechtlichen Teil des Urteils richten. In beiden Fällen gelten die Vorschriften der StPO, nicht die der ZPO.[421]

Das Ziel des Wiederaufnahmeverfahrens muss nach dem Wortlaut des § 406 c I StPO sein, sofern es nur den zivilrechtlichen Teil betreffen soll, eine wesentlich andere Entscheidung über den Anspruch herbeizuführen. Wesentlich ist dabei jede Abänderung der Entscheidung, die den Anspruch dem Grunde nach verneint, zu einer Anspruchsteilung wegen Mitverschuldens oder zu einer im Hinblick auf die Gesamtforderung nicht nur unwesentlichen Modifizierung der Bemessung führt.[422]

Die Entscheidung ergeht in diesen Fällen ohne Erneuerung der Hauptverhandlung durch Beschluss, § 406 c I 2 StPO.

---

417 Meyer-Goßner, § 406 a Rn. 6; KMR-StPO/Stöckel, § 406 a Rn. 6.
418 Meyer-Goßner, § 406 a Rn. 6.
419 BGH, StV 2012, 711; BGH, NStZ-RR 2010, 344; BGHSt 26, 250.
420 BGH, NStZ-RR 2010, 344.
421 KMR-StPO/Söckel, § 406 c Rn. 1; SK-StPO/Velten, § 406 c Rn. 2; Löwe-Rosenberg/Hilger, § 406 c Rn. 1.
422 SK-StPO/Velten, § 406 c Rn. 2; KMR-StPO/Stöckel, § 406 c Rn. 2; Löwe-Rosenberg/Hilger, § 406 c Rn. 2.

Auch im Wiederaufnahmeverfahren gilt, dass der zivilrechtliche Anspruch nicht aberkannt werden kann, sondern das Gericht auch hier für den Fall, dass es den Anspruch ganz oder teilweise nicht zusprechen will, von einer Entscheidung abzusehen hat.

4. Rechtsmittel gegen Kostenentscheidung

Sofern eine für den Adhäsionskläger nachteilige Kostenentscheidung ergeht, beispielsweise in Fällen einer Antragsrücknahme, stellt sich die Frage, ob die daraufhin ergehende Kostenentscheidung mit der Kostenbeschwerde gem. § 464 III 1 StPO angefochten werden kann. Eine solche Kostenbeschwerde ist jedoch grundsätzlich unzulässig, wenn eine Anfechtung der Hauptentscheidung durch den Beschwerdeführer nicht statthaft ist, vgl. § 464 III 1 Hs. 2 StPO. Dies dürfte in Fällen einer für den Adhäsionskläger nachteiligen Entscheidung der Fall sein. Hauptentscheidung im Sinne des § 464 III 1 StPO ist im Falle eines Antrages nach § 403 ff. StPO die Entscheidung des Strafgerichts über den vermögensrechtlichen Entschädigungsanspruch. Sofern das Strafgericht dem Antrag ganz oder teilweise nicht statt gibt und von einer Entscheidung absieht, steht dem Antragsteller kein Rechtsmittel zu. Demnach ist auch eine Kostenbeschwerde gem. § 464 III 1 StPO unzulässig.[423]

217

X. Die Bewilligung von Prozesskostenhilfe

Nach § 404 V StPO ist die Bewilligung von Prozesskostenhilfe für das Adhäsionsverfahren sowohl für den Antragsteller als auch für den Angeschuldigten möglich.

218

1. Das Verfahren

a) Die Antragstellung

Der Antrag auf Bewilligung von Prozesskostenhilfe kann gestellt werden, sobald die Klage (öffentliche oder Privatklage) erhoben ist, § 404 V 1 StPO. Im Strafbefehlsverfahren bedeutet dies, dass eine Antragstellung möglich ist, sobald Termin zur Hauptverhandlung gemäß § 411 StPO anberaumt worden ist.[424] Er ist bei dem Prozessgericht zu stellen und kann auch zu Protokoll der Geschäftsstelle erklärt werden, und zwar nach § 129 a ZPO auch zu Protokoll der Geschäftsstelle an einem anderen Amtsgericht. Der Antrag kann auch schon bei der Staatsanwaltschaft gestellt werden, bevor die Sache gerichtlich anhängig ist, auch gleichzeitig mit der Strafanzeige, er wird dann aber erst wirksam, wenn er bei Gericht eingeht. Prozesskostenhilfe kann erst bewilligt werden, wenn die öffentliche Klage oder Privatklage erhoben, also die Anklageschrift eingereicht ist, § 404 V 1 StPO.[425] Ein Antrag auf Prozesskostenhilfe unter gleichzeitiger Ankündigung eines Entschädigungsantrages genügen nicht.[426]

219

Der Antrag auf Bewilligung von Prozesskostenhilfe kann bis zum Abschluss der Instanz gestellt werden. Im Regelfall wirkt die Bewilligung auf den Zeitpunkt des An-

---

423 OLG Düsseldorf, RPfl 1989, 77.
424 Meyer-Goßner, § 404, Rn. 14.
425 Meyer-Goßner, § 404, Rn. 4, 14.
426 Meyer-Goßner, § 404, Rn. 4 mit Hinweis auf BGH NStZ 90, 230.

tragseingangs zurück.⁴²⁷ Zu beachten ist aber, dass der Antrag nach Beginn der Schlussvorträge, die dem den Rechtszug abschließenden Urteil vorausgehen, nicht mehr gestellt werden kann.⁴²⁸

Das Verfahren, in dem über den Prozesskostenhilfeantrag entschieden wird, richtet sich nach §§ 117 ff. ZPO. § 404 V 1 StPO verweist nämlich auf die Vorschriften „wie in bürgerlichen Rechtsstreitigkeiten", also auf die §§ 114 ff. ZPO.

220 Die Antragstellung ist in § 117 ZPO geregelt. Nach § 117 I 2 ZPO ist in dem Antrag das Streitverhältnis unter Angabe der Beweismittel darzustellen. Vorzutragen ist also der beabsichtigte Antrag sowie die tatsächlichen Behauptungen unter Angabe der Beweismittel. Sowohl der Adhäsionskläger als auch der Angeklagte dürfen hier auf die Anklage und den Akteninhalt verweisen.⁴²⁹ Der Adhäsionskläger kann seinen Antrag auf Bewilligung von Prozesskostenhilfe mit dem Adhäsionsantrag verbinden. Er muss dann allerdings deutlich machen, ob es sich zunächst nur um einen Prozesskostenhilfeantrag handelt oder ob der Adhäsionsantrag sogleich zugestellt werden soll.

Gemäß § 117 II, IV ZPO hat der Antragsteller dem Antrag auf Bewilligung von Prozesskostenhilfe auf einem amtlichen Vordruck eine Erklärung über die wirtschaftlichen Verhältnisse zusammen mit entsprechenden Belegen beizufügen. Eine Partei, die nach dem SGB XII laufende Hilfe zum Lebensunterhalt bezieht, braucht die Fragen E–J des amtlichen Vordrucks nicht zu beantworten, wenn sie der Erklärung den letzten Bewilligungsbescheid beifügt. Soweit eine Partei laufende Hilfe zum Lebensunterhalt bezieht, wird die Bedürftigkeit nach § 114 ZPO vermutet.

Diese Erklärung betreffend die wirtschaftlichen und persönlichen Verhältnisse soll die gerichtliche Prüfung der persönlichen und wirtschaftlichen Voraussetzungen für die Bewilligung (§§ 114, 115 ZPO) im Verfahren nach § 118 ZPO ermöglichen. Fehlen die Belege, so hat das Gericht vor Ablehnung des Antrages auf ihre Vorlage hinzuwirken, § 118 II ZPO. Stellen der Adhäsionskläger oder der Angeklagte den Prozesskostenhilfeantrag erst im Hauptverhandlungstermin, so setzt der Richter nach § 118 II 4 ZPO eine Frist zur Vorlage der Erklärung betreffend die persönlichen und wirtschaftlichen Verhältnisse. Eine Ablehnungsentscheidung ist erst nach Aufforderung und fruchtlosem Ablauf der gesetzten Frist möglich.⁴³⁰

Das Bewilligungsverfahren ist in §§ 118, 119 ZPO geregelt. Dem Antragsgegner muss rechtliches Gehör gewährt werden. Dies geschieht durch formlose Übersendung des Prozesskostenhilfegesuchs mit Gelegenheit zur Stellungnahme innerhalb einer bestimmten Frist. Dabei werden die Angaben zu den persönlichen und wirtschaftlichen Verhältnissen gemäß § 117 II 2 ZPO nicht mit übersandt.

b) Die Entscheidung

221 Über den Antrag entscheidet das mit der Strafsache befasste Gericht. Aus Gründen der Verfahrensbeschleunigung ist der die Prozesskostenhilfe zurückweisende Be-

---

427 Zöller/Geimer, § 119 Rn. 39, 41.
428 Meyer-Goßner, § 404, Rn. 4.
429 Löwe-Rosenberg/Hilger, § 404 Rn. 25.
430 Zöller-Geimer, § 118, Rn. 17–17 a.

schluss des Strafrichters nicht anfechtbar, § 404 V 3 StPO. Das Strafverfahren soll nicht durch ein Beschwerdeverfahren über Prozesskostenhilfe belastet oder verzögert werden. Auch eine Beschwerde der Staatskasse ist nicht zulässig.[431]

Die Bewilligung der Prozesskostenhilfe gilt stets nur für das Verfahren in einem Rechtszug; bei einem über den prozessual geltend gemachten Anspruch hinausgehenden Prozessvergleich kann das Gericht auf Antrag die bewilligte Prozesskostenhilfe ausdehnen.[432] Ein Prozesskostenhilfe ganz oder teilweise ablehnender Beschluss sollte stets kurz begründet werden, obwohl eine Beschwerde gegen den Beschluss gemäß § 404 V 3 StPO nicht möglich ist – sonst wird der Anspruch des Antragstellers auf rechtliches Gehör aus Artikel 103 I GG verletzt. Die Ablehnung kann entweder auf die fehlende Erfolgsaussicht des Klagebegehrens oder aber auf das Fehlen der persönlichen und wirtschaftlichen Voraussetzungen gestützt werden. Soweit die Ablehnung der Prozesskostenhilfe auf das Fehlen der persönlichen und wirtschaftlichen Verhältnisse gestützt wird, erhält der Gegner hiervon keine Kenntnis, § 127 I 3 ZPO.

Die Entscheidung betreffend den Prozesskostenhilfeantrag sollte enthalten: 222

- Ausspruch über Bewilligung der Prozesskostenhilfe (eventuell Umfang der Bewilligung und/oder vom Antragsteller zu zahlende Monatsraten)
- Beiordnung eines Rechtsanwaltes gemäß § 121 I ZPO
- Kurze Begründung der Entscheidung, soweit eine (teilweise) Ablehnung erfolgt
- Keine Kostenentscheidung bzw. ein klarstellender Ausspruch wie folgt:
  - „Die Entscheidung ergeht gerichtsgebührenfrei; außergerichtliche Kosten werden nicht erstattet".
  - In den Gründen des Beschlusses kann auf §§ 1 GKG, 118 I 4 ZPO verwiesen werden.

2. Die Voraussetzungen für die Bewilligung von Prozesskostenhilfe
a) Die tatsächlichen und wirtschaftlichen Verhältnisse des Antragstellers

Nach § 114 I 1 ZPO darf die Partei nach ihren persönlichen und wirtschaftlichen 223 Verhältnissen nicht, nur zum Teil oder nur in Raten in der Lage sein, die Kosten der Prozessführung aufzubringen. Gemäß § 115 I 1 ZPO hat der Antragsteller sein Einkommen einzusetzen. Maßgebend ist gemäß § 115 I 2 ZPO das Bruttoeinkommen, also das Arbeitseinkommen einschließlich Urlaubs- und Weihnachtsgeld, Kindergeld, Zinsen aus Darlehen und Spargutshaben, Mieteinnahmen und Sachbezüge, soweit sie Geldwert haben, wie zum Beispiel eine freie Wohnung.[433]

Vom Bruttoeinkommen sind sodann notwendige Abzüge vorzunehmen, um das tat- 224 sächlich der Partei zur Verfügung stehende Nettoeinkommen festzustellen. Dies sind:

---

431 Löwe-Rosenberg/Hilger, § 404 Rn. 27.
432 Zöller-Geimer, § 118, Rn. 11.
433 Zöller-Geimer, § 115 Rn. 10.

- Die in § 82 II SGB XII genannten Belastungen (§ 115 I 3 Nr. 1 a ZPO), Steuern, Sozialversicherungsbeiträge, öffentliche oder private Versicherungsbeiträge, Werbungskosten und Leistungen zur Arbeitsförderung
- Freibeträge für die Partei, deren Ehegatten/Lebenspartner und weitere Unterhaltsberechtigte (§ 115 I 3 Nr. 2 ZPO). Die maßgebenden Beträge werden im Bundesgesetzblatt bekannt gemacht Zu beachten ist noch, dass eigenes Einkommen der unterhaltsberechtigten Person auf die Unterhaltsfreibeträge anzurechnen ist. Die Beträge betragen derzeit (Januar 2016)
  - der Erwerbstätigenbonus nach § 115 I 3 Nr. 1 b ZPO 213,- EUR
  - der Freibetrag für die Partei und ihren Ehegatten/Lebenspartner nach § 115 I 3 Nr. 2 a je 468,- EUR
  - für jede weitere Person, der der Antragsteller gesetzlich Unterhalt leistet, § 115 I 3 Nr. 2 b. Insoweit ist der maßgebende Freibetrag entsprechend dem Alter des Unterhaltsberechtigten nach den Regelbedarfsstufen 3 bis 6 der Anlage zu § 28 SGB II gestaffelt. Er beläuft sich zur Zeit auf monatlich 374,- EUR für Erwachsene, 353,- EUR für Jugendliche vom Beginn des 15. bis zur Vollendung des 18. Lebensjahres, monatlich 309,- EUR für Kinder vom Beginn des siebten bis zur Vollendung des 14. Lebensjahres und monatlich 272,- EUR für Kinder bis zur Vollendung des sechsten Lebensjahres.
- Kosten für Unterkunft und Heizung gemäß § 115 I 3 Nr. 3 ZPO
- Weitere Beträge nach § 115 I 3 Nr. 5 ZPO, soweit sie für die Partei eine besondere Belastung darstellen, zum Beispiel Schulden im Rahmen eines Tilgungsplans, hohe Arztkosten etc.[434]

225 Die Einkommensverhältnisse können demnach wie folgt berechnet werden:

Musterformular:

Nettoeinkommen monatlich einschließlich
anteiliges Urlaubs- und Weihnachtsgeld   _____ EUR

Hiervon werden folgende Beträge in Abzug gebracht:

- ☐ Abschlag für Erwerbstätige (213,- EUR)   − _____ EUR
- ☐ Unterkunft/Heizung   − _____ EUR
- ☐ Versicherungsbeiträge   − _____ EUR
- ☐ Angemessene Zins- und Tilgungsraten   − _____ EUR
- ☐ Freibetrag für den Antragsteller (468,- EUR)   − _____ EUR
- ☐ Freibetrag für Ehegatten/Lebenspartner (468,- EUR abzüglich
     etwaiges Einkommen des Ehegatten/Lebenspartners)[435]   − _____ EUR

---

[434] Zöller-Geimer, § 115 Rn. 37 ff.
[435] Es werden keine Negativbeträge in Abzug gebracht; übersteigt das Einkommen des Ehegatten den Freibetrag von 468,- EUR, erfolgt dementsprechend kein Abzug; liegt das Einkommen des Ehegatten unter 468,- EUR, z.B. bei 300,- EUR monatlich, wären noch 168,- EUR in Abzug zu bringen.

☐ Freibetrag für jede weitere Person, die naturalunterhaltsberechtigt ist, also z.B. 1 x 353,– EUR für 16jährigen Jugendlichen (abzüglich Einkommen des jeweiligen Unterhaltsberechtigten),[436]
insgesamt also – _____ EUR
☐ Sonstige Belastungen – _____ EUR
Einzusetzendes Einkommen = _____ EUR

Inwieweit das auf diese Weise ermittelte einzusetzende Einkommen für die Prozessführung einzusetzen ist, bestimmt § 115 II ZPO. Danach ist die auf volle EUR-Beträge abgerundete Hälfte des Monatseinkommens als Rate zu zahlen, das nach Abzug der in § 115 I genannten Beträge einzusetzen ist. Beträgt das einzusetzende Einkommen mehr als 600,– EUR, so ist die Monatsrate auf 300,– EUR zzgl. des Teils des Einkommens zu bemessen, der 600,– EUR übersteigt. 226

Eine weitere Einschränkung enthält § 115 IV ZPO. Danach wird Prozesskostenhilfe nicht bewilligt, soweit die Kosten der Prozessführung der Partei vier Monatsraten und die aus dem Vermögen aufzubringenden Teilbeträge voraussichtlich nicht übersteigen. D. h.: entstehen Kosten, die vier Monatsraten nicht übersteigen, so ist es der Partei zuzumuten, sich die erforderlichen Mittel auf andere Weise, z.B. durch Überziehung des Girokontos zu beschaffen.[437] Die voraussichtlichen Kosten sind wie folgt zu berechnen: Zunächst ist der Streitwert zu ermitteln. Sodann sind die voraussichtlichen Kosten des Rechtsstreites zu bestimmen, wobei vom beabsichtigten Klageantrag des Antragstellers auszugehen ist. In Ansatz zu bringen sind alle vom Antragsteller zum Erstreiten eines obsiegenden Urteils notwendigen Verfahrenskosten; dazu gehören nicht die außergerichtlichen Kosten des Gegners. Prozesskostenhilfe erhält, wer die *eigenen* Prozesskosten nicht, nur zum Teil oder nur in Raten aufbringen kann, schützt aber nicht vor Kostenerstattungsansprüchen des Gegners.[438] 227

Nach § 115 III 1 StPO hat die Partei ihr Vermögen einzusetzen, soweit dies zumutbar ist. Vermögen ist auch ein Anspruch auf Prozesskostenvorschuss. Die Vorschusspflicht des Ehegatten gemäß § 1360 a BGB gilt auch für im Strafverfahren anfallende Kosten, also auch für das Adhäsionsverfahren.[439] Auch eine Rechtsschutzversicherung gehört zum Vermögen und ist für die Prozessfinanzierung einzusetzen. Sobald die Rechtsschutzversicherung eine Deckungszusage erteilt hat, entfällt die Bedürftigkeit.[440]

b) Die beabsichtigte Rechtsverfolgung oder Rechtsverteidigung muss hinreichende Aussicht auf Erfolg bieten und darf nicht mutwillig erscheinen, § 114 S. 1 ZPO
Dies bedeutet für den Prozesskostenhilfeantrag des **Adhäsionsklägers**: 228

Der Klageantrag im Adhäsionsverfahren muss zulässig und die beabsichtigte Klage muss schlüssig sein. Der Adhäsionskläger braucht nur Tatsachen vorzutragen, wobei ein Verweis auf die Anklageschrift und die Akte möglich ist.

---

436 Es werden keine Negativbeträge in Abzug gebracht; übersteigt das Einkommen des jeweiligen Unterhaltsberechtigten den Freibetrag von 353,– EUR, erfolgt dementsprechend kein Abzug; liegt das Einkommen des Unterhaltsberechtigten unter 353,– EUR, z.B. bei 300,– EUR monatlich, wären noch 153,– EUR in Abzug zu bringen.
437 Zöller-Geimer, § 115, Rn. 77.
438 Zöller-Geimer, § 115, Rn. 79.
439 Palandt-Brudermüller, § 1360 a, Rn. 13.
440 BeckOK ZPO, Vorwerk/Wolf § 115, Rn. 52.

229 Im Rahmen der Prüfung der Erfolgsaussicht hat das Gericht auch zu prüfen, ob die vom Adhäsionskläger vorgetragenen Tatsachen bei der Hauptsacheentscheidung voraussichtlich zum Zuge kommen können. Das ist immer dann gegeben, wenn der Tatsachenvortrag von dem Antragsgegner – hier dem Angeklagten – nicht bestritten wird, also wenn er geständig ist. Soweit er die ihm zur Last gelegte Tat, zB die Körperverletzung bestreitet, ist zu prüfen, ob der Adhäsionskläger Beweis angetreten hat und ob diese Beweisanträge wenigstens einen Beweis als möglich erscheinen lassen. Das Gericht prüft also, ob Zeugen zur Verfügung stehen, die ggf. die dem Angeklagten zur Last gelegte Tat bestätigen könnten. Eine Vorwegnahme der Beweiswürdigung ist allerdings ausgeschlossen.

Das Gericht prüft bereits hier ein etwaiges Mitverschulden des Adhäsionsklägers, welches sich bereits aus seinem eigenen Vortrag ergeben kann und hat dann ggf. insoweit die Bewilligung von Prozesskostenhilfe – teilweise – zurückzuweisen. Des Weiteren hat das Gericht auch an dieser Stelle die Höhe des geltend gemachten Schadensersatz- oder Schmerzensgeldanspruchs zu prüfen. Soweit es den geltend gemachten Schmerzensgeldanspruch angesichts der vom Kläger vorgetragenen Verletzungen für zu hoch hält, ist die Prozesskostenhilfe bzgl. des nicht schlüssigen, überhöhten Teils zurückzuweisen. Der Adhäsionskläger kann sodann seinen Adhäsionsantrag entsprechend stellen bzw. korrigieren. Auf diese Weise vermeidet er eine für ihn ungünstige Kostenentscheidung. Hinzu kommt, dass auch die bewilligte Prozesskostenhilfe sich nicht auf die Kostenerstattungsansprüche des Gegners erstreckt. § 122 ZPO stellt die Partei nicht von den Kosten des Gegners, sondern nur von den eigenen Gerichts- und Anwaltskosten frei. Dementsprechend soll auch das über den Prozesskostenhilfeantrag des Adhäsionsklägers entscheidende Gericht die Schlüssigkeit des geltend gemachten Adhäsionsantrages hinsichtlich Grund und Höhe sorgfältig prüfen und nur insoweit Prozesskostenhilfe bewilligen, als auch eine Erfolgsaussicht besteht. Dies ist auch im Interesse des Adhäsionsklägers. Mit dem den Adhäsionsantrag – teilweise – ablehnenden Beschluss kommt der Strafrichter gleichzeitig seiner Hinweispflicht nach § 139 ZPO, welcher im Adhäsionsverfahren entsprechend heranzuziehen ist, nach.[441] § 139 ZPO muss nämlich auch im Adhäsionsverfahren Anwendung finden, da der Adhäsionskläger einen zivilrechtlichen Anspruch in diesem Verfahren geltend macht. Dadurch dass er die kostengünstigere und einfachere Art der Rechtsverfolgung wählt, braucht er keine Nachteile in Kauf zu nehmen.

230 Dies bedeutet für den Prozesskostenhilfeantrag des **Angeklagten**:

Bezüglich des Angeklagten bestehen Erfolgsaussichten hinsichtlich der Rechtsverteidigung, wenn die Klage unschlüssig ist oder wenn er Tatsachen vorträgt, die zur Klageabweisung führen können. Für das Adhäsionsverfahren bedeutet dies, dass der Angeklagte dann Prozesskostenhilfe erhalten kann, wenn er die ihm zur Last gelegte Tat bestreitet und hierfür auch Zeugen benennt.

---

441 Vgl. zur Hinweispflicht Rn. 27 ff.

Soweit er geständig ist und den geltend gemachten Anspruch anerkennt, verteidigt er sich nicht und erhält auch keine Prozesskostenhilfe. Etwas anderes gilt nur dann, wenn er sofort anerkennt und zur Klageerhebung keinen Anlass gegeben hat. Dann ist Prozesskostenhilfe zu gewähren.[442]

Problem: der Angeklagte beruft sich auf sein Schweigerecht und lässt sich aus diesem Grunde auch im Adhäsionsverfahren zum Adhäsionsantrag nicht ein, sondern schweigt.

Das Recht des Beschuldigten, zum Tatvorwurf zu schweigen, gehört zu den elementaren und traditionellen Grundsätzen des Strafverfahrens. Es stellt sich die Frage, inwieweit das Selbstbelastungsverbot im Strafprozess mit der sich aus § 404 V 1 StPO i.V.m. § 114 I ZPO normierten Verpflichtung des Angeklagten im Prozesskostenhilfeverfahren zur Sache vorzutragen, in Einklang zu bringen ist.

§ 404 V 1 StPO verweist ohne Einschränkung auf § 114 ZPO. Dies bedeutet, dass das Gericht bei einem Prozesskostenhilfeantrag des Angeklagten, neben den finanziellen Voraussetzungen, stets prüfen muss, ob die Rechtsverteidigung gegen den Adhäsionsantrag hinreichende Aussicht auf Erfolg bietet und nicht mutwillig erscheint. Hinreichende Erfolgsaussicht besteht, wenn das Gericht den Rechtsstandpunkt der PKH begehrenden Partei aufgrund ihrer Sachdarstellung und der vorhandenen Unterlagen mindestens für vertretbar hält und von der Möglichkeit der Beweisführung überzeugt ist. Es muss also aufgrund summarischer Prüfung des Sach-und Rechtslage möglich sein, dass der Antragsteller mit seinem Begehren durchdringen wird.[443] Soweit der Angeklagte schweigt, fehlt es an einem schlüssigen Verteidigungsvorbringen. Gemäß § 138 ZPO haben die Parteien ihre Erklärungen über tatsächliche Umstände vollständig und der Wahrheit gemäß anzugeben. Für die Schlüssigkeit des Verteidigungsvorbringens ist die Wiedergabe der tatsächlichen Umstände, aus denen sich die gesetzlichen Voraussetzungen der begehrten Rechtsfolge, hier also der Abweisung des Adhäsionsantrages ergeben, erforderlich.[444] Prozesskostenhilfe kann, sofern der Angeklagte auch sonst keine Einwendungen gegen den Adhäsionsantrag vorbringt (Verjährung, Aufrechnung) nicht bewilligt werden, denn das Nichtbestreiten wird als Zugeständnis fingiert, das heißt, es entfällt die Beweisbedürftigkeit.[445] Die Frage, die sich nun stellt ist, ob der nemo-tenetur-Satz auch im Prozesskostenhilfeverfahren zur Anwendung kommen sollte, um den Angeklagten vor der soeben beschriebenen nachteiligen Folge zu bewahren.

Eine solche Ausdehnung des Anwendungsbereichs von nemo tenetur ist aus hiesiger Sicht abzulehnen:

Zunächst spricht hiergegen bereits der Wortlaut des § 404 V 1 StPO, der gerade keine Ausnahme für den (schweigenden) Angeklagten normiert.

---

442 Zöller-Geimer i, § 114 Rn. 25.
443 Zöller-Geimer, § 114, Rn. 19.
444 Zöller-Greger, § 138, Rn. 7 b.
445 Zöller-Greger, § 138, Rn. 9.

Auch im Zivilprozess muss eine Partei sich nicht selbst bezichtigen. Der Angeklagte kann also zu den Vorwürfen des Klägers schweigen. Dass die Partei sich durch wahrheitswidrigen Vortrag einer Straftat oder Unehrenhaftigkeit bezichtigen müsste, berechtigt sie grundsätzlich nicht zu wahrheitswidrigem Behaupten oder Bestreiten. Sie kann von entsprechendem Vorbringen absehen, hat dann aber gegebenenfalls die prozessualen Konsequenzen zu tragen.[446] Größerer Schutz muss im Zivilverfahren nicht eingeräumt werden.[447]

Das Sozialstaatsprinzip (Art. 20 I GG) gebietet, minderbemittelten Parteien PKH zu gewähren und zu verhindern, dass sie aus wirtschaftlichen Gründen daran gehindert werden, ihr Recht vor Gericht zu suchen.[448] Deshalb gewährt der Staat minderbemittelten Parteien PKH als eine Art Sozialhilfe. PKH setzt voraus, dass die Rechtsverfolgung oder –verteidigung hinreichende Aussicht auf Erfolg hat und nicht mutwillig ist. Art. 3 I GG verlangt nicht, dass im Bereich des Rechtsschutzes unbemittelte und bemittelte Prozessparteien vollständig gleichgestellt werden. Der Unbemittelte braucht nur solchen Bemittelten gleichgestellt werden, die ihre Prozessaussichten vernünftig abwägen und dabei auch das Kostenrisiko berücksichtigen.[449] Demgemäß findet der Beschuldigtenschutz seine Schranken in der Gewährleistung einer effektiven Rechtspflege und in berechtigten Drittinteressen. Es ist kein Grund ersichtlich den Angeklagten im Adhäsionsverfahren besser zu stellen, als den Beklagten im gesonderten Zivilprozess.

3. Die Beiordnung eines Rechtsanwaltes, § 404 V 2 StPO

231 Ein Rechtsanwalt wird gem. § 121 I ZPO beigeordnet, soweit eine Vertretung durch Anwälte vorgeschrieben ist (Anwaltsprozess). Des Weiteren wird ein Rechtsanwalt gem. § 121 II ZPO beigeordnet, wenn die Vertretung durch einen Rechtsanwalt erforderlich erscheint oder der Gegner durch einen Rechtsanwalt vertreten ist. Ob eine Vertretung erforderlich erscheint, ist im Einzelfall zu beurteilen nach der Schwierigkeit der Sach- und Rechtslage und der persönlichen Verhältnisse der Partei, insbesondere nach ihrer Fähigkeit sich mündlich und schriftlich auszudrücken. Zu beachten ist, dass der Gegner des Adhäsionsklägers, also der Angeklagte, nur dann anwaltlich vertreten im Sinne des § 121 II ZPO ist, wenn der Verteidiger auch hinsichtlich des Adhäsionsantrages tätig wird.[450]

§ 404 V 2 StPO bestimmt ferner, dass dem Verletzten sein Verteidiger sowie dem Adhäsionskläger sein Beistand nach § 406 f. StPO beigeordnet werden soll, falls diese bereits vorhanden sind. § 404 V 2 StPO will die Zahl der insgesamt im Verfahren mitwirkenden Rechtsanwälte möglichst begrenzen.[451]

232 Sowohl der Nebenklägervertreter als auch der Verteidiger haben nach der von der Mehrheit der Oberlandesgerichte (OLG Köln, BeckRS 2015 18093, OLG Celle,

---

446 Zöller-Greger, § 138, Rn. 3.
447 LAG Berlin-Brandenburg, Beschluss vom 13.6.2014 – 15 Ta 1109/14, BeckRS 2014, 70496.
448 BVerfG NJW 2008, 1060.
449 Zöller-Herget/Geimer, vor § 114, Rn. 1 mit weiteren Nachweisen.
450 KMR/Stöckel, § 404 Rn. 22.
451 KMR/Stöckel, § 404 Rn. 22.

NStZ-RR 2008, 190, OLG Bamberg, NStZ-RR 2009, 114) und hier vertretenen Auffassung darauf zu achten, dass sich die bewilligte Prozesskostenhilfe für die Nebenklage bzw. die Bestellung als notwendiger Verteidiger nicht auf das Adhäsionsverfahren erstreckt, sondern hierfür vielmehr die gesonderte Bewilligung von Prozesskostenhilfe notwendig ist:

- Wird dem Nebenkläger gem. § 397a I StPO ein Rechtsanwalt als Beistand bestellt, so erstreckt sich die Beiordnung nicht auf das Adhäsionsverfahren. Der Rechtsanwalt ist daher nicht befugt, für den Nebenkläger vermögensrechtliche Ansprüche gegen den Angeklagten im Adhäsionsverfahren einzuklagen und seine diesbezüglichen Gebühren gegen die Staatskasse geltend zu machen (es sei denn, er wurde dem Nebenkläger im Rahmen der Gewähr von Prozesskostenhilfe gem. §§ 404 V 2 StPO, 121 II ZPO gesondert für das Adhäsionsverfahren beigeordnet).[452]

- Nach § 404 V StPO soll Prozesskostenhilfe für das Adhäsionsverfahren u.a. nämlich nur dann gewährt werden, wenn der vom Adhäsionskläger geltend gemachte vermögensrechtliche Anspruch Aussicht auf Erfolg hat und nicht mutwillig erscheint (§§ 404 V 1 StPO, 114 ff. ZPO). Damit soll verhindert werden, dass die Staatskasse mit Gebührenansprüchen belastet wird, die durch das Einklagen nicht bestehender oder überhöhter Ersatzansprüche im Adhäsionsverfahren entstehen. Dem könnte aber nicht mehr vorgebeugt werden, wenn der dem Nebenkläger nach § 397a I StPO bestellte anwaltliche Beistand ohne weitere gerichtliche Prüfung auch im Adhäsionsverfahren für den Nebenkläger auftreten und für diesen jegliche Forderungen ohne Rücksicht auf deren Erfolgsaussicht geltend machen könnte.[453]

- Die Bestellung als notwendiger Verteidiger gem. § 140 I Nr. 2 StPO umfasst nach der hier vertretenen Auffassung ebenfalls nicht die Interessenwahrnehmung des Beschuldigten zur Abwehr privatrechtlicher Ansprüche des Verletzten im Adhäsionsverfahren. Eine Gebühr erhält der Verteidiger nur bei gerichtlicher Bewilligung von Prozesskostenhilfe für das Adhäsionsverfahren. Während die Bestellung als Pflichtverteidiger im Falle der Notwendigkeit ohne Prüfung weiterer Kriterien erfolgt, ist die Bewilligung von Prozesskostenhilfe an die Voraussetzungen der §§ 114 ff. ZPO, nämlich Prozesskostenarmut und Prüfung der Erfolgsaussichten des Verteidigungsvorbringens geknüpft.

  Gegen eine Differenzierung sprechen auch Gründe der Gleichbehandlung. Der Angeklagte, der durch einen Wahlverteidiger vertreten wird, erhält diesen für das Adhäsionsverfahren nur dann beigeordnet, wenn er mittellos ist und seine Verteidigung gegen den Adhäsionsanspruch Erfolgsaussicht hat. Eine Besserstellung des Angeklagten, der im Strafverfahren unabhängig von seinen Einkommensverhält-

---

452 KMR/Stöckel, § 404 Rn. 22.
453 BGH, Beschl. v. 30.3.2001, NJW 2001, 2486, 2488.

nissen einen Pflichtverteidiger beigeordnet erhalten hat, erscheint nicht gerechtfertigt.[454]

Das Adhäsionsverfahren ist ein dem Strafverfahren wesensfremder Annex, der vermeiden soll, dass mehrere Gerichte in derselben Sache tätig werden. Auch dieser Umstand belegt, dass sich die Bestellung des Pflichtverteidigers nicht automatisch auf das Adhäsionsverfahren erstreckt, sondern dass es sich insoweit um eine andere Angelegenheit handelt, für die der Verteidiger gemäß § 48 Abs. 4 S. 1 VVG eine Vergütung aus der Staatskasse nur dann erhält, wenn er ausdrücklich auch hierfür beigeordnet ist.[455]

Nach Nr. 4143 VV RVG fällt die Gebühr immer dann an, wenn der Rechtsanwalt zur Geltendmachung oder Abwehr vermögensrechtlicher Ansprüche des Verletzten im Strafverfahren tätig wird. Diese Gebühren entstehen unabhängig davon, ob der Rechtsanwalt als Wahl-oder Pflichtverteidiger tätig wird. Schuldner der Rechtsanwaltsvergütung ist zunächst einmal der Auftraggeber, § 10 RVG.[456]

4. Die Wirkung der Bewilligung

233 Die Partei, welche Prozesskostenhilfe erhält, wird nach § 121 I Nr. 1 ZPO von Gerichts- und Gerichtsvollzieherkosten befreit. Soweit eine Ratenzahlung angeordnet worden ist, wird diese eingestellt, soweit der Gegner rechtskräftig zur Kostenübernahme verurteilt worden ist.

Der beigeordnete Rechtsanwalt macht seine Ansprüche nicht gegen die Partei, sondern gegen die Staatskasse geltend, § 45 RVG. Soweit die Partei den Prozess gewonnen hat, hat die unterlegene Partei die Kosten des beigeordneten Rechtsanwalts zu tragen, und zwar nicht die Vergütung nach § 49 RVG, sondern die nach § 13 RVG.

5. Problem: Prozesskostenhilfe für Zivilverfahren bei Möglichkeit des Adhäsionsverfahrens

Nach § 114 I 1 ZPO ist Prozesskostenhilfe auch dann zu versagen, wenn die beabsichtigte Rechtsverfolgung mutwillig erscheint. Eine Rechtsverfolgung ist mutwillig, wenn eine verständige, nicht hilfsbedürftige Partei ihre Rechte nicht in gleicher Weise verfolgen würde.[457] Mutwillig ist eine Klage danach zB dann, wenn das Klageziel einfacher erreicht werden kann oder wenn der kostspieligere von zwei gleichen prozessualen Wegen beschritten wird.[458]

234 Da der Verletzte seine Ansprüche gegen den Schädiger sowohl im Zivilverfahren als auch im Adhäsionsverfahren geltend machen kann, soweit ein Strafverfahren gegen den Schädiger stattfindet, stellt sich die Frage, ob dem Geschädigten die beantragte Prozesskostenhilfe für die Geltendmachung seiner Schadensersatz- und Schmerzens-

---

454 OLG Köln, BeckRS 2015, 18093, Seite 3.
455 OLG Köln, BeckRS 2015, 18093, Seite 3.
456 OLG Celle NStZ-RR 2008, 190, 191.
457 Zöller-Geimer, § 114 Rn. 30.
458 Zöller-Geimer, § 114 Rn. 31, 34.

geldansprüche wegen Mutwilligkeit im Zivilverfahren zu versagen ist, soweit eine gerichtliche Geltendmachung im Adhäsionsverfahren möglich ist.

Das Landgericht Itzehoe hat diese Fragestellung mit Beschluss vom 2.7.2001[459] verneint und hierzu ausgeführt, die Prozesskostenhilfe sei nicht mit der Begründung zu versagen, die Rechtsverfolgung vor dem Zivilgericht sei deshalb mutwillig, weil auch eine Rechtsverfolgung im Adhäsionsverfahren möglich sei. Zwar sei das Adhäsionsverfahren zunächst kostengünstiger und auch im Hinblick auf die psychischen Belastungen des Geschädigten vorteilhafter; dennoch könne die Durchführung des Zivilverfahrens nicht als mutwillig angesehen werden. Zum einen bestehe für den Antragsteller das Risiko des Absehens von einer Entscheidung nach § 405 S. 2 StPO (a.F.) zum anderen treffe den Antragsteller das Kostenrisiko für zwei oder gar drei Instanzen. Soweit dann noch ein Zivilverfahren durchlaufen werden müsse, habe der Antragsteller letztendlich das Kostenrisiko für vier Instanzen zu tragen. Darüber hinaus sei der Erlass eines Anerkenntnisurteils ausgeschlossen. Auch die Möglichkeit eines Vergleichs sei zweifelhaft. 235

Die Entscheidung des Landgerichts Itzehoe entspricht nicht der neuen Gesetzeslage welche durch das am 1.9.2004 in Kraft getretene Opferrechtsreformgesetz entstanden ist. Gerade bei Schmerzensgeldansprüchen ist nunmehr ein Absehen von einer Entscheidung nach § 405 I 6 StPO nur noch nach § 405 I 3 StPO zulässig, kommt also nur noch in Betracht, soweit der Antrag unzulässig oder unbegründet erscheint. Insbesondere das Absehen von einer Entscheidung mit der Begründung, der Antrag sei zur Entscheidung im Strafverfahren nicht geeignet, ist nunmehr ausgeschlossen. Auch das Argument des Landgerichts Itzehoe, der Erlass eines Anerkenntnisurteils oder Vergleichs sei im Adhäsionsverfahren nicht möglich, läuft nunmehr nach Inkrafttreten des Opferrechtsreformgesetzes ins Leere. Der Erlass eines Anerkenntnisurteils ist jetzt nach § 406 II StPO möglich; die Möglichkeit des Abschlusses eines Vergleichs ergibt sich aus § 405 I StPO. 236

Schließlich ist zu bedenken, dass die Partei bei Vorliegen der Voraussetzungen der §§ 114 ff. ZPO auch für die Durchführung des Adhäsionsverfahrens Prozesskostenhilfe erhalten kann. Insofern ist das Kostenrisiko als gering zu bewerten. Es sprechen mithin mehr Argumente dafür, die Mutwilligkeit der Rechtsverfolgung von Schmerzensgeldansprüchen im Zivilprozess zu bejahen, falls die Rechtsverfolgung im kostengünstigeren Adhäsionsverfahren möglich ist. Dies gilt umso mehr dann, wenn der Antragsteller bereits als Nebenkläger am Strafverfahren beteiligt ist. Unter diesen Umständen dürfte es für ihn auch unter dem Gesichtspunkt der psychischen Belastung von Vorteil sein, die Angelegenheit in einem Verfahren zum Abschluss zu bringen. Unter diesen Umständen sollte die Bewilligung von Prozesskostenhilfe für das Zivilverfahren wegen Mutwilligkeit versagt werden.

---

459 NJOZ 2002, 849 f.

237 Muster: Prozesskostenhilfebeschlüsse

Beispiel 1: Prozesskostenhilfe wird in vollem Umfang bewilligt

Amtsgericht/Landgericht ...

Az:

Beschluss

In der Strafsache

    gegen   ...
                  geb. am ...,
                  wohnhaft in ...
                  ...
    Verteidiger: Rechtsanwalt/in ...,
    wegen   Körperverletzung u.a.

hat das Amtsgericht/Landgericht ...

durch den/die Richter/in ...

am ... beschlossen:

Dem Nebenkläger/Adhäsionskläger wird für das Adhäsionsverfahren Prozesskostenhilfe bewilligt.

Zur Wahrnehmung seiner Rechte im Adhäsionsverfahren wird ihm sein Beistand Rechtsanwalt/in ... beigeordnet.

Beispiel 2: Ablehnung von Prozesskostenhilfe für den Adhäsionskläger, da die persönlichen und wirtschaftlichen Verhältnisse eine Bewilligung nicht zulassen.

Amtsgericht/Landgericht ...

Az:

Beschluss

In der Strafsache

    gegen   ...
                  geb. am ...,
                  wohnhaft in ...
                  ...
    Verteidiger: Rechtsanwalt/in ...,
    wegen   sexueller Nötigung

hat das Amtsgericht Meppen

durch den/die Richter/in ...

am ... beschlossen:

Der Antrag des Adhäsionsklägers vom 3.3.2007 auf Bewilligung von Prozesskostenhilfe wird zurückgewiesen.

Die Entscheidung ergeht gerichtsgebührenfrei; außergerichtliche Kosten werden nicht erstattet.

Gründe:

Der Adhäsionskläger hat einen Anspruch auf Rechtsschutzgewährung aus seiner Rechtsschutzversicherung gegenüber ... Dieser Anspruch ist gegenüber der Prozesskostenhilfe des Staates vorrangig, § 115 II ZPO.

Die Kostenentscheidung beruht auf §§ 1 GKG, 118 I 4 ZPO.

Unterschrift Richter

Beispiel 3: Teilweise Ablehnung von Prozesskostenhilfe für den Adhäsionskläger wegen mangelnder Erfolgsaussicht (beabsichtigte Klage auf Schmerzensgeld in Höhe von 5.000 EUR; Prozesskostenhilfe für 3.000 EUR)

Amtsgericht/Landgericht ...

Az:

Beschluss

In der Strafsache

gegen ...
geb. am ...,
wohnhaft in ...
...
Verteidiger: Rechtsanwalt/in ...,

wegen

hat das ... durch den/die Richter/in ... am ... beschlossen:

Auf den Antrag des Adhäsionsklägers vom 5.4.2007 wird diesem Prozesskostenhilfe bewilligt, soweit er beantragt, den Angeklagten zur Zahlung eines Schmerzensgeldes in Höhe von 3.000 EUR nebst Zinsen hieraus in Höhe von 5 Prozentpunkten über dem Basiszinssatz seit dem 11.11.2006 zu zahlen.

Im Übrigen wird der Antrag auf Bewilligung von Prozesskostenhilfe zurückgewiesen.

Die Entscheidung ergeht gerichtsgebührenfrei; außergerichtliche Kosten werden nicht erstattet.

Gründe:

Mit dem Adhäsionsantrag macht der Antragsteller ein Schmerzensgeld in Höhe von 5.000 EUR nebst Verzugszinsen geltend. Er behauptet, durch den Schlag des Angeklagten ins Gesicht sei er 6 Wochen arbeitsunfähig krank gewesen. Er habe Prellungen und Schürfungen im Gesicht, insbesondere unter dem rechten Auge davongetragen. Des Weiteren habe er durch den Sturz einen Bänderriss am linken Fuß erlitten .... Aufgrund der vom Adhäsionskläger vorgetragenen und auch nachgewiesenen Verletzungen hält das Gericht allenfalls ein Schmerzensgeld in Höhe von 3.000 EUR für angemessen, aber auch ausreichend.

Die Kostenentscheidung beruht auf den §§ 1 GKG, 118 I 4 ZPO.

Unterschrift Richter/in

Beispiel 4: Teilweise Bewilligung von Prozesskostenhilfe bei Mitverschulden des Adhäsionsklägers (Antrag auf Feststellung einer Verpflichtung des Angeklagten auf Zahlung von Schadensersatz und Schmerzensgeld in vollem Umfang; Richter geht aufgrund des Tather-

gangs, wie er in der Anklageschrift geschildert ist, von einem Mitverschulden in Höhe von 1/3 aus).

Amtsgericht/Landgericht ....

Az:

Beschluss

In der Strafsache

gegen   ...
        geb. am ...,
        wohnhaft in ...
        ...

Verteidiger: Rechtsanwalt/in ...,

wegen

hat das ... durch den/die Richter/in ... am ... beschlossen:

Dem Adhäsionskläger wird auf seinen Antrag vom 6.6.2007 Prozesskostenhilfe für das Adhäsionsverfahren bewilligt, soweit er beantragt festzustellen, dass der Angeklagte verpflichtet ist, ihm 2/3 des ihm aus dem Vorfall vom ... entstandenen materiellen und immateriellen Schadens zu ersetzen.

Im Übrigen wird der Antrag auf Bewilligung von Prozesskostenhilfe zurückgewiesen.

Die Entscheidung ergeht gerichtsgebührenfrei; außergerichtliche Kosten werden nicht erstattet.

Gründe:

Der Adhäsionskläger bezieht sich mit seinem Adhäsionsantrag auf die Anklageschrift. Danach steht aber fest, dass der Adhäsionskläger selbst den Angriff des Angeklagten provoziert hat, in dem er ihn beleidigt und mit nachfolgenden Worten provoziert hat ... Das Gericht geht daher von einem Mitverschulden in Höhe von 1/3 zulasten des Adhäsionsklägers aus. Prozesskostenhilfe war daher zu bewilligen, soweit der Adhäsionskläger beantragt festzustellen, dass der Angeklagte ihm 2/3 des entstandenen Schadens zu ersetzen hat.

Die Kostenentscheidung beruht auf §§ 1 GKG, 118 I 4 ZPO.

Unterschrift Richter/in

XI. Gebührenrecht

1. Allgemeines

238 Das RVG erfasst auch das **Adhäsionsverfahren**. Speziell erwähnt ist dieses Verfahren in den Nr. 4143 und 4144 des Vergütungsverzeichnisses (VV) zum RVG. Das RVG besteht aus einem Paragrafenteil, dem ein Vergütungsverzeichnis folgt. Dieses enthält mehr als 250 einzelne Gebühren- und Auslagentatbestände.

2. Systematik und Anwendungsbereich

a) Anwendungsbereich

239 Der Anwendungsbereich und die Reichweite des Gesetzes erschließen sich weitgehend aus dem Gesetz selbst.

Die Vergütung in Strafsachen ist in Teil 4 des Vergütungsverzeichnisses geregelt und mit **Strafsachen** überschrieben. Vorangestellt ist die Vorbemerkung 4. Darin ist in weiten Teilen bereits der Anwendungsbereich umschrieben. Die gebührenrechtlichen Regelungen richten sich in erster Linie an den Verteidiger, aber nicht nur:

(1) Für die Tätigkeit als Beistand oder Vertreter eines Privatklägers, eines Nebenklägers, eines Einziehungs- oder Nebenbeteiligten, eines Verletzten, eines Zeugen oder Sachverständigen … sind die Vorschriften entsprechend anzuwenden.

Im Übrigen gilt:

(2) Die Verfahrensgebühr entsteht für das Betreiben des Geschäfts einschließlich der Information.

(3) Die Terminsgebühr entsteht für die Teilnahme an gerichtlichen Terminen, soweit nichts anderes bestimmt ist. Der Rechtsanwalt erhält die Terminsgebühr auch, wenn er zu dem anberaumten Termin erscheint, dieser aber aus Gründen, die er nicht zu vertreten hat, nicht stattfindet. Dies gilt nicht, wenn er rechtzeitig von der Aufhebung oder Verlegung des Termins in Kenntnis gesetzt worden ist.

(4) Befindet sich der Beschuldigte nicht auf freiem Fuß, entsteht die Gebühr mit Zuschlag.

b) Unterscheidung nach Verfahrensabschnitten

Das Vergütungsverzeichnis unterscheidet im Weiteren dann nach Verfahrensabschnitten folgendermaßen: **240**

- vorbereitendes Verfahren (Ermittlungsverfahren bis zum Eingang der Anklageschrift)
- gerichtliche Verfahren erster Instanz
- Berufungsverfahren
- Revisionsverfahren
- Wiederaufnahmeverfahren
- zusätzliche Gebühren
- Gebühren in der Strafvollstreckung
- Einzeltätigkeiten

Im Unterabschnitt 5 des Vergütungsverzeichnisses *Zusätzliche Gebühren* ist das **Adhäsionsverfahren** aufgeführt. **241**

Insoweit ergibt sich aus der Systematik des Aufbaus, dass Strafsachen iS von Teil 4 VV und damit im Sinne des RVG sind:

- das Privatklageverfahren
- die Vertretung des Verletzten
- die Tätigkeit als Beistand eines Zeugen oder Sachverständigen
- die Vertretung des Nebenklägers

B. Das Adhäsionsverfahren in der strafrichterlichen und anwaltlichen Praxis

- die Vertretung im Klageerzwingungsverfahren
- die Vertretung im Adhäsionsverfahren
- Einzeltätigkeiten
- Gnadengesuche

c) Weitere Gebührentatbestände

242 Neben den vorstehenden Gebührentatbeständen gelten daneben die allgemeinen Gebühren nach Teil 1 VV, die Auslagen nach Teil 7 VV sowie die ergänzenden Regelungen des Paragrafenteils des RVG.

3. Gebühren des Rechtsanwaltes im Adhäsionsverfahren

a) Allgemeiner Überblick

243 Die Vergütungsregelungen gelten sowohl für den Verteidiger als auch den Nebenklägervertreter, wobei zu beachten ist, dass die Vergütung im Rahmen der Führung von Adhäsionsverfahren für den Vertreter des Adhäsionsbeklagten (regelmäßig der Verteidiger) und den Vertreter des Adhäsionsklägers (regelmäßig auch der Nebenklägerbeistand) gleich ist.

aa) Besondere Verfahrensgebühr des Adhäsionsverfahrens

244 Die Nr. 4143 VV ist als eine besondere Verfahrensgebühr für das im Strafverfahren erstinstanzliche Adhäsionsverfahren ausgestaltet. Sie betrifft sowohl den Fall, dass der Vertreter des Nebenklägers[460] die Ansprüche des Verletzten oder Erben geltend macht als auch, dass der Verteidiger des Angeklagten diese vermögensrechtlichen Ansprüche abwehrt.

Nr. 4144 VV beinhaltet die Verfahrensgebühr für die Rechtsmittelinstanz.

bb) Wertgebühr nach dem Gegenstandswert

245 Die im Adhäsionsverfahren anfallende Gebühr ist eine Wertgebühr, die sich im erstinstanzlichen Verfahren mit einem Satz von 2,0 nach dem Gegenstandswert nach der Tabelle in § 13 RVG für den gewählten, und für den beigeordneten Rechtsanwalt nach der Tabelle in § 49 RVG berechnet.

In der Rechtsmittelinstanz, also im Berufungs- oder Revisionsverfahren beträgt diese zusätzliche Verfahrensgebühr nach Nr. 4144 RVG das 2,5 fache des jeweiligen Gebührensatzes nach § 13 bzw. § 49 RVG.

Zur Bestimmung des Gegenstandswertes sind die §§ 39 ff. GKG einschließlich der Weiterverweisungen heranzuziehen. Dabei ist zu beachten, dass für die Einstufung in der jeweiligen Tabelle immer der Antrag maßgeblich ist, §§ 404 I, 406 StPO.

---

460 Diese Regelung betrifft an sich auch den Privatkläger. Das Privatklageverfahren wurde hier nicht mit aufgenommen. Es hat in der Praxis keine große Relevanz.

cc) Entstehen der Gebühr

(1) Entgegennahme des Auftrags

Die Gebühr entsteht mit der Annahme des Auftrags, die vermögensrechtlichen Ansprüche im Strafverfahren geltend zu machen, sobald der Anwalt im Anschluss hieran die erste Tätigkeit entfaltet.[461] Im Zweifel ist dies bereits die Entgegennahme der Information.[462]

246

Im Weiteren ist zu beachten, dass die Gebühr auch dann in voller Höhe entsteht, wenn keine Verhandlung oder Beweisaufnahme stattgefunden hat. Ebenso verbleibt die Gebühr dem Rechtsanwalt, wenn das Gericht von einer Entscheidung über den vermögensrechtlichen Anspruch nach § 406 V 2 StPO absieht oder wenn der Antrag zurückgenommen wird.

(2) Vorbereitendes Verfahren

Im vorbereitenden Verfahren entsteht eine Gebühr nach Nr. 4143 VV nicht. Die Vorschrift spricht ausdrücklich vom erstinstanzlichen gerichtlichen Verfahren. Tätigkeiten außerhalb des gerichtlichen Verfahrens werden durch Nr. 2300 VV vergütet.

247

(3) Berufungsverfahren

Die Gebühr entsteht auch dann in voller Höhe, wenn der Adhäsionsanspruch erstmals im Berufungsverfahren geltend gemacht wird. Dies ergibt sich aus Absatz 1 der Anmerkung zu Nr. 4143 VV.

248

Die vorgenannten Gebühren nach 2,0 entstehen nur im erstinstanzlichen Rechtszug oder im Berufungsverfahren, wenn der Anspruch dort erstmalig rechtshängig gemacht wird.

Im Berufungs- und Revisionsverfahren erhält der Rechtsanwalt nach Nr. 4144 VV eine 2,5 Gebühr. Dafür ist allerdings Voraussetzung, dass die vermögensrechtlichen Ansprüche bereits erstinstanzlich anhängig waren (Anmerkung 1 zu Nr. 4143 VV). Es kommt dabei nicht darauf an, ob der Berufungsvertreter bereits erstinstanzlich tätig war.

dd) Erhöhung der Gebühr bei mehreren Auftraggebern

Werden von dem Rechtsanwalt mehrere Auftraggeber vertreten, so erhöhen sich gem. Nr. 1008 VV sowohl die 2,0 Gebühr der Nr. 4143 VV als auch die 2,5 Gebühr der Nr. 4144 VV um jeweils 0,3. Dafür ist Voraussetzung, dass zwei oder mehr Auftraggeber gemeinschaftlich beteiligt sind.

249

ee) Zusätzliche Einigungsgebühr

Sofern es im Adhäsionsverfahren zu einer Einigung, insbesondere durch einen Vergleich kommt, entstehen zusätzlich zu den Verfahrensgebühren die Einigungsgebühren nach VV Nr. 1003 in Höhe von 1,0. Sofern nicht rechtshängige Gegenstände einbezogen werden entsteht eine Gebühr von 1,5 nach Nr. 1000 VV.

250

---

461 Gerold/Schmidt/Burhoff, VV 4143, Rn. 8.
462 Gerold/Schmidt/Burhoff, VV 4143, Rn. 8.

ff) Verhältnis der Gebührentatbestände zur Nebenklage

251 In den meisten Fällen, in denen ein Adhäsionsverfahren durchgeführt werden kann, tritt der dann im Adhäsionsverfahren Prozessbevollmächtigte gleichzeitig auch als Vertreter der Nebenklage auf.

Entsprechendes gilt auch für den Verteidiger, der sich im Rahmen seiner Tätigkeit, oftmals für ihn überraschend zum ersten Mal im Gerichtsverfahren, einem Adhäsionsantrag gegenüber sieht.

Insofern ist es für den Rechtsanwalt sowohl wichtig zu wissen, welche Gebühren anfallen können als auch und in welchem Verhältnis diese zu denen einer Tätigkeit im Adhäsionsverfahrens stehen.

(1) Allgemeines

252 Teil 4 VV sieht zunächst eine Grundgebühr (Nr. 4100 VV) vor. Diese Gebühr entsteht im gesamten Strafverfahren einmalig für die erste Einarbeitung in die Sache. In den jeweiligen Verfahrensabschnitten sind darüber hinaus jeweils eine Verfahrensgebühr, sowie Terminsgebühren für jeden Kalendertag vorgesehen. Letzteres gilt auch für Termine außerhalb der Hauptverhandlung (Nr. 4102 VV). Für besondere Verfahrensgestaltungen sind zusätzliche Gebühren vorgesehen, zB bei vorzeitiger Erledigung im Strafverfahren nach Nr. 4141 VV.

(2) Rahmen- u. Festgebühren

253 Für den gerichtlich bestellten oder beigeordneten Anwalt gibt es feste Gebührensätze. Dagegen erhält der Wahlverteidiger Rahmengebühren. Die Festgebühren knüpfen an die Gebühren des Wahlverteidigers an und entsprechen 80 % der diesem zustehenden Mittelgebühr. Die Gebühren entstehen mit Beginn der Tätigkeit, die der Rechtsanwalt im Rahmen des Mandats und des Gebührentatbestands entfaltet. Schließlich ist die Betragsrahmengebühr zu beachten, die die im Einzelfall angemessene Gebühr nach § 14 I RVG bestimmt.

Der dem Verletzten beigeordnete Rechtsanwalt bekommt grundsätzlich dieselben Gebühren wie der Pflichtverteidiger. Der Wahlverteidiger erhält Rahmengebühren, der Pflichtverteidiger Festgebühren. Diese Festgebühren betragen 80 % der dem Wahlverteidiger zustehenden Mittelgebühren. Die Mittelgebühr ermittelt man durch Addition von Mindest- und Höchstgebühr, geteilt durch 2.

Ohne die Berücksichtigung von Zuschlägen können für die anwaltliche Tätigkeit anfallen:

(a) Grundgebühr Nr. 4100 VV

254 Die Grundgebühr wird für die erstmalige Einarbeitung in den Rechtsfall, unabhängig davon in welchem Verfahrensabschnitt oder in welcher Instanz er tätig wird, gewährt. Die Grundgebühr honoriert den Aufwand, der einmalig mit der Übernahme des Mandats entsteht und umfasst auch die erste Akteneinsicht.[463] Weiterreichende Tätigkeiten werden von der Verfahrensgebühr im vorbereitenden Verfahren erfasst.

---

463 Gerold/Schmidt/Burhoff, VV 4100, Rn. 10.

Der Wahlverteidiger hat einen Gebührenrahmen von 40 EUR–360 EUR, der beigeordnete Rechtsanwalt bekommt 160 EUR. Befindet sich der Mandant in Haft, entsteht ein Anspruch auf einen zusätzlichen Haftzuschlag.

(b) Gebühr für Termine außerhalb der Hauptverhandlung

Nr. 4102 VV regelt die Gebühren für die Teilnahme an Terminen außerhalb der Hauptverhandlung, wozu die Wahrnehmung von Haftprüfungsterminen, Augenscheinsnahmen, aber auch die Begleitung zu polizeilichen Vernehmungen gehört. Der Wahlverteidiger hat einen Gebührenrahmen von 40 EUR–300 EUR, der beigeordnete Rechtsanwalt bekommt 136 EUR. Von diesen Gebühren sind drei Termine erfasst, Anm. S. 2 zu Nr. 4102 VV. Mehrere Termine an demselben Tag gelten dabei noch als ein Termin, Anm. S. 1 zu Nr. 4102 VV. Befindet sich der Mandant in Haft, entsteht ein Anspruch auf einen zusätzlichen Haftzuschlag. 255

(c) Verfahrensgebühr im vorbereitenden Verfahren

Die Verfahrensgebühr für das vorbereitende Verfahren regelt Nr. 4104 VV. In II Vorbemerkung 4 VV ist der Anwendungsbereich definiert. Danach erhält der Rechtsanwalt die Verfahrensgebühr für das Betreiben des Geschäfts einschließlich der Information. Die Gebühr entsteht für eine Tätigkeit in dem Verfahren bis zum Eingang der Anklageschrift, sofern hierfür keine besonderen Gebühren vorgesehen sind.[464] Der Wahlverteidiger hat einen Gebührenrahmen von 40 EUR–290 EUR, der beigeordnete Rechtsanwalt erhält 132 EUR. Befindet sich der Mandant in Haft, entsteht ein Anspruch auf einen zusätzlichen Haftzuschlag. 256

(d) Verfahrensgebühr im gerichtlichen Verfahren

Die Verfahrensgebühr im gerichtlichen Verfahren ist in den Nr. 4106, 4112, 4118 VV geregelt. Diese Gebühr ist abhängig davon, bei welchem Gericht die Sache anhängig ist. Wiederum in II Vorbemerkung 4 VV ist der Anwendungsbereich definiert. Danach erhält der Rechtsanwalt die Verfahrensgebühr für das Betreiben des Geschäfts einschließlich der Information. Dazu werden regelmäßig der allgemeine Schriftverkehr, Berichtigungsanträge, eigene Ermittlungen des Rechtsanwaltes, Besprechungen mit Staatsanwaltschaft, Gericht und anderen Verfahrensbeteiligten außerhalb von Terminen. Die Vorbereitung des Hauptverhandlungstermins unterfällt der jeweiligen Terminsgebühr. Der Wahlverteidiger hat einen Gebührenrahmen von 40 EUR–690 EUR, der beigeordnete Rechtsanwalt kann 132 EUR–316 EUR beanspruchen. Befindet sich der Mandant in Haft, entsteht ein Anspruch auf einen zusätzlichen Haftzuschlag. 257

(e) Terminsgebühr

Die Terminsgebühren im gerichtlichen Verfahren werden in den Nr. 4108, 4114, 4120 VV bestimmt. Diese Gebühren sind abhängig davon, bei welchem Gericht die Sache verhandelt wird. Der Wahlverteidiger hat einen Gebührenrahmen von 70 EUR–930 EUR. Der beigeordnete Rechtsanwalt bekommt 220 EUR–424 EUR 258

---

464 Gerold/Schmidt/Burhoff, VV 4100, Rn. 6 f.

und hat zudem je nach Dauer der Verhandlung einen Anspruch auf einen Längenzuschlag, sofern die Verhandlung länger als fünf oder acht Stunden andauert. Für das Entstehen der Gebühr ist es grundsätzlich unerheblich, welche Tätigkeit der Rechtsanwalt entfaltet. Nach Abs. 3 S. 2 Vorbemerkung 4 zum VV entsteht die Terminsgebühr auch dann, wenn der Rechtsanwalt ohne eigenes Verschulden zu dem Termin erscheint und dieser ausfällt. Befindet sich der Mandant in Haft, entsteht ein Anspruch auf einen zusätzlichen Haftzuschlag.

(f) Rechtsmittel

259 Im Rechtsmittelverfahren fallen gesonderte Verfahrens- und Terminsgebühren nach den Nr. 4124 ff. und Nr. 4130 ff. VV an. Befindet sich der Mandant in Haft, entsteht ein Anspruch auf einen zusätzlichen Haftzuschlag.

(g) Keine Pauschgebühren im Adhäsionsverfahren

260 Höhere als die gesetzlichen Gebühren kann der gewählte Rechtsanwalt unter Umständen nach § 42 RVG und der gerichtlich bestellte Rechtsanwalt nach § 51 RVG verlangen. Nach diesen Vorschriften kann das jeweils zuständige Oberlandesgericht in Verfahren mit besonderem Umfang oder besonderer Schwierigkeit eine Pauschgebühr bewilligen, die über die im Vergütungsverzeichnis geregelten Gebühren hinausgeht. Diese kann auch für einzelne Verfahrensabschnitte beantragt werden.

Im Adhäsionsverfahren ist eine Pauschvergütung nicht vorgesehen. Dies erklärt sich daraus, dass dem Rechtsanwalt wie im Zivilverfahren Wertgebühren zustehen.

(3) Keine Anrechnung von Gebühren als Vertreter des Nebenklägers

261 Eine Anrechnung der Gebühren für ein Tätigwerden im Strafverfahren und im Adhäsionsverfahren ist nicht vorgesehen. Diese gilt gleichfalls sowohl für den Nebenklägervertreter als auch für den Verteidiger des Angeklagten. Die Gebühren, die für das Tätigwerden im Adhäsionsverfahren anfallen, stehen unabhängig. Eine gegenseitige Anrechnung ist ausgeschlossen.

b) Keine Terminsgebühr

262 Gesonderte Terminsgebühren fallen im Gegensatz zum Zivilverfahren nicht an.

c) Anrechnung im sich anschließenden Zivilverfahren

263 Sofern es im Adhäsionsverfahren dazu kommt, dass das Gericht über den Antrag nach § 406 III 3 StPO entweder nicht entschieden, oder ein Grundurteil nach § 406 III 4 StPO erlassen hat, schließt sich zumindest in der zweiten Fallgestaltung regelmäßig ein Zivilverfahren an. Nunmehr findet für den Zivilrechtsstreit Absatz 2 der Anmerkung zu Nr. 4143 VV Anwendung. Der Rechtsanwalt muss sich die zusätzliche Verfahrensgebühr nach Nr. 4143 VV zu einem Drittel auf die im Zivilprozess entstehende Verfahrensgebühr anrechnen lassen. Dafür ist Voraussetzung, dass der Rechtsanwalt im zivilrechtlichen Streitverfahren mit dem im Strafverfahren tätig gewesenen Anwalt identisch ist. In beiden Verfahren muss es sich zudem um denselben Anspruch handeln.

Eine Anrechnung unterbleibt gem. § 15 V 2 RVG, wenn zwischen der Beendigung des Adhäsionsverfahrens und der Klageerhebung im Zivilrechtsstreit mehr als zwei Kalenderjahre vergangen sind.

4. Bedeutung für Verteidiger und Nebenklägeranwälte/Berechnungsbeispiele

Entgegen nach wie vor weit verbreiteter Ansicht zeigen vorstehende Ausführungen zur Systematik und den Kombinationsmöglichkeiten der Gebührentatbestände, dass die Führung eines Adhäsionsverfahrens keinen wirtschaftlichen Nachteil für die beteiligten Rechtsanwälte darstellt. Keiner näheren Erörterung bedarf dies daher in den Fällen, in denen das Adhäsionsverfahren zum bereits bestehenden Mandat der Strafverteidigung oder der Nebenklagevertretung hinzukommt. Da der Rechtsanwalt ohnehin im Gerichtssaal ist, erspart er sich nicht nur zusätzliche Termine und den damit zusammenhängenden Aufwand an Fahr- und Vorbereitungszeit, sondern auch die gesonderte inhaltliche Erarbeitung. Dass das Adhäsionsverfahren entgegen den gebührenrechtlichen Ansprüchen in einem Zivilprozess keine Terminsgebühr vorsieht, ist vor diesem Hintergrund zu vernachlässigen, zumal der Anwalt im Zivilverfahren für die Führung der Klage maximal eine 2,5 Gebühr beanspruchen kann. Die insoweit bestehende Differenz von 0,5 zur 2,0 Gebühr im Adhäsionsverfahren wird erfahrungsgemäß durch eine im Strafprozess erhöhte Vergleichsbereitschaft kompensiert, da die Befriedigung vermögensrechtlicher Ansprüche bei der Strafzumessung als Strafmilderungsgrund gem. §§ 46, 46a StGB zu berücksichtigen ist. Aber auch für die nebenklageberechtigten Verletzten ist ein schneller Verfahrensabschluss oftmals sehr wichtig. Andererseits ist auch zu beachten, dass ein Rechtsmittelverfahren zumindest bei bestimmten Delikten obligatorisch ist und dadurch das Adhäsionsverfahren mit in die Rechtsmittelinstanz „gezogen" wird, wobei dies für den Adhäsionskläger oftmals nicht mit nennenswertem Aufwand verbunden ist.

263a

Haftungsrechtliche Risiken sind immer gesondert zu beachten. Zumindest für die klagende Partei des Verletzten lässt sich das Risiko durch die Beschränkung auf geeignete Verfahren minimieren, was dann wiederum auf den Vertreter des Angeklagten „durchschlägt".[465]

263b

Im Nachfolgenden werden die in der Praxis am häufigsten vorkommenden Fallkonstellationen sowie einige Besonderheiten exemplarisch dargestellt.[466]

Beispiel 1: Ausschließliche Tätigkeit im Adhäsionsverfahren Der Anwalt ist vom Verletzten erstinstanzlich beauftragt, ein Schmerzensgeld in Höhe von 3.000 EUR einzuklagen. Der Rechtsanwalt wird für den Verletzten ausschließlich im Adhäsionsverfahren tätig. Er tritt weder als Verteidiger, Vertreter oder Beistand auf.

263c

---

465 Ein gesondertes und hier nicht zu behandelndes Problem ist die Frage des Haftungsrisikos mit hohen Gegenstandswerten bei Mandaten mit prozesskostenhilfeberechtigten Parteien, vgl. zur Haftungsproblematik Feigen, Adhäsionsverfahren in Wirtschaftsstrafsachen, Hamburg 2012.
466 Die Darstellung orientiert sich an der hM, vgl. Gerold/Schmidt, RVG, dort jeweilige VV.

B. Das Adhäsionsverfahren in der strafrichterlichen und anwaltlichen Praxis

Es entsteht die 2,0 Gebühr. Weitere Gebühren entstehen nicht, auch nicht die Grundgebühr. Zu berechnen wären:

2,0 Verfahrensgebühr, Nr. 4143 VV   402 EUR

des Weiteren fallen ggf. an Dokumentenpauschale nach Nr. 7000, Pauschale für Post- u. Telekommunikationsleistungen nach Nr. 7002, Fahrtkosten nach Nr. 7003, Tage- u. Abwesenheitsgeld nach 7005, sowie Umsatzsteuer auf die Vergütung.[467]

263d **Beispiel 2: Vertretung eines Nebenklägers im vorbereitenden und gerichtlichen Verfahren sowie Adhäsionsverfahren** Der Rechtsanwalt vertritt den Verletzten im vorbereitenden Verfahren. Dort beantragt er die Zulassung als Nebenkläger unter seiner Beiordnung. Bei Eröffnung des Hauptverfahrens wird antragsgemäß entschieden. Außerdem hatte der Anwalt einen Adhäsionsantrag gestellt. Ein Antrag auf Gewährung von Prozesskostenhilfe wurde nicht gestellt. Der Verletzte verfügt über eine Rechtsschutzversicherung. Es finden drei Verhandlungstage vor dem Schwurgericht statt, von denen der zweite 6 Stunden und der dritte 8 Stunden und 10 Minuten dauert. Der Angeklagte wird in der Strafsache zu einer Freiheitsstrafe verurteilt. Im Adhäsionsverfahren erfolgt eine Verurteilung zu einer Zahlung von Schmerzensgeld und Schadensersatz in Höhe von 10.000 EUR.

Der Anwalt erhält im vorbereitenden Verfahren zunächst eine Grundgebühr nach Nr. 4100 VV und eine Verfahrensgebühr nach Nr. 4104 VV. Im gerichtlichen Verfahren entsteht eine Verfahrensgebühr nach Nr. 4118 VV. Die Vergütung fällt grundsätzlich auch für solche Tätigkeiten an, die vor der gerichtlichen Bestellung angefallen sind (§ 48 V RVG).

Die Terminsgebühr für den ersten Verhandlungstag richtet sich nach Nr. 4120 VV, für den zweiten zusätzlich nach Nr. 4122 VV, für den dritten zusätzlich nach Nr. 4123 VV. Für das Adhäsionsverfahren entsteht die Gebühr nach Nr. 4134 VV. Danach ergibt sich folgende Gebührenrechnung:

Grundgebühr, Nr. 4100	160 EUR
Verfahrensgebühr, Nr. 4104	132 EUR
Verfahrensgebühr, Nr. 4118	316 EUR
Terminsgebühr, Nr. 4120	424 EUR
Terminsgebühr, Nr. 4120, 4122	424 + 212 EUR
Terminsgebühr, Nr. 4120, 4123	424 + 424 EUR
2, 0 Verfahrensgebühr, Nr. 4143	1.116 EUR

des Weiteren fallen ggf. an Dokumentenpauschale nach Nr. 7000, Pauschale für Post- u. Telekommunikationsleistungen nach Nr. 7002, Fahrtkosten nach Nr. 7003, Tage- u. Abwesenheitsgeld nach Nr. 7005, sowie Umsatzsteuer auf die Vergütung.

263e **Beispiel 3: Abwandlung Fall 2: Der Angeklagte legt gegen die erfolgte Verurteilung Revision ein** Der Angeklagte ist in der Strafsache zu einer Freiheitsstrafe und auf die Adhäsionsklage hin zu einer Zahlung von 10.000 EUR verurteilt worden. Er legt das Rechtsmittel der Revision ein. Sofern der Verurteilte das Rechtsmittel nicht beschränkt ist damit automatisch auch die Verurteilung im Adhäsionsverfahren mit erfasst. Für den Nebenklägervertre-

---

[467] Sofern der Anwalt vorgerichtlich tätig war, richtet sich seine Vergütung normalerweise nach Nr. 2300 VV. Eine Anrechnung ist im Gesetz nicht vorgesehen. Es empfiehlt sich, die Anrechnungsbestimmung aus Teil 3, Vorbemerkung 3 Abs. 4 anzuwenden.

ter,[468] der nach wie vor in der Strafsache beigeordnet ist, fallen entstehen folgende Vergütungsansprüche:

Verfahrensgebühr Nr. 4130	492 EUR
ggf. Terminsgebühr Nr. 4132	272 EUR
2,5 Verfahrensgebühr Nr. 4144	1.395 EUR

des Weiteren fallen ggf. an Dokumentenpauschale nach Nr. 7000, Pauschale für Post- u. Telekommunikationsleistungen nach Nr. 7002, Fahrtkosten nach Nr. 7003, Tage- u. Abwesenheitsgeld nach Nr. 7005, sowie Umsatzsteuer auf die Vergütung.

Beispiel 4: Vertretung eines Nebenklägers mit Adhäsionsverfahren. Der Angeklagte ist in Haft. In Abwandlung zum vorhergehenden Fall befindet sich der Angeklagte in Untersuchungshaft. Er wurde kurz nach der Tat inhaftiert. Wenige Tage später wurde der Rechtsanwalt beauftragt, Nebenklage zu beantragen und Schadensersatz und Schmerzensgeld einzuklagen. 263f

In Abweichung zu Beispiel 2 erhält der Verteidiger für die Vertretung im Strafverfahren zusätzlich zu jedem Gebührentatbestand einen Haftzuschlag nach Vorbemerkung 4 Abs. 4 VV. Dies gilt für den Nebenklägervertreter nur dann, wenn sich sein Mandant ebenfalls in Haft befindet.[469] Der Haftzuschlag fällt für die Vertretung im Adhäsionsverfahren in keinem Fall an.

Beispiel 5: Vertretung dreier Auftraggeber als Nebenkläger mit Adhäsionsverfahren und Einigung Die Hinterbliebenen einer Getöteten treten als Nebenkläger auf. Es handelt sich dabei um die Geschwister der Verstorbenen. Im Adhäsionsverfahren machen diese gemeinschaftlich in ungeteilter Erbengemeinschaft Beerdigungskosten in Höhe von 10.000 EUR sowie Schmerzensgeldansprüche in Höhe von 10.000 EUR der Verstorbenen zu Lebzeiten geltend. Nach Vergleichsgesprächen erfolgt eine vergleichsweise Einigung über einen Betrag von 18.000 EUR. Der Nebenklägervertreter[470] ist gem. § 397 a I Nr. 2 StPO beigeordnet. 263g

Die geltend gemachten Ansprüche auf Schmerzensgeld und Schadensersatz stehen den Hinterbliebenen als gesetzlichen Erben gemeinschaftlich in ungeteilter Erbengemeinschaft zu. Die Werte der Ansprüche sind daher nach § 22 I RVG zu addieren.

Es erhöht sich der Gebührensatz um jeweils 0,3 nach Nr. 1008 VV. Darüber hinaus erhöhen sich für die Vertretung der Nebenklage die jeweiligen Verfahrensgebühren um jeweils 0,3. Die Terminsgebühren bleiben unverändert.

Dem Rechtsanwalt steht darüber hinaus eine Einigungsgebühr nach Nr. 1000 ff. VV zu. Voraussetzung ist, dass er an der Einigung mitgewirkt hat. Soweit es sich um Ansprüche handelt, die im Adhäsionsverfahren geltend gemacht worden sind, erhält der Anwalt eine Einigungsgebühr nach Nr. 1003, 1000 VV. Soweit Ansprüche in die Einigung mit einbezogen worden sind, die nicht anhängig sind, erhält der Anwalt die Einigungsgebühr nach Nr. 1000 VV. Eine Erhöhung nach Nr. 1008 VV findet nicht statt. Diese Vorschrift regelt nur die Erhöhung der Verfahrens- oder Geschäftsgebühr. Danach ergibt sich folgender Gebührenanspruch des Rechtsanwaltes:

---

468 Je nach Mandatserteilung bzw. Status einer Beiordnung fallen die Gebühren auch für den Verteidiger an.
469 Burhoff, StraFO 2014, 137; OLG Düsseldorf, StRR 2012, 478.
470 Sofern der Verteidiger als Pflichtverteidiger beigeordnet ist, verfügt er über einen ebenso hohen Vergütungsanspruch.

B. Das Adhäsionsverfahren in der strafrichterlichen und anwaltlichen Praxis

Grundgebühr, Nr. 4100	160 EUR
Verfahrensgebühr, Nr. 4104, 1008	211,20 EUR
Verfahrensgebühr, Nr. 4118, 1008	505,60 EUR
Terminsgebühr, Nr. 4120	424 EUR
Terminsgebühr, Nr. 4120, 4122	424 + 212 EUR
Terminsgebühr, Nr. 4120, 4123	424 + 424 EUR
2,0 Verfahrensgebühr, Nr. 4143 mit Erhöhung Nr. 1008 (zweimal 0,3)	1.929,20 EUR
Einigungsgebühr, Nr. 1003	742 EUR

des Weiteren fallen ggf. an Dokumentenpauschale nach Nr. 7000, Pauschale für Post- u. Telekommunikationsleistungen nach Nr. 7002, Fahrtkosten nach Nr. 7003, Tage- u. Abwesenheitsgeld nach Nr. 7005, sowie Umsatzsteuer auf die Vergütung.

263h **Beispiel 6: Berufung gegen Entscheidung im Adhäsionsverfahren mit Einigung** Der Angeklagte ist vom erstinstanzlichen Amtsgericht zur Zahlung eines Schmerzensgeldes in Höhe von 3.000 EUR verurteilt worden. Er legt ausschließlich gegen diese Verurteilung Berufung ein. Das Strafurteil wird von ihm akzeptiert. Im Berufungsverfahren wird eine Einigung erzielt. Der Rechtsanwalt des Adhäsionsantragstellers, der erstmalig im Berufungsverfahren einen Adhäsionsantrag stellt, hat folgenden Gebührenanspruch:

2,0 Verfahrensgebühr, Nr. 413	4.024 EUR
1,0 Einigungsgebühr, Nr. 1000	201 EUR

Sofern der Rechtsanwalt bereits erstinstanzlich tätig war, verfügt er über folgende Ansprüche:

2,5 Verfahrensgebühr, Nr. 4144	502,50 EUR
1,3 Einigungsgebühr, Nr. 1000, 1004	261,30 EUR

des Weiteren fallen Auslagenpauschale pp, Umsatzsteuer an.

263i **Beispiel 7 mit Abwandlung Beispiel 4: Beschwerde gegen Absehensbeschluss gem. § 406 V 2 StPO** Das Landgericht weigert sich, über den vor Beginn der Hauptverhandlung eingereichten Antrag der Hinterbliebenen zu entscheiden. Es erlässt gem. § 406 V 2 StPO einen entsprechenden Beschluss. Die Erben legen gegen diesen Beschluss Beschwerde ein.

Das Beschwerdeverfahren ist eine besondere Angelegenheit. Maßgebend für die Gebührenberechnung ist der Wert der Gegenstände, über die das Gericht es abgelehnt hat, zu entscheiden. Es fallen folgende Gebühren ausgehend von einem Gegenstandswert von 18.000 EUR an:

0,5 Verfahrensgebühr Nr. 4145 (348 EUR) mit Erhöhung Nr. 1008 um 0,6	765,60 EUR

Des Weiteren fallen Auslagenpauschale pp, Umsatzsteuer an

263j **Beispiel 8: Teilabsehensentscheidung mit anschl. Zivilprozess** Der Adhäsionskläger macht vor dem Landgericht erstinstanzlich Schadensersatz- und Schmerzensgeldansprüche in Höhe von insgesamt 10.000 EUR geltend. Das Gericht sieht von einer Entscheidung über den geltend gemachten materiellen Schaden in Höhe von 7.000 EUR ab. Der Verletzte reicht eine Zivilklage über diesen Betrag ein. Im Adhäsionsverfahren betrug sein Gebührenanspruch auf Basis einer 2,0 Gebühr 1.116 EUR. Im Zivilverfahren ist gem. Abs. 2 der Anmerkung zu VV 4143 ein Drittel anzurechnen.

1,3 Verfahrensgebühr Nr. 3100	526,50 EUR
1,2 Terminsgebühr Nr. 3104	486 EUR
anzurechnen 1/3 von 1.116 EUR	− 372 EUR
Insgesamt	640,50 EUR

Des Weiteren fallen Auslagenpauschale pp., Umsatzsteuer an.

C. Das Adhäsionsverfahren in der staatsanwaltschaftlichen Praxis

I. Aufgaben, Befugnisse und Praxis der Staatsanwaltschaft im Adhäsionsverfahren

264 Die Staatsanwaltschaft ist am Adhäsionsverfahren als „Anhang" des Strafverfahrens weder als rechtsgewährende Instanz noch als Partei beteiligt. Ihre Aufgaben und Befugnisse sind durch Gesetz und Verwaltungsvorschriften beschränkt. Auch nach dem am 1.9.2004 in Kraft getretenen Opferrechtsreformgesetz[471] ist es dabei geblieben: Die Staatsanwaltschaft setzt nur den staatlichen Strafanspruch – nicht den Entschädigungsanspruch des Verletzten – durch, indem sie das Ermittlungsverfahren führt, Anklage erhebt, am folgenden gerichtlichen Verfahren mitwirkt und schließlich die gerichtlich festgesetzte Strafe vollstreckt. Auch für sie gilt aber der ausdrückliche gesetzgeberische Wille, den Möglichkeiten zur Entschädigung des Verletzten im Strafverfahren zur verstärkten Anwendung zu verhelfen sowie den Beteiligten und dem Gericht durch die Regeln über Vergleich und Anerkenntnis weitere Gestaltungs- und Erledigungsmöglichkeiten an die Hand zu geben.[472] Das bisherige Verhältnis bei der Entscheidungspraxis der Gerichte sollte umgekehrt werden. Die Entscheidung über den zivilrechtlichen Anspruch im Strafverfahren soll seit 2004 nicht mehr die Ausnahme, sondern die Regel sein. Nur noch in Ausnahmefällen sollen die Gerichte von der Entscheidung im Adhäsionsverfahren absehen können, und zwar nur dann, wenn sich der Antrag auch unter Berücksichtigung der berechtigten Belange des Antragstellers zur Entscheidung im Strafverfahren nicht eignet (§ 406 I 4 StPO).[473]

265 Weil die Staatsanwaltschaft am Adhäsionsverfahren nicht beteiligt ist,[474] erwähnt das Gesetz sie in den §§ 403 – 406 c StPO auch nicht. Selbst das Gebot, Verletzte in der Regel so früh wie möglich auf ihre Befugnis hinzuweisen, einen aus der Straftat erwachsenen vermögensrechtlichen Anspruch im Strafverfahren geltend zu machen, nennt keinen Adressaten (§ 406 h S 1 Nr. 2 StPO). Die Staatsanwaltschaft übernimmt gleichwohl die Umsetzung des Gebots schon im Ermittlungsverfahren, weil sie über die Sachleitungsbefugnis verfügt und damit auch die Verantwortung für die Gesetzmäßigkeit des Verfahrens trägt.[475]

266 Mit den bundeseinheitlichen Richtlinien für das Strafverfahren haben die Landesjustizverwaltungen den Staatsanwaltschaften einige ausdrückliche Handlungsanweisungen für das Entschädigungsverfahren erteilt.[476] Nr. 173 RiStBV regelt Zeitpunkt und Inhalt des nach § 406 h S 1 Nr. 2 StPO zu erteilenden staatsanwaltschaftlichen Hinweises: Verletzte oder deren Erben sollen so früh wie möglich, spätestens aber mit

---

471 Gesetz zur Verbesserung der Rechte von Verletzten in Strafverfahren (Opferrechtsreformgesetz – OpferRRG) (BGBl. I 2004, 1354).
472 BR-Drs. 829/03, 32.
473 BR-Drs. 829/03, 37.
474 KMR-StPO/Stöckel, § 404 Rn. 18.
475 Meyer-Goßner, § 406 h Rn. 2.
476 Richtlinien für das Strafverfahren und das Bußgeldverfahren (RiStBV) vom 1.1.1977 in der ab 1.8.2015 bundeseinheitlich geltenden Fassung, in Niedersachsen zuletzt geändert durch Allgemeinverfügung vom 18.8.2015 (Niedersächsische Rechtspflege 2015, 256).

Anklageerhebung, auf die Möglichkeit, einen Entschädigungsanspruch nach den §§ 403 ff. StPO geltend zu machen, hingewiesen werden. Dabei sollen sie über die Möglichkeit der Prozesskostenhilfe (§ 404 V StPO), Form und Inhalt des Antrags (§ 404 I StPO) sowie das Recht auf Teilnahme an der Hauptverhandlung (§ 404 III StPO) „belehrt" werden. Sie sollen auch darauf hingewiesen werden, dass es sich in der Regel empfiehlt, den Antrag möglichst frühzeitig zu stellen, dass sie ihre Ansprüche, soweit sie nicht im Strafverfahren zuerkannt werden, noch auf dem Zivilrechtsweg verfolgen können (§ 406 III StPO) und dass das Gericht aus bestimmten Gründen von der Entscheidung über den Antrag absehen kann (§ 406 I StPO).

Der Hinweis wird meistens mithilfe eines bundeseinheitlichen Merkblatts erteilt, das die Rechte von Verletzten und Geschädigten im Strafverfahren umfassend beschreibt und von der Polizei schon bei der Anzeigeerstattung auszuhändigen ist. Darin ist der Hinweis zum Adhäsionsverfahren allerdings nur einer von vielen und für Verletzte auch noch nicht aktuell. Schon bei der Anzeigeerstattung erteilt, geht er zunächst ins Leere, denn dem Adhäsionsverfahren als „Anhangsverfahren" des gerichtlichen Strafprozesses fehlt noch die Grundlage. Möglicherweise kommt es nicht einmal zu einem gerichtlichen Verfahren, weil die Beweislage oder die Rechtslage am Ende des Ermittlungsverfahrens eine Anklage nicht zulassen. Daher konzentrieren sich Verletzte bei der Lektüre womöglich zunächst auf ihre Rechte im Ermittlungsverfahren und versäumen den richtigen Zeitpunkt für den Adhäsionsantrag, zumal sie in der Regel keine Mitteilung über die Erhebung der Anklage erhalten. Ein zusätzlicher Hinweis zum Zeitpunkt der Anklageerhebung, verbunden mit einem Antragsformular, kann das Bewusstsein Verletzter über ihre Antragsbefugnis schärfen. So wird bereits bei einigen Staatsanwaltschaften verfahren.[477]

Hinweise auf das Adhäsionsverfahren sind auch dann zu erteilen, wenn die Staatsanwaltschaft bei Privatklagedelikten mit Rücksicht auf ein fehlendes öffentliches Interesse gemäß § 376 StPO keine Anklage erhebt und die Anzeigeerstatter auf die Möglichkeit der Privatklage verweist. Weil der Anspruch nach dem Gesetzeswortlaut „im Strafverfahren" geltend gemacht werden kann, kommt es nicht darauf an, ob es sich um ein Offizialverfahren oder um ein Privatklageverfahren handelt.[478]

Einen bei ihr eingegangenen Entschädigungsantrag muss die Staatsanwaltschaft beschleunigt dem zuständigen Gericht zuleiten (Nr. 174 II RiStBV). Zuständig ist das Gericht, das im Falle der Anklageerhebung für das Hauptverfahren zuständig wäre. Die unverzügliche Weiterleitung des Antrags ist sinnvoll, weil die Rechtshängigkeit erst mit Eingang des Antrags bei Gericht eintritt, nicht schon mit Eingang bei der Staatsanwaltschaft. Der Zustellung der Klageschrift an den Antragsgegner, wie bei Klageerhebung beim Zivilgericht (§§ 253, 261 ZPO), bedarf es zur Begründung der Rechtshängigkeit nicht. Die früher vertretene, gegenteilige Auffassung des Bundesge-

---

477 Z.B. in den Bezirken der Generalstaatsanwaltschaften Brandenburg, Braunschweig und Naumburg sowie der Staatsanwaltschaft Aurich. Andere Generalstaatsanwaltschaften haben ein persönliches Anschreiben an Verletzte in der Abschlussverfügung vorgesehen.
478 Meyer-Goßner, § 403 Rn. 12.

C. Das Adhäsionsverfahren in der staatsanwaltschaftlichen Praxis

richtshofs[479] ist infolge der klarstellenden Einfügung des § 404 II 2 StPO durch das Opferrechtsreformgesetz überholt.[480] Das ist zu begrüßen, denn ermittlungstaktische Erwägungen stehen manchmal einer frühzeitigen Bekanntgabe der Einleitung des Ermittlungsverfahrens gegenüber Beschuldigten entgegen. Nunmehr kann das Gericht auf Bitte der Staatsanwaltschaft mit der Zustellung des Adhäsionsantrags warten, um den Erfolg bevorstehender Ermittlungshandlungen nicht zu gefährden, ohne dadurch das Interesse der Antragsteller an einer Unterbrechung der Verjährung zu verletzen.

270 Im Übrigen mahnen die Richtlinien der Justizverwaltung seit dem 1.4.2012 die Staatsanwaltschaft zur Mitwirkung: Sie soll zur Eignung des Entschädigungsantrages für eine Erledigung im Strafverfahren Stellung nehmen (§ 406 I S 4, 5 StPO) und sich äußern, wenn dies nötig ist, um die Tat strafrechtlich zutreffend zu würdigen (Nr. 174 I RiStBV). Selbstverständlich darf die Staatsanwaltschaft sich nicht zur zivilrechtlichen Würdigung des geltend gemachten Anspruchs äußern, denn sie ist weder Partei noch zur Entscheidung über zivilrechtliche Ansprüche berufen. Allerdings ist und bleibt es ihre Pflicht, als „Wächterin des Gesetzes" im Strafverfahren[481] auf einen gesetzmäßigen Umgang mit Entschädigungsanträgen hinzuwirken. Dafür reicht es heute nicht mehr aus, neben einer zutreffenden strafrechtlichen Würdigung „einer Verzögerung des Strafverfahrens vorzubeugen", wie es die alte Fassung der Richtlinien bis zum 31.3.2012 vorsah. Denn das Gesetz verlangt jetzt vom Gericht und bindet damit die Staatsanwaltschaft, dass über die Eignung zur Erledigung im Strafverfahren auch unter Berücksichtigung der berechtigten Belange des Antragstellers zu entscheiden ist (§ 406 I 4 StPO).[482]

II. Die Information von Verletzten über ihre Rechte

271 Der Gesetzgeber des Opferrechtsreformgesetzes ist davon ausgegangen, dass ein Ausbau der Rechte von Verletzten ungenügend wäre, wenn diese nicht um ihre Rechte wüssten. Er hat deswegen das Absehen von der in § 406 h S 2 StPO vorgeschriebenen Unterrichtung zum Ausnahmefall gemacht. Dabei hatte er die Vorstellung, dass bundeseinheitliche Formulare entwickelt werden könnten, die unter Berücksichtigung der Erfahrungen mit Modellprojekten zum Adhäsionsverfahren insbesondere auch leicht handhabbare Antragsformulare einschließen sollten.[483] Dazu ist es bisher leider nicht gekommen. Vielleicht tragen unzureichende Informationen und Hilfsmittel für Verletzte immer noch dazu bei, dass das Adhäsionsverfahren weiterhin ein Schattendasein fristet. So ist die Anzahl der Urteile von Amtsgerichten in Adhäsionsverfahren bundesweit im Jahr nach dem Inkrafttreten des Opferrechtsreformgesetzes nicht etwa gestiegen, sondern von 5849 im Jahr 2004 auf 4848 im Jahr 2005 zurückgegangen, während die Anzahl der Adhäsionsurteile der Landgerichte nur geringfügig von 333 auf 354 angestiegen ist.[484] Im Jahr 2013 gab es 5802 amtsgerichtliche und immerhin

---
479 StraFo 2004, 386.
480 BR-Drs. 829/03, 33.
481 Meyer-Goßner, vor § 141 GVG Rn 3.
482 BVerfG, NJW 2007, 1670.
483 BR-Drs. 829/03, 43.
484 Statistisches Bundesamt, Fachserie 10/Reihe 2.3, Rechtspflege/Strafgerichte 2004 und 2005.

743 landgerichtliche Adhäsionsverfahren, die mit einem Endurteil, Grundurteil oder einem protokollierten Vergleich endeten. Dabei entfielen 1675 (28,8 %) amtsgerichtliche und 121 (16,28 %) landgerichtliche Adhäsionsentscheidungen auf Niedersachsen, obwohl der Anteil Niedersachsens an den in erster Instanz erledigten Verfahren nur etwa 8,4 % beträgt.[485] Sicherlich haben koordinierte Anstrengungen der Landesjustizverwaltung, der Anwaltschaft, der Staatsanwaltschaft und der Gerichte dazu beigetragen, dass sich die justizielle Praxis dem Willen des Gesetzgebers hier mehr angenähert hat als anderswo.

Möglicherweise bedarf es zusätzlicher Hinweise und Hilfsmittel, um Verletzte zur Geltendmachung ihrer Rechte zu ermutigen. Häufig wird es sich um Personen handeln, die zum ersten Mal in ihrem Leben mit der Justiz zu tun haben und das justizielle Verfahren ebenso wenig verstehen wie die Sprache der Juristen. Das allenthalben vorhandene Vertrauen, dass der Rechtsstaat ihnen zu ihrem Recht verhelfen werde, sollte die Staatsanwaltschaft zur richtigen Zeit in allgemein verständlicher Sprache aufgreifen und unterstützen. Am wirkungsvollsten dürfte das gleichzeitig mit der Anklageerhebung geschehen, denn erst jetzt stehen die rechtlichen Voraussetzungen eines Adhäsionsantrags fest. Erst zu diesem Zeitpunkt kann das zuständige Gericht genannt werden. Erst jetzt kann eine Einstellung des Verfahrens ausgeschlossen werden.

Auf der Grundlage eines von der Staatsanwaltschaft Aurich entworfenen Textes bietet sich ein knappes, auf die notwendigen Hinweise an Verletzte beschränktes persönliches Anschreiben etwa folgenden Wortlauts an:

Muster:

Sehr geehrte Frau O.,

Sie haben gegen Herrn T. Anzeige wegen gefährlicher Körperverletzung erstattet. Ich habe nunmehr Anklage bei dem Amtsgericht in A. erhoben.

Die Strafprozessordnung gibt Ihnen die Möglichkeit, einen Anspruch auf Schadensersatz oder Schmerzensgeld oder einen anderen vermögensrechtlichen Anspruch wegen der Straftat gegen den Beschuldigten in diesem Strafverfahren geltend zu machen (§§ 403 ff. StPO). Sie können den Antrag schriftlich bei dem genannten Gericht oder bei der Staatsanwaltschaft stellen. Sie können den Antrag aber auch mündlich bei dem Gericht zu Protokoll geben. Wenden Sie sich dort bitte an die Rechtsantragstelle.

Sie können an der gerichtlichen Hauptverhandlung teilnehmen. Wenn Sie den Antrag nicht schon vorher gestellt haben, können Sie das bis zum Beginn des Plädoyers des Staatsanwalts nachholen. Wenn Sie einen gesetzlichen Vertreter, einen Ehegatten oder einen Lebenspartner haben, können auch diese an der Hauptverhandlung teilnehmen.

Sie brauchen nicht unbedingt anwaltliche Hilfe, aber Sie können jederzeit eine Rechtsanwältin oder einen Rechtsanwalt beauftragen. Falls Ihre wirtschaftlichen Verhältnisse es erfordern, können Sie Prozesskostenhilfe bei dem genannten Gericht beantragen.

Das Gericht kann von einer Entscheidung über Ihren Antrag auf Zahlung von Schadensersatz absehen, wenn er sich nicht zur Erledigung im Strafverfahren eignet. Das kann geschehen, wenn die Prüfung Ihres Anspruchs das Strafverfahren erheblich verzögern wür-

---

485 Statistisches Bundesamt, Fachserie 10/Reihe 2.3, Rechtspflege/Strafgerichte 2013.

de. Wenn über den Anspruch nicht entschieden worden ist, können Sie ihn immer noch bei dem Zivilgericht weiterverfolgen.

Bitte benutzen Sie das beigefügte Formular, damit Ihr Antrag in Form und Inhalt den gesetzlichen Anforderungen entspricht.

Mit freundlichen Grüßen

274 Dem Anschreiben kann ein Antragsformular nebst Hinweisen zur Ausfüllung des Formulars beigefügt werden. Auf der Grundlage eines im Textverarbeitungsprogramm der niedersächsischen Staatsanwaltschaften vorgesehenen Bausteins bietet sich etwa folgende Gestaltung an:

Muster:

An das Amtsgericht ...

zum Geschäftszeichen der Staatsanwaltschaft ...

Adhäsionsantrag

Straftat: ...

Antragsteller/in: ... (Name, Vorname) (Straße) (Postleitzahl, Ort)

Ich beantrage, d. Beschuldigte/n ... zu verurteilen (Zutreffendes bitte ankreuzen),

☐ Schadensersatz in Höhe von ... Euro zu zahlen.

☐ Schmerzensgeld zu zahlen, dessen Höhe das Gericht festsetzen soll.

☐ Schmerzensgeld in Höhe von ... Euro zu zahlen.

☐ folgende Gegenstände herauszugeben (ggf. gesonderte Aufstellung beifügen): ...

☐ ...

Begründung:

Der vorgenannte Schaden ist mir dadurch entstanden, dass...

☐ Ich bin wegen des Schadens nicht versichert.

☐ Ich habe den Schadensersatzanspruch und/oder den Schmerzensgeldanspruch noch nicht bei einem anderen Gericht geltend gemacht.

Zum Nachweis der Schadenshöhe füge ich folgende Unterlagen bei: ...

Ort, Datum Unterschrift: ...

275 Die Hinweise, die mit dem Antragsformular übersandt werden, beschränken sich auf das für die Entscheidung des Verletzten über die Antragstellung Wesentliche. Einzelheiten können in der Hauptverhandlung geklärt werden:

„Das Gericht kann nur über das entscheiden, was Sie beantragt haben. Schadensersatz ist der Geldbetrag, den der Beschuldigte zahlen soll, um den Zustand herzustellen, der bestehen würde, wenn er die Straftat nicht begangen hätte. Den Schaden müssen Sie genau beziffern. Wenn Sie einen höheren Betrag fordern, als das Gericht Ihnen schließlich zuerkennt, können Sie mit Kosten belastet werden.

Ein Anspruch auf Schmerzensgeld kann vor allem bei Körperverletzungen und Sexualdelikten bestehen. Sie können die Festsetzung der Höhe des Schmerzensgeldes in das Ermessen des Gerichts stellen. Sie können aber auch einen bestimmten Betrag beantragen.

Wenn Sie einen bestimmten Betrag fordern, der höher ist, als das Gericht Ihnen schließlich zuerkennt, können Sie auch insoweit mit Kosten belastet werden.

Sie können auch die Herausgabe von Sachen verlangen, die der Beschuldigte von Ihnen aufgrund der Straftat erlangt hat und noch besitzt.

Ihr Antrag wird dann keinen Erfolg haben, wenn Ihnen durch die Straftat ein Schaden entstanden ist, der Ihnen durch eine Versicherung ausgeglichen wurde, die dadurch den Ausgleichsanspruch erworben hat. Sie dürfen Ihre Ansprüche auch noch nicht bei einem anderen Gericht geltend gemacht haben. Zum Nachweis führen Sie bitte alles auf, womit Sie Ihren Schaden beweisen können, und fügen Sie Rechnungen, Kostenvoranschläge, Schadensgutachten, ärztliche Befundberichte oder andere Belege bei."

III. Die Bedeutung von Verletzteninteressen für die Staatsanwaltschaft

Die Staatsanwaltschaft ist im Strafverfahren nicht Partei, sondern der Objektivität verpflichtet. Im gerichtlichen Verfahren wirkt sie durch Anträge, Fragen und Anregungen darauf hin, dass das Gesetz beachtet wird und die gesetzlichen Möglichkeiten zur Beschleunigung und Vereinfachung der Hauptverhandlung genutzt werden (Nr. 127 RiStBV). Verletzte hingegen dürfen und sollen ihre zivilrechtlichen Ansprüche im Strafverfahren geltend machen. Insoweit sind sie Partei. Ihre Interessen und ihre rechtlichen Befugnisse unterscheiden sich von denen der Staatsanwaltschaft. Verletzte, die zivilrechtliche Interessen verfolgen, werden gelegentlich Gesichtspunkte einbringen, die das Strafverfahren verzögern. Allerdings hat die Staatsanwaltschaft auch insoweit den gesetzgeberischen Willen vollständig zu erfüllen und auf seine Beachtung gegenüber dem Gericht hinzuwirken: Seit der Stärkung des Adhäsionsverfahrens durch das Opferrechtsreformgesetz ist die Beschleunigung des Strafverfahrens nicht mehr der alles überragende Wert, sondern die gleichzeitige Durchsetzung von zivilrechtlichen Ansprüchen Verletzter im Strafverfahren der gesetzliche Regelfall. Also hat die Staatsanwaltschaft deutlich zu machen, dass eine Durchführung des Strafverfahrens ohne angemessene Berücksichtigung der prozessualen Rechte von Verletzten im Adhäsionsverfahren nur einen unvollkommenen Gesetzesvollzug bedeuten würde und damit rechtswidrig wäre. 276

Im Übrigen belegen Forschungsergebnisse, dass die Strafbedürfnisse von Verletzten eher bescheiden sind. Sie bevorzugen Sanktionsarten im Strafverfahren, die das begangene Unrecht wiedergutmachen und nicht in erster Linie dem Staat, sondern den Verletzten zugute kommen. Bei Verletzten besonders unpopulär ist die in der Sanktionspraxis dominierende Geldstrafe, denn sie zwingt Verurteilte mit der Drohung der Ersatzfreiheitsstrafe dazu, vorrangig an den Staat und nicht an das Opfer zu zahlen. Die dadurch gebundenen Ressourcen der Verurteilten fehlen bei der Opferentschädigung. Nimmt man hinzu, dass gerade die Wiedergutmachung erhebliche spezialpräventive Wirkungen auf den Täter entfalten kann und dass andererseits Sanktionen, die berechtigte Wiedergutmachungserwartungen des Opfers enttäuschen, den Rechtsfrieden erheblich beeinträchtigen können, und zwar über dessen Störung durch die Straftat hinaus, dann kann die Staatsanwaltschaft sich nicht vollkommen auf die Rolle des Beobachters der zivilrechtlichen Auseinandersetzung zwischen Opfer und Täter 277 im Strafverfahren zurückziehen. Sie wird zwar unter keinen Umständen ihre objektive Ausrichtung in Frage stellen lassen dürfen, obwohl immer wieder von Opfern der Wunsch geäußert wird, die Staatsanwaltschaft solle auch Interessenvertreterin für das Opfer sein.[486] Aber sie sollte im Interesse des Rechtsfriedens das legitime Interesse von Verletzten akzeptieren und sich dafür einsetzen, dass auch sie von der Sachverhaltserforschung im Strafverfahren und von der strafgerichtlichen Verurteilung unmittelbar profitieren.

IV. Die Berücksichtigung von Verletzteninteressen im Ermittlungsverfahren

278 Die Staatsanwaltschaft hat aufgrund des Verdachts einer Straftat zunächst den Sachverhalt zwar nur insoweit zu erforschen, wie es für ihre Entschließung über die Erhebung der Anklage erforderlich ist (§ 160 I, II StPO). Sobald zu erwarten ist, dass das Verfahren nicht eingestellt wird, soll sie ihre Ermittlungen aber auch auf Umstände erstrecken, die für die Bestimmung der Rechtsfolgen der Tat von Bedeutung sind (§ 160 StPO).[487] Gemeint sind Feststellungen über die für die Strafzumessung bedeutsamen Umstände (§§ 46, 47, 56 StGB). Dazu gehören die verschuldeten Schäden. Mögliche Entschädigungsansprüche veranlassen die Staatsanwaltschaft zu den eingangs erwähnten Hinweisen an Verletzte sowie zur beschleunigten Weiterleitung bei ihr eingegangener Adhäsionsanträge an das Gericht (§ 406 h II StPO; Nr. 173, 174 II RiStBV). Ob Hinweise an Insolvenzverwalter von Verletzten geboten sind, richtet sich danach, ob man diese in den Kreis der Antragsberechtigten mit einbezieht, was umstritten ist, s. o. Rn. 36.

279 Akteneinsicht können Rechtsanwälte für Adhäsionskläger nach § 406 e I StPO nehmen. Auskünfte und Abschriften aus den Akten können Verletzten auch unmittelbar erteilt werden (§ 406 e V StPO). Das in der Regel darzulegende berechtigte Interesse an der Akteneinsicht besteht, wenn sie der Prüfung dient, ob der Verletzte gegen den Beschuldigten bürgerlich-rechtliche Ansprüche geltend machen kann.[488] Die früher vertretene Auffassung, die Vorschriften über das Adhäsionsverfahren gewährten dem Verletzten kein Recht zur Verwertung beschlagnahmter Beweismittel im Stadium des Ermittlungsverfahrens,[489] beruht auf der Gesetzesfassung vor dem Opferschutzgesetz vom 18.12.1986 und entspricht nicht mehr der heutigen Gesetzeslage. Beschuldigte müssen in der Regel zuvor angehört werden.[490] Die Akteneinsicht muss versagt werden, wenn überwiegende schutzwürdige Interessen anderer Personen, etwa anderer Verletzter, an der Geheimhaltung ihrer in den Akten enthaltenen persönlichen Daten entgegenstehen (§ 406 e II StPO).[491] Ansonsten kann Akteneinsicht nur verwehrt werden, wenn der Untersuchungszweck gefährdet erscheint oder das Verfahren erheblich

---

486 Kilchling, Opferschutz und der Strafanspruch des Staates – Ein Widerspruch?, NStZ 2002, 57, 62.
487 Meyer-Goßner, § 160 Rn. 11, 19.
488 OLG Koblenz, NStZ 1990, 604.
489 OLG Koblenz, NJW 1985, 2038.
490 BVerfG, Beschluss vom 26.10.2006 – 2 BvR 67/06, bei juris.
491 OLG Braunschweig, Niedersächsische Rechtspflege 1992, 269.

IV. Die Berücksichtigung von Verletzteninteressen im Ermittlungsverfahren

verzögert würde. Eine Verzögerung von wenigen Tagen rechtfertigt die Ablehnung in der Regel nicht.[492]

Die Abschlussverfügung der Staatsanwaltschaft ist entscheidend für die Möglichkeit von Verletzten, ihre Entschädigungsansprüche schon im Strafverfahren gerichtlich durchzusetzen. Eine Einstellung des Verfahrens mangels hinreichenden Tatverdachts (§ 170 II StPO), aber auch aus Opportunitätsgründen bei geringer Schuld und mangels öffentlichen Interesses an der Strafverfolgung (§§ 153, 153 a StPO), lässt keinen Raum für die Geltendmachung von Entschädigungsansprüchen beim Strafgericht. Verletzten bleibt dann nur noch die Klagemöglichkeit beim Zivilgericht. Allein das darf aber nicht dazu führen, dass die Staatsanwaltschaft von einer rechtlich gebotenen Verfahrenseinstellung absieht. In den Fällen einer Einstellung nach Opportunitätsvorschriften hat die Staatsanwaltschaft allerdings die Belange der Verletzten in ihre Erwägungen einzubeziehen, denn sie beeinflussen das öffentliche Interesse an der Strafverfolgung. Die angestrebte Friedensstiftung ohne Verurteilung und ohne Strafe für Beschuldigte wird etwa dann in Betracht kommen, wenn Beschuldigte vor der Entscheidung bereits Wiedergutmachungsleistungen für die Verletzten erbracht haben,[493] während eine vorenthaltene Wiedergutmachung das öffentliche Strafbedürfnis erhöht. Vor einer Einstellung nach § 153 a StPO muss die Staatsanwaltschaft prüfen, ob eine Auflage zur Wiedergutmachung des verursachten Schadens nach § 153 a I Nr. 1 StPO in Betracht kommt (Nr. 93 III, 93 a RiStBV). Wenn Beschuldigte zur Wiedergutmachung nicht bereit sind, sondern es den Verletzten überlassen wollen, auf eigenes Risiko auf dem Zivilrechtsweg Ersatz für die erlittenen Schäden zu erstreiten, besteht für die Staatsanwaltschaft in der Regel kein genügender Anlass, von der Erhebung der Anklage abzusehen.

280

Durch Strafbefehl kann über einen Adhäsionsantrag nicht entschieden werden (s. o. Rn. 50).[494] Das Gericht kann nur durch Urteil, also nach einer Hauptverhandlung, einem Adhäsionsantrag entsprechen (§ 406 I 1 StPO).[495] Die vereinzelt vertretene gegenteilige Auffassung[496] ist zwar opferfreundlich, aber rechtlich nicht haltbar. Der Gesetzgeber hätte im Jahr 2004 der ihm bekannten jahrzehntelangen Rechtspraxis und der entsprechenden Auffassung in der Literatur entgegentreten können, wenn er daran etwas hätte ändern wollen. Das hat er aber – anders als bei anderen Streitfragen[497] – nicht getan. Die Staatsanwaltschaft wird also nach wie vor mit dem Antrag auf Erlass eines Strafbefehls einem Adhäsionsantrag den Boden entziehen. Sie stellt den Antrag auf Erlass eines Strafbefehls, wenn sie nach dem Ergebnis der Ermittlungen eine Hauptverhandlung nicht für erforderlich erachtet (§ 407 I 4 StPO). Von dem Strafbefehlsverfahren soll sie nur absehen, wenn die vollständige Aufklärung aller für die Rechtsfolgenbestimmung wesentlichen Umstände oder Gründe der Spezial- oder

281

---

492 Meyer-Goßner, § 406 e Rn. 6 b.
493 Meyer-Goßner, § 153 a Rn. 2, 6.
494 KMR/Stöckel, § 406 Rn. 5; Meyer-Goßner, § 406 Rn. 1 mwN.
495 BGH, NJW 1982, 1047.
496 Sommerfeld/Guhra, Zur Entschädigung des Verletzten im Verfahren bei Strafbefehlen, NStZ 2004, 420; Kuhn, Das „neue" Adhäsionsverfahren, JR 2004, 397.
497 BR-Drs. 829/03 S 33.

Generalprävention die Durchführung einer Hauptverhandlung geboten erscheinen lassen (Nr. 175 III S 1 RiStBV). Von den Belangen Verletzter ist in den Richtlinien keine Rede. Nach einem Strafbefehlsantrag der Staatsanwaltschaft kommt es nur dann zu einer Hauptverhandlung und damit auch zur Gelegenheit für die Entscheidung über einen Adhäsionsantrag, wenn das Gericht wegen seiner Bedenken, ohne eine solche zu entscheiden, Hauptverhandlung anberaumt oder der Angeklagte gegen den Strafbefehl Einspruch einlegt (§ 408 III 2, § 411 I 2 StPO). Gegen die Entscheidung der Staatsanwaltschaft, Strafbefehlsantrag zu stellen, steht Verletzten kein Rechtsmittel zu. Umso mehr liegt es in der Verantwortung der Staatsanwaltschaft, dem gesetzlichen Willen Wirkung zu verschaffen, nach dem eine Entschädigung Verletzter im Strafverfahren die Regel werden soll. Sie wird daher, wenn ein Adhäsionsantrag bereits gestellt ist, von einem Strafbefehlsantrag absehen und Anklage erheben, wenn dadurch dem Verletzteninteresse auch mit Rücksicht auf die Belange der Strafrechtspflege besser Rechnung getragen werden kann.[498]

V. Die Berücksichtigung von Verletzteninteressen im Hauptverfahren

282 Adhäsionsanträge, die sich nicht auf die Zuerkennung eines Schmerzensgeldes beschränken (§ 406 I 6 StPO), eignen sich in der Regel nicht zur Erledigung in Strafverfahren mit Untersuchungshaft, wenn über sie nicht ohne weiteres entschieden werden kann (§ 406 I 4 StPO). Denn Verfahren mit Untersuchungshaft haben Vorrang vor allen anderen Verfahren und sind von Beginn an mit größtmöglicher Beschleunigung zu führen.[499] Die Staatsanwaltschaft wird jeder Verzögerung des Hauptverfahrens durch die Prüfung eines Adhäsionsantrags entgegentreten müssen, weil sie vor dem Hintergrund der strengen Rechtsprechung des Bundesverfassungsgerichts[500] zur Entlassung des Angeklagten wegen zu langer Verfahrensdauer führen kann (§ 121 I, II StPO). Dadurch kann auch eine sonst nicht bedeutsame Verzögerung in Verfahren mit Untersuchungshaft so erheblich werden, dass sie im Sinne des § 406 I 5 StPO das Absehen von der Entscheidung über den Adhäsionsantrag rechtfertigt (s. dazu auch oben Rn. 143). Das ist auch im Interesse der Verletzten, denn eine nur durch Verfahrensverzögerung begründete Entlassung von Angeklagten aus der Untersuchungshaft wäre für sie ein eindeutig größeres Übel.

Auch im Rahmen der Hauptverhandlung hat die Staatsanwaltschaft bei der Prüfung der Frage, ob sie eine Einstellung des Verfahrens nach § 154 II StPO beantragt oder nach § 154 a II StPO einer Beschränkung des Verfahrens zustimmt, die Belange der Verletzten in ihre Überlegungen einzubeziehen.

283 Die Staatsanwaltschaft hat die Auswirkungen des Adhäsionsverfahrens auf die Verwirklichung des materiellen Strafrechts zu beurteilen und in Ihrem Antrag zur Strafzumessung zu berücksichtigen.[501] Die rechtlich zulässige Verteidigung gegen Entschädigungsanträge darf zwar ebenso wenig wie zulässiges Verteidigungsverhalten gegen

---

498 KMR/Stöckel, § 403 Rn. 13.
499 OLG Celle, Beschluss vom 22.2.2007, – 1 Ws 74/07 –, juris.
500 Zuletzt StV 2006, 703; BVerfG v. 29.3.2007, – 2 BvR 489/07 –; BVerfG v. 6.6.2007, – 2 BvR 971/07.
501 KMR/Stöckel, § 404 Rn. 18.

den Tatvorwurf strafschärfend gewertet werden. Aber das Bemühen von Angeklagten, den Schaden wiedergutzumachen und einen Ausgleich mit den Verletzten zu erreichen, kann im Rahmen der Strafzumessungskriterien nach §§ 46, 46a StGB als Strafmilderungsgrund gewertet werden. Besonders dafür geeignet ist der Abschluss eines Vergleichs nach § 405 StPO, wenn er für den Angeklagten zugleich Ausdruck der Einsicht in das von ihm begangene Unrecht ist.[502]

In ihren Anträgen hat die Staatsanwaltschaft seit der Ergänzung des § 42 StGB durch das Gesetz vom 22.12.2006 auch die verstärkte Bedeutung des Wiedergutmachungsgedankens zu berücksichtigen.[503] Das Gericht soll nunmehr schon bei der Festsetzung von Geldstrafe Zahlungserleichterungen gewähren, wenn ohne sie die Wiedergutmachung erheblich gefährdet wäre. Danach erhalten Verletzte auch die Unterstützung des Gerichts, soweit die knappen Mittel Verurteilter nicht ausreichen, um sowohl die Geldstrafe als auch das Schmerzensgeld zu bezahlen. Verurteilten ist der Nachweis der Wiedergutmachung aufzuerlegen.   284

Weil die Staatsanwaltschaft an dem Rechtsstreit zwischen Verletzten und Angeklagten über bürgerlich-rechtliche Ansprüche nicht unmittelbar beteiligt ist,[504] stehen ihr keine Rechtsmittel gegen gerichtliche Entscheidungen zu, die nur den bürgerlich-rechtlichen Anspruch und dessen Prüfung betreffen.[505]   285

VI. Die Berücksichtigung von Verletzteninteressen im Vollstreckungsverfahren

Zur Vollstreckung eines Vergleichs und des bürgerlich-rechtlichen Teils von Strafurteilen ist nicht die Staatsanwaltschaft berufen. Stattdessen gelten die Vorschriften für bürgerliche Rechtsstreitigkeiten (§ 406b StPO). Folglich konkurrieren nach einer strafgerichtlichen Verurteilung der von der Staatsanwaltschaft als Vollstreckungsbehörde (§ 451 StPO) zu vollstreckende staatliche Strafanspruch und der von Verletzten nach der Zivilprozessordnung zu vollstreckende bürgerlich-rechtliche Entschädigungsanspruch miteinander. Dabei geraten die Interessen der Verletzten in Gefahr.[506] An die Stelle einer uneinbringlichen Geldstrafe tritt Ersatzfreiheitsstrafe (§ 43 StGB), an die Stelle eines uneinbringlichen Schmerzensgeldes tritt nichts. Verurteilte haben also allen Grund, zunächst die Geldstrafe zu bezahlen, bevor sie an Schadensersatz für Verletzte denken. Die Staatsanwaltschaft sollte ernsthaft zur Wiedergutmachung bereite Verurteilte im Verletzteninteresse unterstützen: Sie kann Zahlungserleichterungen für die Geldstrafe gewähren und dabei Verurteilten den Nachweis der Wiedergutmachung auferlegen (§ 459a I 2 StPO).   286

---

502 Plüür/Herbst, Das Adhäsionsverfahren im Strafprozess, NJ 2005, 153; siehe auch dieselben, Das Adhäsionsverfahren in der staatsanwaltschaftlichen Praxis, NJ 2008,14.
503 Zweites Gesetz zur Modernisierung der Justiz (2. Justizmodernisierungsgesetz), BGBl. I, 3416, 3432.
504 KMR/Stöckel, § 404 Rn. 18.
505 Meyer-Goßner, § 406a Rn. 7.
506 Stöckel, Das Opfer krimineller Taten, lange vergessen – Opferschutz, Opferhilfe heute –, JA 1998, 599.

D. Verteidigung im Adhäsionsverfahren

I. Problematik des Adhäsionsverfahrens für die Verteidigung

287 Das Adhäsionsverfahren bringt für den Angeklagten zusätzliche Belastungen mit sich und stellt (auch) den Verteidiger vor besondere Herausforderungen. Neben dem strafrechtlichen Vorwurf wird der Angeklagte mit zivilrechtlichen Forderungen aus der ihm zur Last gelegten Tat konfrontiert. Gegen die Stellung des Adhäsionsantrags als solches kann der Angeklagte sich nicht wehren; er muss dies hinnehmen und sich damit – jedenfalls in der Hauptverhandlung – auseinandersetzen. Dabei sind je nach Tatvorwurf und Bedeutung des Adhäsionsantrags verschiedene Szenarien denkbar:

- Bei vollendeten Tötungsdelikten dürfte für den Angeklagten der mögliche Schuldspruch und ggf. der Strafausspruch von so überragender Bedeutung sein, dass erhobene zivilrechtliche Forderungen vernachlässigt werden können.

- Entsprechendes gilt auch, wenn dem Angeklagten sehr hohe Freiheitsstrafen drohen.

- Ist das Ziel der Verteidigung eindeutig und durchgehend, einen Freispruch zu erreichen, kann der Adhäsionsantrag möglicherweise vernachlässigt werden. Denn ohne Verurteilung kann dem Antrag nicht stattgegeben werden, § 406 Abs. 1 S. 1 StPO.

- Andererseits kann die Höhe der zivilrechtlichen Forderung oder auch die Zahl der Antragsteller (zB bei Serienbetrugstaten) so hoch sein, dass die zivilrechtliche Seite überragende Bedeutung gewinnt und den Angeklagten in seiner Verteidigung erheblich beeinträchtigt.

- Einwendungen gegen die mit dem Adhäsionsantrag erhobene Forderung (Höhe des Schmerzensgeldes, Mitverschulden des Verletzten, Geltendmachen von Gegenforderungen uä) können vom Gericht uU als negatives Nachtatverhalten iS von § 46 II StGB zulasten des Angeklagten gewertet werden.

- Der Druck des Strafverfahrens kann den Angeklagten dazu bewegen, die Forderung des Verletzten im Adhäsionsverfahren in größerem Umfang anzuerkennen, ggf. im Wege des Vergleichs, als er dies im isolierten Zivilverfahren tun würde.

288 Dies zwingt die Verteidigung frühzeitig zu der Entscheidung, wie sie sich zum Adhäsionsantrag stellen soll.[507] Dabei kommt es in geeigneten Fällen in Betracht, von Seiten der Verteidigung auf den Verletzten zuzugehen und zu versuchen, frühzeitig einen zivilrechtlichen Ausgleich mit ihm herbeizuführen. Neben der Vermeidung des Adhäsionsverfahrens kann sich dies bei der späteren Strafzumessung positiv für den Beschuldigten auswirken (§§ 46 II, 46 a StGB) oder den Weg zur Verfahrenserledigung nach §§ 153, 153 a StPO eröffnen. Andererseits dürfte der Weg zum Freispruch hierdurch jedenfalls im Regelfall versperrt sein.

---

507 MAH-Pollähne, § 56 Rn. 79.

II. Das Mandat im Adhäsionsverfahren

1. Der Auftrag

Der Rechtsanwalt wird aufgrund des mit dem Mandanten geschlossenen Geschäftsbesorgungsvertrages nach §§ 675, 611 BGB tätig. Der Inhalt der vom Rechtsanwalt zu erbringenden Dienstleistung bestimmt sich nach dem Auftrag des Mandanten. Diesem bleibt es überlassen, den Rechtsanwalt mit der umfassenden Bearbeitung aller rechtlichen Aspekte eines Lebenssachverhalts zu betrauen oder ihm nur einen bestimmten Bereich davon zu übertragen. So kann der Vorwurf der Körperverletzung für den Mandanten neben dem strafrechtlichen Vorwurf auch Fragen aus dem Gebiet des Zivilrechts (Schadensersatz, Schmerzensgeld), des Sozialrechts (Forderungsübergang auf den Sozialversicherungsträger), des Arbeitsrechts (Schadensersatzanspruch des Arbeitgebers des Verletzten) bis hin zum Verwaltungsrecht (Fahrerlaubnis, Waffenbesitzerlaubnis ua) mit sich bringen. Angesichts der Vielzahl der zu beachtenden Rechtsfragen und der zunehmenden Spezialisierung der Anwaltschaft ist es zweifelhaft, ob ein Rechtsanwalt tatsächlich den Lebenssachverhalt umfassend in allen Rechtsgebieten sachgerecht bearbeiten kann. Der Mandant ist jedenfalls gut beraten, sich dies genau zu überlegen und seine Vertretung möglicherweise in verschiedene Hände zu legen. Umgekehrt sollte der Rechtsanwalt bedenken, ob er allen Anforderungen der Sache gerecht werden kann, und ggf. den Auftrag nur zu dem Teil übernehmen, den er sich auch guten Gewissens zutraut.

289

Für eine sorgfältige Prüfung, ob der Rechtsanwalt den zivilrechtlichen Anforderungen gewachsen ist, spricht auch, dass immer wieder Adhäsionsentscheidungen der Tatgerichte aus Gründen des materiellen Zivilrechts, aber auch des Verfahrensrechts aufgehoben werden:

290

- Eine Verurteilung zur Zahlung in US-$ ist unzulässig; die Verjährungseinrede des Angeklagten darf nicht übergangen werden.[508]
- Für den Exzess des Mittäters haftet der Angeklagte nicht gesamtschuldnerisch.[509]
- Polizeibeamten steht bei Beleidigungen im Regelfall kein Schmerzensgeld zu, jedenfalls wenn die Äußerung gegen die Polizei allgemein gerichtet ist.[510]
- Ohne Adhäsionsantrag darf dem Verletzten keine Entschädigung zugesprochen werden.[511]
- Die Zustellung des Adhäsionsantrags ist eine von Amts wegen zu prüfende Verfahrensvoraussetzung, sofern der Antrag nicht nur mündlich in der Hauptverhandlung gestellt wird.[512]

---

508 BGH 2 StR 62/15, Beschluss vom 13.8.2015.
509 BGH StraFo 2015, 341.
510 OLG Stuttgart StV 2015, 483; LG Osnabrück StV 2013, 690.
511 BGH StraFo 2015, 337.
512 BGH StV 2015, 474.

D. Verteidigung im Adhäsionsverfahren

291 Bei Betrugsvorwürfen kann die zivilrechtliche Frage, ob und in welchem Umfang der Angeklagte aus dem betrügerisch geschlossenen Vertrag dem Verletzten haftet, erhebliche zivilrechtliche Probleme aufwerfen.[513]

292 Auch Sachverhalte, die zivilrechtlich zunächst überschaubar erscheinen, können erhebliche Schwierigkeiten aufweisen. Dies sollte der Verteidiger vor Übernahme auch des zivilrechtlichen Mandats sorgfältig bedenken.

293 Denn der Rechtsanwalt ist auch dann nicht verpflichtet, andere rechtliche Aspekte des Sachverhalts zu bearbeiten und den Mandanten zu vertreten, wenn er mit der *„Verteidigung wegen des Vorwurfs der Körperverletzung zum Nachteil des NN"* beauftragt ist. Zivilrechtliche Forderungen oder verwaltungsrechtliche Konsequenzen stellen einen anderen Gegenstand der anwaltlichen Tätigkeit dar als die Verteidigung im Strafverfahren. Die Tätigkeit auf diesen Gebieten ist vom Auftrag der Verteidigung des Mandanten gegen den Strafvorwurf nicht von vornherein umfasst.

294 Hierauf sollte der Rechtsanwalt den Mandanten rechtzeitig hinweisen. Teilt der Mandant dem Verteidiger mit, dass er zivilrechtlich in Anspruch genommen wird wegen des Sachverhalts, der Gegenstand des Strafverfahrens ist, muss der Verteidiger vorsichtig sein, sich dies zumindest *„mal anzuschauen"*. Denn darin liegt die Anfrage des Mandanten, ob der Verteidiger auch das zivilrechtliche Mandat übernimmt. Berufsrechtlich muss der Verteidiger den Mandanten in diesem Fall unverzüglich informieren, wenn er das Mandat nicht annehmen will (§ 44 BRAO).

295 Um nicht – ungewollt und ungefragt – für den Mandanten auch im Adhäsionsverfahren tätig werden zu müssen, empfiehlt es sich, den Auftrag möglichst weitgehend zu konkretisieren und dies auch in der Vollmachtsurkunde niederzulegen.

2. Die Vollmachtsurkunde

296 Da für die Beauftragung des Verteidigers keine Form vorgeschrieben ist, muss der Verteidiger das Mandat gegenüber den Ermittlungsbehörden und dem Gericht nicht durch Vorlage der Vollmachtsurkunde nachweisen.[514]

297 Bedeutung hat die Vollmachtsurkunde allerdings für Zustellungen. Befindet sich die Vollmacht bei den Akten, gilt der Verteidiger als zustellungsbevollmächtigt für den Mandanten, § 145a I StPO.[515] In diesem Fall müssen Entscheidungen an den Verteidiger zugestellt werden, der Beschuldigte wird parallel formlos unterrichtet. Ohne Vollmachtvorlage ist an den Beschuldigten zuzustellen, gleichzeitig ist der Verteidiger zu unterrichten, § 145a III StPO. Dies kann bei fristauslösenden Zustellungen für die Feststellung des Fristbeginns erheblich sein, weshalb es für den Verteidiger in der Regel sinnvoll ist, die Vollmacht zu den Akten zu reichen. Die dadurch gesetzlich fingierte Vollmacht, Zustellungen für den Mandanten in Empfang zu nehmen, kann allerdings selbst rechtsgeschäftlich durch Vereinbarung mit dem Mandanten nicht ein-

---

513 S. die Beispiele bei Plüür/Herbst, S. 15 f.
514 BGHSt 36, 259; Meyer-Goßner/Schmitt, vor § 137 Rn. 9; KK-Laufhütte/Willnow, vor § 137 Rn. 3.
515 Das gilt auch, wenn die Vollmacht zu Protokoll erklärt wurde, Meyer-Goßner/Schmitt, § 145a Rn. 9.

geschränkt werden.[516] Der Verteidiger ist uneingeschränkt zustellungsbevollmächtigt, auch für den Adhäsionsantrag. Dies kann er selbst dann nicht verhindern, wenn er im Adhäsionsverfahren nicht tätig werden möchte. Andererseits sind mit der Zustellung des Adhäsionsantrags jedenfalls in der Regel keine zusätzlichen rechtlichen Konsequenzen für den Mandanten verbunden. Denn die Verjährung des zivilrechtlichen Anspruchs wird bereits durch den Eingang des Antrags bei Gericht gehemmt (§ 404 II StPO), nicht erst mit der Zustellung an den Beschuldigten oder dessen Verteidiger. Auch der zwar formfreie, aber notwendige Vertrag zwischen dem Rechtsanwalt und dem Mandanten über die Tätigkeit im Adhäsionsverfahren kommt durch die Zustellung des Antrags allein nicht zustande.

Allerdings sollte der Verteidiger unverzüglich gegenüber Mandant und Gericht Klarheit schaffen, ob er auch in der Sache beauftragt ist, den Beschuldigten gegenüber dem Adhäsionsantrag zu vertreten. Auch wenn der Anspruch im Strafverfahren geltend gemacht wird, handelt es sich um eine andere Angelegenheit als die bisherige Verteidigertätigkeit, nämlich die Abwehr der zivilrechtlichen Ansprüche des Geschädigten. Hierfür muss der Verteidiger jedenfalls dann ausdrücklich beauftragt werden, wenn er bislang nur mit der strafrechtlichen Bearbeitung der Sache befasst war. 298

3. Der Pflichtverteidiger

Gemäß § 145 a I StPO gilt der nach § 141 bestellte Verteidiger schon aufgrund seiner Bestellung als zustellungsbevollmächtigt. Allerdings erstreckt sich die Beiordnung nach inzwischen ganz überwiegender Meinung nicht auf die Abwehr des zivilrechtlichen Anspruchs.[517] Deshalb greift hinsichtlich des Adhäsionsantrags die gesetzliche Zustellungsvollmacht des Pflichtverteidigers nicht. Vielmehr ist der Antrag dem Angeklagten selbst zuzustellen.[518] Aus Fairnessgründen dürfte es aber geboten sein, den Pflichtverteidiger zu informieren und ihm eine Abschrift des Adhäsionsantrags zu übersenden. 299

Auch der Pflichtverteidiger sollte unverzüglich mit dem Mandanten klären, ob er zusätzlich das Mandat zur Abwehr des Adhäsionsanspruchs übernehmen will oder nicht. 300

4. Prozesskostenhilfe

Der Wahlverteidiger, der den Beschuldigten auch im Adhäsionsverfahren vertritt, hat den Gebührenanspruch gegen den Mandanten. Das gilt auch für den Pflichtverteidiger, da sich dessen Bestellung nicht auf das Adhäsionsverfahren erstreckt. Dem Beschuldigten kann aber – wie auch dem Adhäsionskläger – nach § 404 V StPO Pro- 301

---

516 OLG Dresden NStZ-RR 2005, 244; Meyer-Goßner/Schmitt, § 145 a Rn. 2; KK-Laufhütte/Willnow, § 145 a Rn. 1.
517 S. o. Rn. 44; OLG Dresden NStZ 2015, 563; OLG Karlsruhe StV 2013, 690; OLG Celle 2 Ws 143/07, Beschluss vom 6.11.2007; OLG Oldenburg 1 Ws 178/10, Beschluss vom 22.4.2010; OLG Hamm III-3 Ws 139/12, Beschluss vom 8.11.2012; LG Osnabrück 6 Ks 5/09, Beschluss vom 25.2.2011; aA OLG Köln 2 Ws 254/05, Beschluss vom 29.6.2005.
518 Plüür/Herbst, S. 7.

D. Verteidigung im Adhäsionsverfahren

zesskostenhilfe bewilligt werden. Dazu sind die persönlichen und wirtschaftlichen Verhältnisse des Beschuldigten darzulegen.

302 Außerdem hat das Gericht zu prüfen, ob die Rechtsverfolgung Aussicht auf Erfolg hat (§ 404 V S. 1 StPO iVm § 114 I S. 1 ZPO). Das gilt für beide Parteien des Adhäsionsverfahrens. Für den Adhäsionskläger dürfte sich die Erfolgsaussicht in der Regel schon aus der zur Hauptverhandlung zugelassenen Anklage ergeben.[519] Auch der Beschuldigte muss nach wohl überwiegender Auffassung die Erfolgsaussichten seiner Rechtsverteidigung darlegen; die Berufung auf die strafprozessual für ihn streitende Unschuldsvermutung reicht nicht aus.[520]

303 Dies kann den Beschuldigten vor die Entscheidung stellen, ob er (weiterhin) von seinem Schweigerecht Gebrauch macht oder sich zur Sache äußert, um sich gegen die zivilrechtliche Forderung zu verteidigen. Hierdurch kann das Schweigerecht des Beschuldigten faktisch beeinträchtigt werden. Das ist aber auch dann der Fall, wenn der Verletzte seine Ansprüche eigenständig im Zivilverfahren und nicht im Adhäsionsverfahren geltend machen. Auch dort wird der Beschuldigte zu einer inhaltlichen Stellungnahme zur Sache gezwungen, wenn er nicht Nachteile in Kauf nehmen will.

304 Jedenfalls häufig wird sich dieses Dilemma durch eine Stellungnahme nach Aktenlage lösen lassen. Wenn die strafrechtliche Beweislage offen ist, besteht eben auch die Möglichkeit, dass der Beschuldigte die ihm zur Last gelegte Tat nicht begangen hat und damit auch der Entschädigungsanspruch des Verletzten nicht zuerkannt werden kann. Kann dies dargestellt werden, sind die Erfolgsaussichten auch für den Beschuldigten zu bejahen.

305 Seitens der Gerichte dürfte bei der Entscheidung über die Erfolgsaussichten ein großzügiger Maßstab anzulegen sein. Wenn der Beschuldigte sich zur Sache nicht äußert, sondern seine Rechtsverteidigung gegen den Adhäsionsanspruch aus der Akte heraus begründet, würde die Verneinung der Erfolgsaussichten den Richter zu einer weit deutlicheren Prognose über die Beweislage und den möglichen Schuldspruch zwingen als dies bei der Eröffnungsentscheidung nach § 203 StPO der Fall ist. Zwar ist die Entscheidung über die Prozesskostenhilfe nicht anfechtbar, § 404 V S. 3 StPO. Der ablehnende Beschluss ist nach § 33 StPO aber mit Gründen zu versehen. Legt sich der Richter bei der Darstellung des Beweisergebnisses (notgedrungen) zu weit fest, kann dies einen Ablehnungsantrag nach § 24 I StPO provozieren. Nicht nur deshalb werden beim schweigenden Beschuldigten die Erfolgsaussichten für die Rechtsverteidigung nach Aktenlage zu beurteilen und in der Regel zu bejahen sein. Umgekehrt gilt, dass die Erfolgsaussicht nur verneint werden kann, wenn ein glaubhaftes Geständnis des Beschuldigten vorliegt und andere Einwände gegen den Entschädigungsanspruch nicht erhoben werden.

306 Auf die Möglichkeit, Prozesskostenhilfe zu beantragen, muss der Rechtsanwalt den Mandanten hinweisen, wenn dafür Anlass besteht (§ 16 I BORA). Dies gilt sowohl für den Vertreter des Beschuldigten wie auch des Adhäsionsklägers.

---

519 LR-Hilger, § 404 Rn. 25; Kempf, StV 1987, 215, 218.
520 S. o. Rn. 230; Plüür/Herbst S. 44 f.

5. Die Rechtsanwaltsgebühren im Adhäsionsverfahren

Für die Tätigkeit im Adhäsionsverfahren erhält der Rechtsanwalt eine Verfahrensgebühr nach Nr. 4143 VV-RVG. Ist er daneben als Verteidiger, Nebenklagevertreter oder Verletztenbeistand tätig, erhält er auch die sonstigen im Strafverfahren anfallenden Gebühren (Vorbem. 4.1 VV-RVG). Beschränkt sich seine Tätigkeit auf die Geltendmachung oder Abwehr des Adhäsionsanspruchs, bleibt es bei der Gebühr nach Nr. 4143 VV-RVG. Insbesondere erhält der Rechtsanwalt dann keine Terminsgebühr.[521]

307

Die Gebühr nach Nr. 4143 VV-RVG wird mit dem 2,0-fachen Satz nach der Tabelle zu § 13 RVG berechnet. Für den im Weg der Prozesskostenhilfe beigeordneten Rechtsanwalt gelten ggf. die reduzierten Sätze aus § 49 RVG.

308

6. Die Haftung des Rechtsanwalts

Für die Schlechterfüllung des Anwaltsvertrags haftet der Verteidiger nach allgemeinen zivilrechtlichen Grundsätzen. In der Praxis spielen Ansprüche wegen möglicher Fehler des Verteidigers bislang kaum eine Rolle, auch wenn sich das langsam zu ändern scheint.[522] Zur Abdeckung möglicher Schäden muss jeder Rechtsanwalt eine Haftpflichtversicherung unterhalten. Die Mindestversicherungssumme beträgt 250.000 EUR je Versicherungsfall (§ 51 I, IV BRAO). Dieser Betrag reicht bislang für die absehbaren Risiken von Fehlern des Verteidigers im Regelfall aus.

309

Das kann aber schon dann anders sein, wenn Entschädigungsansprüche im Adhäsionsverfahren geltend gemacht werden, die diesen Betrag übersteigen, zB bei Körperverletzungen mit massiven Folgen oder in Wirtschaftsstrafverfahren, wo leicht auch mehrstellige Millionenbeträge gefordert werden.

310

Übernimmt der Verteidiger in einem solchen Fall auch die Tätigkeit im Adhäsionsverfahren, muss er rechtzeitig die Versicherungssumme erhöhen, was auch als Einzelversicherung für das konkrete Mandat möglich ist. Die anfallenden Kosten können erheblich sein. Ist der Rechtsanwalt für das Adhäsionsverfahren im Wege der Prozesskostenhilfe beigeordnet, wird der Mandant diese Kosten nicht tragen können. Auch aus der Staatskasse wird der PKH-Anwalt Kostenerstattung nicht erhalten können. Denn grundsätzlich zählt die Versicherungsprämie zu den allgemeinen Geschäftskosten, die der Rechtsanwalt selbst zu tragen hat. Nur wenn die Versicherungssumme 30 Mio. EUR übersteigt, kann der Rechtsanwalt den Teil des Versicherungsbeitrags, der auf die übersteigende Summe entfällt, als Auslagen nach Nr. 7007 VV-RVG ersetzt verlangen.

311

Schon allein die zusätzliche Prämie bis zur Versicherungssumme von 30 Mio. EUR beträgt deutlich mehr als 10.000 EUR. Diesen Betrag hat der Rechtsanwalt selbst zu tragen. Dem steht gegenüber, dass der PKH-Anwalt für Adhäsionsverfahren Gebühren von maximal 894,00 EUR aus der Staatskasse erhält (§ 49 RVG, 2,0-facher Satz).

312

---

521 Vorbem. 4.3 Abs. 2 VV-RVG; Bischof/Jungbauer-Uher, 6. Aufl., Nrn. 4100 – 4303 VV, Rn. 126; Schneider AGS 2009, 1.
522 FA Strafrecht-Köllner, 5. Aufl., 1 Rn. 113; MAH-Barton § 41 Rn. 11.

Damit trägt der Rechtsanwalt in Fällen besonders hoher Schadenersatzforderungen ein unzumutbares wirtschaftliches Risiko, zumal die Versicherungsprämie jährlich bis zum rechtskräftigen Abschluss des Verfahrens anfällt.

313 Zwar soll im Fall der Bewilligung von Prozesskostenhilfe dem Beschuldigten, der einen Verteidiger hat, dieser beigeordnet werden, § 404 V S. 2 StPO. Die wirtschaftliche Unzumutbarkeit wird aber ein Grund sein, den Verteidiger nicht für das Adhäsionsverfahren beizuordnen, wenn dieser der Beiordnung widerspricht.

III. Mögliche Verteidigungsstrategien
1. Außergerichtliche Einigung

314 Zur Vermeidung des Adhäsionsverfahrens, vor allem aber auch im Hinblick auf die mögliche Strafzumessung, ist es in geeigneten Fällen sinnvoll, frühzeitig auf den Geschädigten zuzugehen und eine Entschädigungsregelung zu finden. Neben der Vermeidung weiterer Auseinandersetzungen und Kosten ist das Bemühen um Schadenswiedergutmachung und Ausgleich mit dem Verletzten ein bestimmender Strafzumessungsgrund, § 46 II StGB. Wenn die Voraussetzungen des § 46 a StGB vorliegen, kann dies die Strafrahmenverschiebung nach § 49 II StGB bewirken oder zum Absehen von Strafe führen. Ist ein Schuldspruch voraussichtlich nicht zu vermeiden, muss der Verteidiger diese Möglichkeit frühzeitig in seine Strategie einbeziehen.

2. Absehen von einer Entscheidung

315 Beeinträchtigt der Adhäsionsantrag die strafrechtliche Verteidigung erheblich, ist anzustreben, dass das Gericht nach § 406 I S. 3 – 5 StPO von einer Entscheidung absieht. Für Schmerzensgeldansprüche ist dies nach § 406 I S. 6 StPO nur möglich, wenn der Antrag unzulässig ist oder unbegründet erscheint. Bei anderen Ansprüchen kommt das Absehen von einer Entscheidung insbesondere dann in Betracht, wenn das Verfahren sonst erheblich verzögert würde. Befindet sich der Beschuldigte in Untersuchungshaft, geht dessen Freiheitsgrundrecht aus Art. 2 GG dem Interesse des Geschädigten an einer Entscheidung über seinen Schadenersatzanspruch schon dann vor, wenn das Verfahren auch nur um wenige Tage verzögert werden würde.[523] Auch schwierige zivilrechtliche Fragen, vor allem in Wirtschaftsstrafverfahren, rechtfertigen es, von einer Entscheidung über den Adhäsionsantrag abzusehen.[524] Die Aufrechnung mit Gegenansprüchen des Beschuldigten kann ebenfalls zur Ungeeignetheit des Antrags führen.[525]

316 Auch die für den Beschuldigten existenzbedrohende Höhe der Forderung und das damit verbundene, nicht abzusichernde Regressrisiko des im Adhäsionsverfahrens tätigen Verteidigers können dazu zwingen, von einer Entscheidung abzusehen, weil sonst die Gefahr besteht, dass die Verteidigung den Schwerpunkt der Tätigkeit auf die Abwehr des Schadenersatzanspruchs legt. Hierdurch kann die effektive Verteidigung

---

523 BGH 5 StR 96/10, Beschluss vom 15.4.2010; OLG Oldenburg StraFo 2009, 75; OLG Celle StV 2007, 293.
524 Meyer-Goßner/Schmitt, § 406 Rn. 12.
525 S. o. Rn. 144

und damit das Recht auf ein faires Verfahren verletzt werden.[526] Zudem kann der bislang schweigende Angeklagte gezwungen werden, sich zur Sache zu äußern, was sein Schweigerecht verletzen würde.[527]

Auf diese Gesichtspunkte muss die Verteidigung hinweisen, wenn sie das Adhäsionsverfahren vermeiden möchte. 317

3. Anerkenntnis der Forderung

Prozessual kann der Beschuldigte den Anspruch auch im Strafverfahren anerkennen. Er ist dann zivilrechtlich ohne weitere Prüfung des Anspruchs zu verurteilen (§ 406 II StPO).[528] Hierüber kann das Gericht vorab durch Teilurteil entscheiden; das Anerkenntnisurteil muss nicht erst zusammen mit dem Urteil über den Strafvorwurf ergehen.[529] Anders als im Zivilverfahren hat der Beschuldigte allerdings auch dann die besonderen Kosten des Adhäsionsverfahrens und die notwendigen Auslagen des Verletzten zu tragen, wenn er zur Klagerhebung keinen Anlass gegeben hat und den Anspruch sofort anerkennt. Denn nach § 472 a StPO sind dem Beschuldigten diese Kosten immer dann aufzuerlegen, wenn dem Adhäsionsantrag stattgegeben wird.[530] 318

Trotz dieser von § 93 ZPO abweichenden Regelung kann das Anerkenntnis uU aus Sicht der Verteidigung sinnvoll sein. Eine Aussage zur Sache liegt in der prozessualen Erklärung des Anerkenntnisses nicht. Der Beschuldigte kann weiterhin sein Schweigerecht wahren, ohne dass das Gericht das Anerkenntnis zu seinen Lasten werden dürfte, etwa als Geständnis.[531] Andererseits muss das Gericht dieses Anerkenntnis im Rahmen der Strafzumessung zugunsten des Beschuldigten berücksichtigen. Sind dem Anerkenntnis Verhandlungen über den Anspruch vorausgegangen, können auch die Voraussetzungen für den Täter-Opfer-Ausgleich nach § 46 a StGB erfüllt sein.[532] 319

4. Strafbefehlsverfahren

Im Strafbefehlsverfahren kann über den Adhäsionsantrag nur entschieden werden, wenn die Hauptverhandlung durchgeführt wird.[533] Ist eine Verurteilung zu erwarten, kann es aus Sicht der Verteidigung sinnvoll sein, gegenüber der Staatsanwaltschaft anzuregen, dass diese Antrag auf Erlass des Strafbefehls stellt und nicht Anklage erhebt. Neben den sonstigen Aspekten (Kalkulierbarkeit des Strafausspruchs, Vermeidung der öffentlichen Hauptverhandlung) kann hierdurch auch vermieden werden, dass das Strafverfahren für den Beschuldigten mit den Entschädigungsansprüchen des Verletzten belastet wird. 320

---

526 LG Hildesheim 25 KLs 5413 Js 18030/06, Beschluss vom 23.1.2007; OLG Hamburg wistra 2006, 38; LG Mainz StV 1997, 627.
527 LG Hildesheim aaO.
528 S. o. Rn. 163; Plüür/Herbst S. 87 ff.
529 BGH 2 StR 434/13, Beschluss vom 21.1.2014; AG Tiergarten NStZ-RR 2011, 383.
530 Plüür/Herbst, S. 89.
531 S. o Rn. 165
532 Plüür/Herbst S. 89.
533 Meyer-Goßner/Schmitt, § 403 Rn. 12; KK-Zabeck § 403 Rn. 12.

IV. Prozessuale Besonderheiten
1. Erweiterte Hinweispflichten des Gerichts

321 Für das Adhäsionsverfahren gelten erweiterte Hinweispflichten des Gerichts. Hat eine Partei einen Gesichtspunkt erkennbar übersehen, ist sie vom Gericht von Amts wegen darauf hinzuweisen. Rechtliche und tatsächliche Fragen sind nach § 139 ZPO, der insoweit anwendbar ist, zu erörtern, soweit dies erforderlich ist.[534] Strafprozessual kann das Gericht zwar nach § 257 b StPO den Stand des Verfahrens mit den Beteiligten erörtern. Ein Anspruch auf ein solches Rechtsgespräch besteht aber nicht.[535] Die Hinweis- und Erörterungspflichten nach § 139 ZPO gehen hierüber deutlich hinaus. Ist der Sachverhalt streitig, kann es durchaus hilfreich sein, wenn die Verteidigung ihre Sicht des bisherigen Beweisergebnisses darstellt und im Hinblick auf den Adhäsionsantrag um einen Hinweis des Gerichts bittet, falls diese Sichtweise völlig unzutreffend sein sollte.

322 Auch die Möglichkeit, nach § 405 I S. 2 StPO gemeinsam mit dem Adhäsionskläger das Gericht um einen Vergleichsvorschlag zu bitten, kann von der Verteidigung genutzt werden. Kommt das Gericht dem Begehren nach, wird es jedenfalls summarisch seine derzeitige Sicht des Beweisergebnisses darlegen müssen, soweit dies für die zivilrechtliche Entscheidung relevant ist. Wird dann ein Vergleich mit dem Verletzten abgeschlossen, sind zudem die Voraussetzungen des § 46 a StGB dokumentiert.

2. Akteneinsichtsrecht des Adhäsionsklägers

323 Ein ausdrückliches Akteneinsichtsrecht des Adhäsionsklägers ist gesetzlich nicht vorgesehen. Wenn er aber Verletzter der angeklagten Tat ist, hat er das Akteneinsichtsrecht aus § 406 e StPO. Für den Erben, der seine Ansprüche im Adhäsionsverfahren geltend macht, gilt dies jedoch nicht. Denn er ist nicht Verletzter iS von § 406 e StPO.[536]

324 Auch der Verletzte kann die Akten nur dann einsehen, wenn er hieran ein berechtigtes Interesse darlegt. Bei der Entscheidung über die Gewährung von Akteneinsicht sind sowohl die schutzwürdigenden Interessen des Beschuldigten wie auch eine mögliche Gefährdung des Untersuchungszwecks zu berücksichtigen. Deshalb ist dem Beschuldigten vor der Entscheidung über den Akteneinsichtsantrag zwingend rechtliches Gehör zu gewähren.[537] Denn nur dann kann der Beschuldigte seine Interessen und deren Schutzbedürftigkeit überhaupt geltend machen.

325 Das berechtigte Interesse des Verletzten an der Akteneinsicht soll schon dann vorliegen, wenn dieser die Aktenkenntnis zur Geltendmachung zivilrechtlicher Ansprüche benötigt.[538] Sind dem Verletzten aber Name und Anschrift des Beschuldigten sowie die anspruchsbegründenden Tatsachen ohnehin bekannt, dürfte der bloße Hinweis auf die Absicht der Verfolgung zivilrechtlicher Ansprüche nicht ausreichen, um das

---

534 S. o. Rn. 27 f.
535 Meyer-Goßner/Schmitt, § 257 b Rn. 3.
536 Meyer-Goßner/Schmitt, vor § 406 d Rn. 2, § 172 Rn. 12; aA KK-Zabeck vor § 406 d Rn. 3.
537 Meyer-Goßner/Schmitt, § 406 e Rn. 9.
538 BVerfG 2 BvR 1043/08, Beschluss vom 4.12.2008, Tz 24; Meyer-Goßner/Schmitt, § 406 e Rn. 3.

berechtigte Interesse an der Akteneinsicht darzulegen. Die Akten enthalten demgegenüber häufig eine Vielzahl von Daten, auf deren Kenntnis der Verletzte zur Wahrnehmung seiner Interessen in keiner Weise angewiesen ist. Der Schutz dieser Daten ist dann vorrangig gegenüber dem Wunsch des Verletzten nach Akteneinsicht, jedenfalls wenn dieser sein berechtigtes Interesse nicht näher konkretisiert. Die Akteneinsicht ist in diesem Fall zu verweigern.

Bei schwierigen Beweislagen (Aussage gegen Aussage) kann die Kenntnis des gesamten Akteninhalts einschließlich der Einlassung des Beschuldigten den Beweiswert der Aussage des Verletzten als Zeuge in der Hauptverhandlung beeinträchtigen und somit den Untersuchungszweck gefährden. Auch dies kann der Gewährung von Akteneinsicht entgegenstehen.[539] 326

Ggf. ist die Akteneinsicht deshalb zu beschränken oder dem Verletzten nur Auskunft zu erteilen, soweit dies zur Wahrnehmung seiner Interessen notwendig ist. 327

3. Rechtsmittel

Wird der Angeklagte verurteilt und dabei auch dem Adhäsionsantrag stattgeben, kann der Angeklagte das Urteil insgesamt anfechten, sich dabei aber auch auf die Anfechtung eines Teilbereichs beschränken.[540] Zu beachten ist dabei, dass der Angeklagte bei einem erfolglosen Rechtsmittel auch die im Berufungs- oder Revisionsverfahren entstandenen notwendigen Auslagen des Adhäsionsklägers zu tragen hat. 328

Wird das Rechtsmittel auf den Rechtsfolgenausspruch beschränkt, erwächst nicht nur der Schuldspruch, sondern auch die Adhäsionsentscheidung in Rechtskraft. Das gilt auch, wenn im Revisionsverfahren das angefochtene Urteil nur im Rechtsfolgenausspruch aufgehoben wird.[541] 329

---

539 OLG Hamburg StV 2015, 484.
540 S. o. Rn. 205 ff.
541 OLG Celle StraFo 2015, 327.

Stichwortverzeichnis

Die Zahlen bezeichnen die Randnummern.

Abgeltungsklausel (Vergleich) 122
Abschlussverfügung der Staatsanwaltschaft
- Berücksichtigung von Verletzteninteressen 280
Absehen von der Entscheidung
- Erfolgsaussicht 128 ff.
- Hinweispflicht 146
- Kostenentscheidung 147a ff.
Absehen von einer Entscheidung 315 ff.
Absehensentscheidung
- Hinweispflicht 77
- Strafbefehlsverfahren 76
- Zwischenverfahren 80 f.
Abtretung 129, 136
Adhäsionskläger
- Rechte im Zwischenverfahren 79 ff.
Akteneinsicht 279, 323 ff.
Anerkenntnis des Beschuldigten 318 f.
Anerkenntnisurteil 163 ff.
- Freispruch des Angeklagten 167 f.
- Geständnis 165 f.
- in der Rechtsmittelinstanz 168 f.
- Tenorierung 169
- Voraussetzungen 163 ff.
Anhörung
- in der Hauptverhandlung 84
Anrechnung im Zivilverfahren 263
Anspruch
- Eignung 139 ff.
- Gegenstand 52
- Grund 59
Antrag
- Bezifferung 53
- Bezugnahmen 59
- Eignung 137 ff.
- Feststellung 56 f.
- Form 61
- Mängel 77
- Ordnungsmäßigkeit 51 ff.
- Protokollierung 61, 84
- Rücknahme 65
- Vorbehalt 58
- Wirkung 66 f.
- Zeitpunkt 62
- Zulässigkeit 33 ff.
Antragsberechtigung 33 ff.
Antragsgegner 39 ff.
- Benennung 54
Anwaltszwang 48
Arbeitsgericht 47
Auftrag des Rechtsanwalts 289 ff.
Außergerichtliche Einigung 314

Bedeutung
- für Nebenklägervertreter 263 f.
- für Verteidiger 263 f.
Befangenheit 77
Befangenheitsantrag 88
Beiordnung Rechtsanwalt 231 ff.
Berücksichtigung von Verletzteninteressen
- Ermittlungsverfahren 278
- Geldstrafe 284
- Hauptverfahren 282
- Strafzumessung 283
- Untersuchungshaft 282
- Vollstreckungsverfahren 286
Berufungsverfahren
- Annahmeberufung 208
- Antragstellung 63
- Entscheidung 208
Beschuldigter
- Aufenthalt unbekannt 18
Beweisantragsrecht 87
Beweislage 97
- schwierig 21
- Taktik
Beweismittel 60
Deutsche Gerichtsbarkeit 129
Eignung
- des Antrags 137 ff.
- Ermessensentscheidung 137 f.
Einigungsgebühr 250
Einspruch gg. Strafbefehl 72
Einstellung
- des Verfahrens 102
- Im Zwischenverfahren 83
Einstellung des Strafverfahrens 90
Entscheidungsgründe 170
Erben 34
Erlassvergleich 121
Eröffnungsbeschluss 79

Faires Verfahren 29
Fehlende Erfolgsaussichten 11
Fehlerhaftigkeit der Entscheidung 202 ff.
Feststellungsantrag 56 f.
Feststellungsurteil 153
Freispruch 32

Gebühren 238 ff.
Gebühren des Rechtsanwalts
- Verteidiger 307 f.
Geeignete Verfahren 15 ff.

Stichwortverzeichnis

Gehörsrüge 203
Gerichtliches Verfahren 257
Gesamtschuldner 195 ff.
Grundlagen 1
Grundurteil 154 ff.

Haftungsgefahr 140, 309 ff.
Hauptverhandlung 84 ff.
– Terminierung 81
– Vorbereitung 81
Heranwachsende 40
Herausgabetitel 152
Hinweispflicht 321 f.
– Absehensentscheidung 77
– Angeklagter 77
– auf Prozesskostenhilfe 306
– Grundurteil 77
– § 139 ZPO 77
– § 406 i StPO 77
Honorar 238 ff.

Identität
– zwischen Straftat und Anspruchsgrund 131 ff.
Information über Verletztenrechte 271
– Antragsformular 274
– Hinweise zum Antragsformular 275
– Muster 273
Insolvenzverwalter 36

Jugendliche 40

Kosten 179 ff.
– Anfechtung der Entscheidung 217
– bei Absehen 147a ff.
– bei Einstellung des Strafverfahrens 149a
– im Revisionsverfahren 211, 215a
– Im Vergleich 124
Kostenrisiken 25, 100
Kritikpunkte 4

Mitangeklagter 38
Mithaftung des Verletzten 157, 161
Mittelbar Geschädigte 33

Nachteile
– für den Beschuldigten 287 f.
Nebenklage
– Optimierung 101
– Zusammenspiel 91 ff.
Nebenklägervertreter
– Gebühren 238 ff.
– taktische Überlegungen 31, 91 ff.
Nicht geeignete Verfahren 10 ff.
Nichteignung 12 ff.

Opferanwalt
– Gebühren 238 ff.
– taktische Überlegungen 31, 91 ff.

Ordnungswidrigkeiten 14

Parteien 151
Pauschgebühr 260
Pflichtverteidiger
– Haftungsgefahr 140
– Umfang der Beiordnung 43 ff., 299
PKH-Antrag
– Wirkung 68
Postulationsfähigkeit 48
Praktische Bedeutung 2
Privatkläger 38
Prozessfähigkeit 37, 42
Prozesskostenhilfe 218 ff.
– Antragstellung 219 ff.
– Beiordnung Rechtsanwalt 231 ff.
– Entscheidung 221 f.
– Erfolgsaussichten des Beschuldigten 302 ff.
– für das Zivilverfahren 234 ff.
– für den Beschuldigten 301
– Voraussetzungen 223 ff.
– Wirkung 233

Ratenzahlung (Vergleich) 119
Rechtlicher Hinweis 77
Rechtliches Gehör 84, 89
Rechtsanwalt
– Gebühren 238 ff.
– taktische Überlegungen 31, 91 ff.
Rechtshängigkeit 66 f., 70, 76
– anderweitige 129
Rechtskraft 188
– Anfechtung 212 ff.
– entgegenstehende 261
Rechtsmittel
– des Angeklagten 205 ff., 328 f.
– des Antragstellers 201 ff.
– fehlerhafte Entscheidung 202
– Kostenentscheidung 217
– rechtsanwaltliche Sicht 203
Rechtsnachfolger 35
Revisionsverfahren
– Antragstellung 63
– Entscheidung 209 f.
– Erstreckung auf Mitangeklagte 212 f.
– Kosten 210, 211, 215a
– Rechtskraft 212 ff.
Rubrum 150

Schlussvorträge 62
Schmerzensgeld 145
– Doppelfunktion 173
– Höhe 172
– mitwirkendes Verschulden 174
– wirtschaftliche Verhältnisse 175
Schuldunfähigkeit 32
Schweigerecht 142a
Sicherungsverfahren 50

Stichwortverzeichnis

Staatsanwaltschaft
- Hinweis an Verletzte 266, 268
- keine Beteiligung am Adhäsionsverfahren 264
- keine Interessenvertreterin 277
- Merkblatt 267
- Pflicht zur Sachverhaltserforschung 278
- Rechtsmittel gegen Adhäsionsentscheidungen 285
- Richtlinien für das Straf- und Bußgeldverfahren 266, 269 f.
- Verantwortung für die Gesetzmäßigkeit 265, 270
- Wächterin des Gesetzes 270
- Weiterleitung des Entschädigungsantrags 269

Strafbefehl 281
Strafbefehlsverfahren 50, 72 ff., 320
- Einspruch 72, 76

Streitwert 187a
- Zuständigkeit 47

Tatbegriff 131 ff.
Tatbestand 170
Tateinheit 133 ff.
Tatmehrheit 134 f.
Teilnahmepflicht 86
Teilnahmerecht 86, 89
Teilurteil 159
Termine außerhalb der Hauptverhandlung 255
Terminsgebühr 258
Terminsverlegungsantrag 81, 108

Überraschende Entscheidungen 27

Verfahrensbeendende Absprache
- Zwischenverfahren 79
Verfahrensgrundsätze
- Vorrang der Strafprozessordnung 26
Verfahrensverzögerung 12
Vergleich 106 ff.
- Einwendungen 126 f.
- Kosten 124
- Parteien 107
- Protokollierung 106
- Wirkung 108
- Zeitpunkt 108
Vergleichsgegenstand 117

Vergleichsvorschlag 109 ff.
- Ablehnung 113
- Besetzung 111
- Förmlichkeiten 114 f.
- Inhalt 115
- Protokollierung 112
Verhältnis zur Nebenklage 251
Verjährung 19
Verjährungsunterbrechung 66
Verkehrsunfallsachen 14
Verletzter
- Begriff 33
- Benennung 55
- Vorteile des Verfahrens 5 ff.
Vermögensrechtlicher Anspruch 46
Versäumnisurteil 50, 84
Verzögerung des Strafverfahrens 143, 276
Viktimisierung
- Akzeptanz 17
- Vermeidung 16
Vollmacht 296 f.
Vollstreckbarkeit 151, 189 ff.
Vorteile
- für den Angeklagten 6
- für den Beschuldigten 287 f.
- für den Rechtsanwalt
- für den Verletzten 5
- für die Allgemeinheit 7

Widerrufsvergleich 125
Wiederaufnahme 216

Zahlungsurteil 151 ff.
Zeitpunkt 62
Zinsen 20
Zukunftsschaden 162
Zuständigkeit 47
Zustellung 69
- Heilung von Mängel 70
- Muster 71
- Verteidiger 70
Zwangsvollstreckung
- Auswirkung auf Eignung 142
Zwischenverfahren 79 ff.
- Absehensentscheidung 80
- Absprache nach § 202 a StPO 79
- Beweisanordnung 79
- Einstellung 83